作者简介

孙　永　男，1980年6月生，山东淄博人，文学硕士，现任教于滨州学院人文学院，主要从事文学理论、文艺美学和审美文化的教学与研究工作。近年来公开发表学术论文十余篇，现主持山东省社科规划项目1项和其他市厅级科研项目2项，参与其他省部级各类项目多项。

山东省社科规划项目研究成果（16CZWJ01）
山东省高校人文社科计划项目成果（J13WJ67）

消费语境下广告的图像叙事与审美

当代人文经典书库

孙　永◎著

中国书籍出版社
China Book Press

图书在版编目（CIP）数据

消费语境下广告的图像叙事与审美/孙永著．—北京：
中国书籍出版社，2018. 1
ISBN 978-7-5068-6651-4

Ⅰ.①消…　Ⅱ.①孙…　Ⅲ.①广告学—研究
Ⅳ.①F713.80

中国版本图书馆 CIP 数据核字（2018）第 016508 号

消费语境下广告的图像叙事与审美

孙　永　著

责任编辑　李　新
责任印制　孙马飞　马　芝
封面设计　中联华文
出版发行　中国书籍出版社
地　　址　北京市丰台区三路居路 97 号（邮编：100073）
电　　话　（010）52257143（总编室）　（010）52257140（发行部）
电子邮箱　chinabp@ vip. sina. com
经　　销　全国新华书店
印　　刷　三河市华东印刷有限公司
开　　本　710 毫米×1000 毫米　1/16
字　　数　208 千字
印　　张　14. 5
版　　次　2018 年 3 月第 1 版　2018 年 3 月第 1 次印刷
书　　号　ISBN 978-7-5068-6651-4
定　　价　68. 00 元

前　言

人类进入 20 世纪以来，社会生产力飞速发展，社会形态也发生了深刻转变，逐渐从以生产为中心的生产型社会向以消费为中心的消费型社会转变。在某种意义上讲，消费成为人和社会生存和发展的价值与意义的重要表征方式。毋宁说，我们正处于一种强大的消费语境中。

广告是人类商品经济活动的产物，是消费语境中人们消费的重要驱动力与引领者。广告与当下人类的日常生活紧密相连。在现代技术及媒介的主宰下，广告以图像（影像）为本体主导存在方式，广告的传播范围和传播对象极具广泛性、社会性和强烈的文化性，它渗透、充盈于当下生活的每一个角落，毋庸置疑地成为了一种拥有强大话语权的文化——广告文化。

广告，我们再熟悉不过，但什么是广告？目前，学术界对广告的定义种类繁多，角度不一，下面列举几种有代表性的定义。英国的《简明不列颠百科全书》的定义是：“广告是传递信息的一种方式，其目的在于推销商品、劳务、影响舆论，博得政治支持，推进一种事业，或引起刊登广告者希望的其他反应。”① 美国著名传播学学者梅尔文·L. 德弗勒和埃弗雷特·E. 丹尼斯认为：“广告是一种确立、延伸、替代或者巩固人们心中代表广告客户产品和服务的符号含义的企图。广告客户试图影响语言习惯、个人解释，以及这些符号的共同含义，以及使人们在个人生活中做出有利于广告客户的选择，即他们希望通过传播使人们喜欢并购买他们的商品。”② 美国《现代经济辞典》的定义是：“广告是为了达到增加销售额这一终极目的，而向私人消费者、厂商或政府提供有关特定商品、劳务或机会等消息的一种方法。”③ 我国《辞海》的定义是：“广告是向公众介绍商品、报道服务内容和文艺节目的一种宣传方式。一般通过报刊、电台、电视台、招贴、电影、幻灯、橱窗布置、商品陈列等形式来进行。”④

上述定义的理论视角与出发点不一，对广告的内涵也是各执一端。但从中不难见出共同的观点，即广告与商品经济行为有密不可分的关系，都是或多或少为实现某商品（有形或无形）销售而实施的特定行为与实践方式。笔者认为广告是以广告主的名义，自己或委托广告代理机构制作出具体广告作品，通过大众传播媒体，向非特定的大众，传达商品或劳务的特征、性能或功效以及顾客从中所能得到的利益，以激起购买行为，或者为了培植特定观念、信用等所做的付费传播活动。本书所言广告特指商业广告，商业广告是广告的核心组成部分。此类广告目的是推售商品和劳务，以获取商业利润为主旨，属

---

① 《简明不列颠百科全书》第三卷，中国大百科全书出版社 1985 年版，第 524 页。

② ［美］梅尔文·L. 德弗勒、埃弗雷特·E. 丹尼斯：《大众传播通论》，华夏出版社 1989 年版，第 472 页。

③ 转引自姚文放：《当代审美文化批判》，山东文艺出版社 1999 年版，第 285 页。

④ 《辞海》，上海辞书出版社 1989 年版，第 2277 页。

营利性广告。在当下社会中，商业广告在广告阵地中占据了绝对优势，其数量及效果覆盖面远超非经济性广告（如社会公益公告），我们的生活中充斥了无数的广告图像，人类正生活于商业广告所营造的视觉时空之中。技术主宰了广告的生存与发展，借助现代电子技术和传媒，形成了如报纸广告、杂志广告、移动广告（掌上电脑、手机等电子终端）、招贴（海报）广告、路牌广告、霓虹灯广告、灯箱广告、影视广告、网络广告、车体广告、大型光电显示屏广告等诸多类型广告。商业广告借助现代技术特别是数字技术制造了无数的图像，并通过上述各种广告媒介得以充分展现与广泛传播，成为当下人们接受高强度视觉刺激、享受视觉盛宴的策源地。

广告一直是学界所热衷研究的对象。目前学界对于广告的研究已较为成熟，在研究的广度及深度上不断拓展与开掘。学界对于广告的研究主要体现并集中于以下几方面。一是以广告自身——广告学为研究角度，研究广告本身的存在特性及运作机制，形成了诸如广告创意、广告策划、广告管理、广告传播、广告心理等分支领域；二是视觉艺术视角，研究广告具体的制作及传播工艺，多涉及摄影、绘画、配色、影像处理等方面的知识；三是经济学（商业文化）的研究视角，研究广告在市场经济条件下供、产、销等一系列活动的运作机制；四是以人文学科特别是文艺学理论为出发点，将广告纳入文艺学研究范畴，如将其作为当代审美文化、大众文化的重要代表进行研究；五是文化研究的理论视域，将广告视为一种社会文本纳入文化研究的领域，运用一种跨学科、超学科的态度和研究方法，如从政治经济学、传媒研究、差异政治、阶级、文化身份等综合角度来研究广告，此类研究多关注广告与社会的联系，关注广告背后隐藏的权力关系及运作机制。以上五个方面的研究之间并不是完全独立与绝对清晰的，存在相互交叉、相互借鉴的问题。

这些研究无疑为本书提供了重要的理论支持与借鉴。但上述研究中，立足当下宏观的消费社会语境，以技术与视觉呈现相结合为理论基点，以广告的视觉化转变为内在逻辑线索，结合生动直观的广告案例和部分广告图像技术对广告的图像叙事与审美特征进行学理性、理论性的分析，以揭示其独特的审美特征的研究还较为鲜见。本书正是基于此而展开分析研究的。

早在20世纪70年代，英国艺术史家、美学家E. H. 贡布里希就认为时代越是发展，经济越是发达，我们逐渐呈现出来的和需要的是一个视觉时代。毋庸置疑，我们当下的生存环境正在被各种视觉技术极度图像化与视觉化，“图像”已成为当代文化的主导因素，当代文化正从以语言为主因过渡到以图像为主因，人们用以表征、理解和解释世界的方式越来越呈现出图像化特征，视觉理解和解释成为人类理解与掌握世界、确认自身生存价值与意义的主要方式。随着视觉技术的迅猛发展，广告经历并完成了深刻的视觉化变革，从传统的以文字、语言为主导因素发展为以图像为主导因素，色彩纷呈的图像成为广告的叙事方式、呈现方式与表意体系。举目四望，我们的周围存在着铺天盖地的广告图像，我们的生活及我们自身正被广告急剧视觉化。

随着人类商品经济的发展，广告已经成为当下生活中人们接触最多最频繁的文化现象之一。无论是企业、媒体还是消费者都已离不开广告，广告已经深入到人们社会生活的各个领域，这已成为不容置疑的客观事实。在当下的消费语境下，广告经历了深刻的图像化、视觉化变革，广告的图像叙事与审美也就成为当下社会一个重要的话题和研究对象。在当今消费社会中，广告不仅是市场经济的“引导产业”，而且它本身作为一种消费文化，在传播中呈现出浓重的图像化特征。可以说，广告已成为人们日常叙事的重要部分，影响着人们日常的思考和行动。人们在进行物质消费的同时，广告本身也作为一种文化被大众接受和消费。在传媒中，广告叙事尤以图像化、审美化的方式来影响受众，并建构日常生活的消费观念和行为方式。叙事是人类一种基本的、普遍的意义表征模式，伯格认为，叙事是人们将各种经验组织成有现实意义的事件的基本方式。① 当前，叙事学的研究范式已转向极具消费特征的媒介文化之中，并以学科研究的强势向各个领域渗透，面对媒体叙事图像化的趋势，特别是影像叙事延伸渗透到人们的日常生活之中这一时代潮流，对于广告图像叙事与审美特点进行全面、系统、深入地探讨就成为一个非常现实且重要的理论问题，对于深刻理解广告视觉文化的本质、推动广告健康和谐发展都具有积极的意义和重要作用。

那么，广告如何成为一种视觉文化？广告与图像之间是何种关系？广告的图像叙事构成因素是什么？技术对于广告意味着什么？广告作为视觉文化和图像叙事的审美范式是什么？广告图像的审美特性所彰显的哲学层面的核心问题是什么？这一系列的问题正是本书试图分析研究的，也是本书的宗旨所在。

---

① 王伟明：《广告叙事图像与广告消费审美化》，载《中国广告》2005 年第 10 期。

目　录
CONTENTS

第一章

宏大而弥漫的消费语境

第一节　认识消费语境

一、对于语境的理解

对于消费语境下广告的图像叙事与审美的研究，是对广告多元特性的深入挖掘与分析。既然要了解消费语境下广告的图像叙事与审美，那么就一定要厘清什么是消费语境，要想理解消费语境，就一定要先了解一下语境。所谓语境，就是我们所说的语言环境，即人们的言语行为产生和发展的环境，这也是人们语言存在的必需因素。在了解和分析语言环境时，首先要从其语言本质和内在要素入手，要了解一下语言环境都由哪些因素组成。首先，语言环境的一大组成部分就是语境因素，语境因素包括语言因素和非语言因素，语境因素包括很多，比如上下文、时间等与语词使用有关的因素都属于语境因素。

我们知道，任何一种语言交际行为都是离不开语境的，语境从宏观和根本的层面上影响和制约着人们的言语交流行为，所以语境在我们生活、工作等交流过程当中的作用是非常之大的。语言环境指涉比较复杂，内涵也较丰富，有的是说话的场所，有的是叙述者和听者身份的环境体现，比如这个说话的人是谁，受过什么教育，有什么样的文化熏陶，他的母语是什么，他最常说的词语是什么，他的思想意识受什么影响，或者这个人属于什么民族，生活在什么地区，该民族和地区的语言有何特色，所受的语言习惯的影响又是什么。因为这些因素的不同，会影响和有助于让人真正明白叙述者和听者进行这段对话的目的是什么，或者他们想要表达的是什么，这些都属于语言环境。和语言环境的具体性针对性相比，非语言环境的范围就更大了，涉及文化背景、经济背景、社会背景、宗教背景、交际背景等多个方面。语言环境和非语言环境的主要区别以及对于一种言语行为的影响来看就是语言环境影响的是整个交际过程中的实际交际行为，也就是说，我们可以把语言环境看成是具体的、实际的语言行为，非语言环境指的是整个语言交际的过程，它更多强调的是交际中的一系列因素，比如交际的动机，交际的形式、结果等。在此以文化背景为例来进一步详细分析。文化背景构成的是文化语境。在语言的使用和交互中，涉及的文化因素都属于文化语境，文化语境的改变，会导致人们语言心理、行为、认知等方面的差异。在正常的交际中，考虑文化语境因素是非常重要的，文化背景的不同导致人们在交流上出现的问题是非常明显的。

举一个典型例子，中国人的文化语言环境和西方人的文化语言环境是存在较大差异的。比如中国人在见面的时候往往会互相寒暄：“你吃了吗?”“你要去哪儿啊?”但是如果对西方人说：“你吃了吗?”他们会觉得吃饭还是没吃饭和你有什么关系呢？你为什么要关心我吃没吃饭呢？如果你对西方人说：“你要去哪儿啊?”他们会觉得自己去哪里和提问者是没有关系的，因为自己要去哪里可能会是一个非常隐私的问题，如果贸然问的话，是对对方的不尊重，两个人见面这样的对话，会让对方感觉到尴尬和难以回答。在语言交际的过程中要特别注意文化上的差异，不管交流什么样的问题，都要先对风俗礼仪有一定的了解。这种风俗礼仪不一定是一种固定的生活风俗礼仪，可以是一种不成文的规定，也可以是一种习惯。当在场所有的人都适应了某一种固定习惯，当这种习惯突然被别人干扰与破坏之后，就会令在场的人产生出不适应的行为。除了文化背景之外，还有一个非常重要的因素就是社会背景语境，社会背景语境指的就是在交际的整个过程中所出现过的社会背景因素，如说话人的社会关系网络、说话人的身份与工作性质、语言行为发生所处的时代历史关系等，社会背景语境更多彰显的是人在社会中的具体社会行为能力的发挥。

二、对于消费语境的理解和细项分析

根据前文对语境的理解，在此对消费语境进行深入的分析。顾名思义，消费语境就是针对消费或者以消费为主体的语言环境，也就是消费语言环境。谈论起消费语言环境，离不开第三次工业革命和现代主义的兴起和发展。20 世纪后半叶，随着第三次工业革命的不断兴盛，西方进一步大力发展工业生产。在经济飞速发展状况下，最能直接影响消费语境的就是消费环境了。也就是说，消费语境是跟着消费环境而变化的，消费环境就是指消费者在生存和发展过程中面对的与自己相关联的、外在的客观诸多因素的总和。如果按照消费环境的不同来划分消费语境类别的话，我们可以把消费语境划分成自然消费语境和社会消费语境，自然消费语境是受到自然环境的影响而形成的消费语言环境。

自然环境指的主要是地球的表面层，可以是资源和能源，比如地球上的水、土壤等等，可以是地理地貌，比如山丘、山地、高原、海洋等，可以是野生生物，比如蟒蛇、黑熊、狮子、老虎、鳄鱼等，可以是矿产资源，比如金矿、煤矿、铁矿等等。自然环境就是导致自然消费语境形成的主要原因和前提，当人们把这些环境变成了人类消费的环境时，自然消费语境也就完全形成了。人类形成的自然消费语境直接反映了人与自然的密切关系，自然消费环境对满足人们发展的生态需要和提高消费质量具有极端重要性，所以自然消费语境的形成也是紧紧围绕着提高人们消费质量等展开的。

消费对象对于消费语境具有个别的偏好，比如有的人在谈到自己消费的时候，喜欢谈论自己对于消费对象的自然环境问题所产生的材质问题，有的人会谈论金子的价格，有的人会谈论木材的价格，有的人会谈论水晶的价格，这就是自然消费语境中的个别偏好的因素。可以说，对自然环境保护的程度决定消费活动和消费行为能否可持续供给，也就是说自然消费语境中的自然界对于消费者的回馈和消费者、生产者对于自然的保护程度决定了能否实现自然的可持续发展。自然消费语境往往是把消费者和生产活动、自然三者紧紧联系到一起，比如很多人在购买商品的时候，经常谈论的消费话题是这个产品是不是一个环保型产品，这种自然消费语境会影响消费者的购买行为。我们可以看到现在的一些消费情况，其中汽车的消费情况就是越来越多的人喜欢买节能环保的经济型汽车，讲究的是低碳环保。近几年，电动车的销量是越来越高，购买传统摩托车的人越来越少，这是因为对消费环境资源的节约、新能源的利用以及环境的保护、减少尾气的排放等因素影响了人们的消费方向与消费行为，人们在自然消费语境下，逐渐形成了这样的消费趋向，所以说自然环境的差异会影响消费者消费质量的高低。正是因为自然环境受到污染，消费者消费的质量和身体的健康会受到影响，所以形成了特定的自然消费语境。近些年，人们的自然消费语境正逐渐发生变化，自然消费语境逐渐多了很多话题，比如森林面积的不断缩小，会造成绿化的严重缺失，而绿化的减少会慢慢地间接地影响到消费者的消费健康和生存健康等。

一般来说，生态工业型的企业一定要先掌握绿色产品的设计与制造技术，能够保证这个产品的安全性和可循环再生性。绿色产品一定要注重制造环境的生态性，在对生态工业的发展和规划下，有一个重要步骤就是把保护环境与资源所需的费用计入成本。这样一来，就会形成生态工业的良性发展，使得环境和资源成本能够切实地内在化，生态产业能够提高绿色产品的数量和质量，只有绿色产品的数量和质量能够上升到一个特定层次的时候才能够保护和培育优美的自然环境，从而提升消费的质量。以上的内容分析，包括对于自然消费环境的介绍，构成了完整的意义上的自然消费语境。

在分析完自然消费语境后，再从社会消费环境的角度来了解一下社会消费语境，前文中提到过自然消费语境和社会消费语境共同组成了消费语境，虽然自然消费语境的确是非常重要的，但是从社会宏观视角看，社会消费语境的功能更为重要。从字面理解，消费的社会环境就是指消费者在消费的时候，会遇到的、经历的、面临的各种社会性的综合因素。通俗一些来讲，任何人的任何形式的消费，事实上都是无法脱离社会而独立进行和构成的，如果脱离社会而进行的话，那么就不能算作是消费了。因此，我们认为消费者的生存和发展是离不开各种社会关系的，这种种的社会关系从大体上构成了消费者的各种集合体，而消费者在进行不同消费的时候，也已经不知不觉地让自己处于社会各种不同的消费集体或消费团体之中了。从理论上讲，消费的社会环境中还应该包括消费的文化环境和消费的制度环境，这样一来社会消费语境的构成也包括了文化消费语境和制度消费语境，这是不同于之前的自然消费语境的。

社会消费语境是比较复杂和多元化的，其包含的内容则是更加多样并需要具体化的分析，社会环境对消费的影响是非常巨大的，所以对社会消费语境的分析和理解也应该更加细致和透彻。从宏观角度来看，社会消费环境对人类的生存和发展有巨大的推动和优化作用，良好的社会消费环境会让人与人之间的社会关系变得更加规范和融洽，这其中还包括会促进形成良好的社会风气，构建文明的社会秩序，形成安全有保障的社会治安体系和文化，其实这些社会和谐因素的形成与发展都和人们的消费活动息息相关。如果社会风气非常和谐，社会秩序能够井然有序，同时消费者和商业者人人都有高尚的道德心理，人们普遍都接受了良好的教育，都能够在生活和消费中做到遵纪守法，能够讲文明礼貌，那么人们的消费质量就会大大地提高并且有不断上升的趋势，而如果行为相反的话，那么结果也会大相径庭。如果从微观角度来看，消费的社会环境会影响到消费欲望的产生，也会影响到消费行为的具体实施与有效发展，不同的社会文化环境，对消费影响的具体表现也是不同的，比如从宗教信仰方面来看，一般关于宗教信仰的消费需求和消费行为一旦形成，那么就很自然地被同民族的人沿袭继承，从而形成一种相对固定的消费模式。

比如我们大多数人都知道的饮食习惯，回族人民的饮食禁忌中是不食猪肉的，这与他们穆斯林的宗教信仰有关，因为禁食猪肉，所以猪肉在回民的餐饮文化圈子里是没有生产意义和消费状态的，也是没有消费需求和欲望的。再比如佛教主张不饮酒，也就是说佛教教徒基本是不喝酒的，因为这种宗教信仰会导致一些酒类产品在佛教的教徒里面是没有什么购买需求和购买欲望的。同时，佛教的不饮酒也包括不饮一切含酒精且能麻醉人的饮料，所以说诸如粳米酒、果酒、大麦酒、啤酒、鸡尾酒等一系列含有酒精成分的产品对于佛教教徒来说，都是没有购买需求和购买欲望的。在佛教中，吸烟并不属于五戒范围的内容，但是佛教认为吸烟也是一种具有精神依赖性的不良习惯或不良嗜好，过度吸烟体现了一种精神上的消沉和贪欲，佛教是最忌讳贪婪的，所以吸烟这种行为和佛教信仰里要求的清净无我境界是完全不相符的，所以佛教教徒同样也主张不吸烟，佛教教徒对于一切烟草类的产品也是没有购买需求和购买欲望以及购买动力的。众所周知，佛教忌讳食荤，所以佛教教徒对于一切肉食类的产品也是没有购买需求和购买欲望的。而对于道教来说，甘蔗、石榴都属于污秽的食物，所以道教教徒一般是不吃甘蔗和石榴的，诸如甘蔗和石榴等需要先吃完再将渣滓吐出来的水果在道教教徒之中是没有购买欲望和总体市场需求的。再比如伊斯兰教世界有很多的清真餐馆，在清真餐馆中我们见不到猪肉、鸭血、动物内脏等，这是因为伊斯兰教的信仰中是不吃猪肉，不吃动物的血和内脏的。如果去清真餐馆吃饭，点餐的时候点了卤煮，那么商家会表示反感，并强调："这是清真饭店!"所以，猪肉、动物内脏、鸭血、血肠等一系列食物产品对于伊斯兰教教徒来说基本上没有购买需求和购买欲望的。但是我们要明白，从其他方面来看，佛教和道教都非常注重祭拜、烧香、点灯等宗教仪式，而正是因为这种宗教信仰与需要，所以焚香、蜡烛等产品对于这些教徒来说，又是一个很好的消费点，宗教信仰对于消费的影响由此可见。除了宗教信仰会对消费产生影响，价值观念也同样会对消费产生不小的影响。

我们知道，生活在不同社会文化环境中的人一般来说都具有不同的价值观念，这些不同的价值观念也有可能被当作消费习惯与消费偏好的形成因素。举个例子，从小生活比较富裕和比较追求时尚的消费者的消费方向可能是时尚服装、首饰、艺术品、名包、化妆品等产品，而从小生活在经济条件一般或者是比较低的家庭的消费者的消费方向又是不同的，可能他们消费的形式与内容就会相对比较侧重于生存必需品。当然笔者在这里举的例子并没有要藐视和看低这些消费者的意思，而是站在一个客观的角度来分析和揭露这种消费现象，不得不承认，这种消费现象的确存在。消费习俗同样会影响人们的消费，消费习俗可以说是人们世世代代传递下来的一种消费方式、消费习惯。这种消费习俗会对消费产生重要引导作用，比如我国所说的中华传统美德提倡节俭，就是要“留根”，就是花钱不能大手大脚，不能浪费，所以传统社会中很多人花钱一般是舍不得花的情况居多，更多的人会在买东西的时候货比三家，不该买的东西尽量不买等等，而西方有的国家传统习俗就是奉行人生在世，及时行乐，赚了的钱基本不需要攒起来，可以用来及时享受。当然我国的一些消费习俗也不是完全合理的，我们知道，健康的消费习俗有利于正确、主动地引导健康的消费，用健康的消费来表达人们美好的心灵和良好的祝愿以及奋发向上的情感，而不正确、不够合理、不够好的消费习俗则是要进行纠正和修改，使之能健康地发挥引导消费的作用。道德规范同样也是能够影响消费的一个重要因素，不同的道德规范内容会决定着人们不同的交往行为，从而决定不同的家庭模式和消费方式，拥有好的道德规范的消费是非常重要的。举个简单的例子，现在有的大学生消费攀比心理比较严重，很多大学生只是因为想要和自己的同学进行攀比而花费了自己家里非常多的钱来购买一些没有什么实际用处而只是用来要面子的商品，这其实就是一种与道德规范相悖的消费，还有一些人会购买一些有损生态环境或者侵犯别人正当利益的产品，这也属于违反道德规范的消费。以上详细的举例分析了文化消费环境的内容，这些内容就构成了新时代的文化消费语境，相比较而言，制度消费语境似乎多了很多限制性的问题。

首先，我们普遍了解的是，经济制度可以起到促进或者制约消费的作用。比如中国传统的计划经济体制在一定程度上具有一种抑制消费的性质。在此种经济体制下，人们习惯消费之前要三思，要分析一下这钱该花还是不该花，这是一种对于金钱消费而言要注重积累的制度。当全球发展到商品经济高度发达的时代，我国也进入了社会主义市场经济的新体制之中，而社会主义市场经济的新体制所要求和形成的是一种具有某种促进性质的消费，注重的是通过合理消费需求的高度满足来实现人类全面发展的制度，也就是说这个时候人们已经不再过于和一味关注产品价格的高低贵贱，他们更注重的是消费的质量，也就是自己买到的产品或者服务究竟能不能让自己满意。另外，政治与法律上的制度也能够为消费提供安全的消费和生活环境。随着我国经济体制、政治体制改革的逐步、逐层次地深入，经济、消费方面法律制度的健全和完善可以维护社会的稳定以及社会主义经济秩序，其中也包括市场秩序，这种法律制度的制约可以非常有效地规范企业的发展运行，促使企业之间的竞争处于良性状态，并积极地、大力地打击假冒伪劣产品，这样一来就可以保障广大消费者的合法权益和社会经济长远利益目标的实现，同样可以更好地促进消费。

比如对我们自己来说，如果一个产品没有任何标注，单独拿过来放在我们面前，那我们通常会认为这个产品没有什么保障，万一存在什么瑕疵，让使用者的健康出现了问题怎么办，但是如果这个产品附上了具有法律效应的保证书或者已经注册上市，受到法律监督和制约的话，我们就会觉得这个产品比较可靠。再举两个典型的例子，首先是烟花鞭炮生意，在我国有些地区下达“禁止随意燃放烟花鞭炮”的法规条文之前，鞭炮的生意非常火爆，人们在鞭炮上的消费是非常频繁和力度比较大的，但是随着相关法规条文的下达，人们的购买欲望受到了限制，即使过年过节、店铺开业等庆典活动，鞭炮的需求量也就是人们对于鞭炮的消费量也是急剧下滑。其次，第二个例子就是祭奠烧纸的消费。祭拜是我国的传统习俗。以往，人们去祭拜祖先的时候都喜欢烧纸钱元宝，但是近几年有些地区出台相关行政条文，提倡文明祭拜，禁止烧纸，提倡用更生态环保的方式如鲜花祭拜。这样一来，人们对于烧纸钱和元宝的消费量也会下降，这就是制度消费环境对于消费活动的影响。除此之外，制度消费环境还包括国家的经济规划方针以及国家出台的相关政策对消费的压抑或刺激鼓励。我国过去较长一段时间处于一种相对抑制消费的状态，而随着生产力的发展和时代的改变，抑制消费已经不能够适合我国目前的经济发展状态，因为抑制消费减少了资金和货币的流通，不能够充分刺激国家和社会经济的发展，所以我国开始从以往的抑制消费机制转变为鼓励消费、刺激消费的机制。国家还针对新时代的消费现状与消费趋势推出了与鼓励精神文化消费、绿色消费、教育消费等相适应的发展配套政策，只有多元化的消费状态才能够促进消费的发展，才能够促进经济的发展。在社会消费语境之中，有很多方面是和社会发展相关联的，我们在进行消费的时候要培育完善的良好的社会环境，以此进一步构建良好的社会消费语境，并要求人们要有正确合理的消费价值导向，不能一直停留在低等级的消费观念上，要学会用高层次的文化精神意识来引导自己的消费价值导向，只有正确的消费价值导向形成之后，才能够进一步培养出健康优良的社会机体。

第二节　消费语境在生活中的延伸拓展

一、消费语境下的网络语言

近几年，随着我国改革开放的不断深入与加速，我国社会经济水平获得了迅速的发展和提升。随着经济上的转变，我国社会经济状态也开始发生了巨大的改变，在这一新的社会语境下，“消费主义”这一新名词开始进入大众的视线。由此，消费主义的观念也逐渐渗透到我国消费者的文化传播与接受活动之中。

在这种消费语境下，新一轮的工业革命昭示着网络时代的到来。在当下网络时代中，互联网迅速成为一种新兴的大众传播方式，而网络的广泛应用及在信息传播上的作用也逐渐展现出了自己的优势。正是随着网络时代的到来，再加上消费主义、消费文化的生活观念对人们思想的逐渐渗透，在网络上用于交流的网络语言也开始成为一种独具特点的沟通方式。

相比较来看，消费语境下的网络语言有其自身特质。不同于我们正常的语言，网络语言相对而言有着较强的随意性和创造性，而它本身也不是一成不变的。网络语言可以随着时间和时代的推进而不断丰富自身和发展自身，但是网络语言的一些意义和形式却是与传统文化的语言相背离的。对于人们来说，网络语言是一种新兴的交流方式，首先我们要清楚，网络语言具有一定的类型化。

从消费语境角度来看，网络语言正在一点一点地改变着消费者的交流方式，甚至不管是在什么样的环境状态中，网络语言都可以张扬着人们的个性和时尚，网络语言的门类也是呈现出多种多样的形式和类别，所以网络语言的类型化是十分明显的。有的网络语言就是通过谐音词而产生的，是由手机键盘或者电脑键盘的打字造成的，比如我们都会经常遇见的一个现象就是人们在平时打字聊天过程中为了赶时间、提高工作效率而提高打字速度，但是打字的时候却会因为误碰到别的键或者是少敲了哪个键而最后打错了内容，有时候为了节省时间，会选择将错就错，有的时候这种错误的字词不仅能够让人看得懂，而且会具有一定的趣味性，而这种具有创新性质和趣味性质的词语会让人觉得非常有意思，进而成为人们口头上愿意说的话，这种网络用语还包括一些因某些地区的方言而形成的网络用语，比如我们经常会把“同学”说成“童鞋”，把“喜欢”说成“稀饭”，把“这样子”说成“酱紫”，再比如火极一时的“蓝瘦香菇”一词，还有把想要表达“亲亲”说成“么么”，还有用数字代替正常的语言，比如说再见的时候就会说“88”，因为“88”和“拜拜”两个字同音，再比如要夸一个人可爱，好多人会说“卡哇伊”，这是日语中“可爱”一词的相似音。现在人们的网络用语将“偶像”叫作“爱豆”，其实是英语的相似音，除了这种发音相似的网络用语之外，叠词也是一种新生的网络用语，叠词是一种很可爱并且有一定的撒娇意义的网络用语，所以很快就被大众特别是年轻人接受了。比如很多人会把吃饭说成“吃饭饭”，把很害怕说成“好怕怕”等等，除了一种完全是由文字组成的网络用语外，符号和表情也成了人们常用的网络用语。符号网络用语其实也就是用符号来表达想说的话，比如很多人会把一种有三条线的符号当作是无奈的表达，而表情网络用语也成了一种完全形象化的网络用语了，通过一些动态或者非动态的图片以一种形象化的表达方式来让对方能够知道自己想要表达的是什么内容。

除此之外，网络用语还把很多传统语词换一种不同于原本意义的新的解释，比如我们使用微博、贴吧和一些论坛的时候常常会在评论区的第一个评论中看到“沙发”这一词汇，而这里的“沙发”并不是指生活中的实物沙发，这里所谓“沙发”是表示在文章下面第一个回帖的人。还有中文和英文相结合的网络用语，比如正在做的事情加上“ing”就是正在做什么事情，还有把某些词语的拼音首字母缩写成网络用语，比如将“变态”会说成“BT”等等。网络用语是多元的、丰富多彩的，同时也具有比较强的趣味性。网络语言自其诞生的时候就具有了趣味性的特点，正是因为人们在进行相互交流的时候网络用语带有了超高的趣味性与调侃性，所以网络语言基本不能够作为正式语言在正式场合被使用。网络语言的趣味性让人们在进行交流的过程中能够充分展示自己的个性，并且含蓄表达自己的情感与意思，而网络语言和传统语言相比之下更加灵活和自由，通过各种类型的网络用语形式进行交流能够产生十分有趣的对话效果。

在当下消费语境下，人们的生活节奏越来越快，一些生活在大城市的消费者虽然消费能力相对较高，但是其所面对的工作压力也特别大，每天的工作状态都是非常紧张。在这种紧张状态下，网络作为一个较为自由民主而开放的表达平台，恰到好处地给人们提供了一个可以相对肆意宣泄自我的沟通渠道，带有趣味性调侃性的网络用语可以让人们摆脱正规语言相对刻板的表达方式对自我表达的束缚。在网络平台上，人们可以尽情宣扬自己的个性，进行有趣味性的交流。随着改革开放的逐渐深入，人们的经济与生活水平也开始有了大幅度的提高，互联网络正在深刻改变着人们的生活方式与思维方式，对人们生存状态产生了重要影响，因此我们分析消费语境下网络语言的产生和发展，以及对人们生活的影响是有积极意义的。

二、消费语境下的电视娱乐节目

在我国当前社会生活中，对于消费语境的研究是非常被人们重视的。消费语境的逐渐明朗与日益弥漫，促使人们形成了消费主义观念，这种消费主义观念开始渗透到社会生活的各个角落和领域，也无一例外地渗透进电视娱乐节目的创作和传播的整个过程中，同时也构成了电视娱乐节目特有的消费语境，成为当下消费语境独特性的表征和彰显。在电视娱乐节目的消费语境中，消费文化的盛行开始在当下消费市场中快速发展和蔓延。

说起电视娱乐节目的消费语境，其实是基于宏观的消费文化而言的。从本质上来看消费文化，它属于一种快感文化，在感性至上、消费至上的消费市场中，大众娱乐文化会注重生产能够吸纳一切有消费潜能和娱乐价值的资源，快感文化其实就是一种注重于心理与精神上感受的文化。在人们进行消费时，更愿意选择能够让身心都产生愉悦的娱乐产品，以达到心理和精神上的快感。在消费语境下，消费文化也是一种商业文化，也就是把具有文化色彩和文化内容的娱乐产品带入到消费市场之中，其中最重要的一个是商业机制，另一个是资本逻辑，这两者已经成为电视娱乐节目创作背后越来越重要的幕后推手。① 在此情况下，收视率成为越来越被人重视的关注焦点，也成了娱乐节目消费语境的构成要素。对于大众传媒来说，传播的商业化必然走向非政治化，也就是形成个人化和煽情化的发展道路，而曾经的等待性的被动消费也会逐渐转变成积极主动消费，促销手段也越来越被应用到电视娱乐节目产品的消费市场当中，电视娱乐节目逐渐商业化的发展趋势使电视娱乐节目能够在根本上获得自己合法性的发展空间，而电视娱乐节目产品又一直是西方大众传媒公司提高自己知名度和扩大发展空间的一种重要商业手段。

从目前的消费语境来看，这种电视娱乐节目形式在我国尚需要一定的

---

① 参见《电视娱乐节目的消费语境》，http://blog.sina.com.cn/s/blog_4e99c7c80102vnyh.html。

改变和完善。在我国的大众传播市场中，电视节目的制作和传播既要服从主流的意识形态，又要服从市场主要的消费逻辑，而市场消费逻辑和意识形态因素对于消费市场的共同作用使得影视制作企业的娱乐经营模式和观念以及运作企业和市场的方式发生了巨大变化。与此同时，还可以通过策略化的大众传播运作达到一种共生的生存形态，形成一种基本的电视娱乐节目消费策略。电视娱乐节目产品消费的增长，意味着我国的消费模式和消费结构逐渐发生转变，进而提升了文化消费所占的比重。自此，电视剧逐渐变得日益平民化和大众化，成为一种人人都可以消费的文化产品。其实对于一些媒体来说，播出电视娱乐节目是它们非常乐意干的事情，电视娱乐节目因此才变得如此火热，早期热播的电视娱乐节目影响比较大的就是《综艺大观》，因为这一节目的火爆，我国文化消费语境中形成了一股综艺节目的热潮。湖南卫视的《快乐大本营》《超级女声》《快乐男声》《真正男子汉》等综艺节目，江苏卫视的《非诚勿扰》，贵州卫视的《非常完美》，浙江卫视的《奔跑吧兄弟》《挑战者联盟》《王牌对王牌》，东方卫视的《极限挑战》《金星秀》《欢乐喜剧人》，以及现在网络平台所推出的网络娱乐综艺节目，优酷推出的《火星情报局》，芒果推出的《明星大侦探》等，如此多的综艺节目显示出电视娱乐节目产品在传媒消费市场的比重已经越来越高，并且掀起了文化消费中的电视娱乐节目消费的一股热潮。这种电视娱乐节目的热潮让文化消费者过足了娱乐节目的瘾，综艺节目的娱乐热潮已经完全感染了电视界和网络界，于是逐渐形成了一股综艺节目的收视热潮。和其他的文化产品相比较，消费者对娱乐综艺节目的喜爱程度可能比除影视剧外任何一种传媒产品都要高。笔者通过搜集分析相关资料，对近几年来我国的各种节目的收视率进行了一个调查，数据显示我国大众消费者中大部分每天都要收看各种类型的娱乐综艺类节目，而每天看娱乐综艺节目的平均时长为 25 分钟以上，这个数据仅次于影视剧节目的 37 分钟以上，而且明显高于时事新闻类节目。用通俗一些的说法来分析，就是几乎所有的人都喜欢影视剧电视节目，而大部分的人都喜欢看综艺类的电视节目。当然，娱乐综艺节目做得好的电视台和制作公司绝对不只是往节目里单纯投资。从本质上来说，娱乐综艺节目本身就是一种文化商品，既然是商品，那就不能做赔钱的生意，其目的还是以商业利益为主，电视台和制作公司会因为娱乐综艺节目的热播而获得非常可观的经济效益，其间就包含了丰厚的广告收入。

举一个典型案例，2004 年，湖南卫视推出了一档女生选秀类综艺节目，这就是风靡全国的《超级女声》。《超级女声》一经推出就非常火爆，而其因为自身关注度的原因就带动了湖南电视台的广告收入直线飙升，其综艺节目广告投放额达到了 8.39 亿元之多，而到了 2006 年，《超级女声》就只凭借广告招标这一项就收入了 1.37 亿元。综艺节目商业功能如此之大，但是也不能太过于庸俗和主观化。随着经济增长和人们生活水平的提升，我们可以发现，人们满足日益增长的精神文化生活需要的愿望越来越强烈了，而电视媒体在这样的发展情况下开始在主观诉求上有了更好地满足消费者需求的想法和实施目的，逐步在制作消费者满意，同时有内涵、有思想的节目的情况下再去追求利益的最大化。因此在新时代的电视节目状态下，电视媒体、网络媒体等众多传媒机构必须要用新的方式、新的思路并且足够贴近观众的节目来满足消费者的娱乐需求。随着近些年来人们生活观念和消费观念的转变，随着社会主义市场经济建设的快速发展，我国城镇居民的收入开始有了大幅度的增加，与此同时带来的就是消费结构的继续改善。因为现在人的生活压力普遍都比较大，消费者们往往需要在娱乐节目当中寻求自身的解脱烦恼和消除疲劳，在这个时候，消费者追求的已经不是单一的严肃和高雅，而是在娱乐节目中能寻求轻松、流行和时尚的元素。

在这样的文化消费语境影响下，现在所推出并且流行的多种多样的娱乐节目已经逐步开始进行淡化原有综艺节目的教育和导向基本功能的工作，对节目形式上的娱乐及纯娱乐性，或是用轻松娱乐的形式来表达含义开始了极度的推崇，然而娱乐综艺节目的这种转变正好与现在消费者的娱乐、放松心理完全契合，而这种契合体现的方式也是多种多样的。比如现在的文化消费者注重情感宣泄，因为在现如今的社会中激烈的竞争是普遍存在的，而竞争越激烈，人们所背负的心理压力也就越高，有一种说法认为心理压力可转化为动力，从而鞭策人们在生活与工作中不断进取。

而另一说法认为压力是需要释放的，而这种压力释放的方式多种多样，常见的方式之一就是看娱乐节目。在娱乐节目中，人们在其营造的欢乐氛围中的确可以暂时宣泄自己的情感和压力，让自己得到适度的心情释放，缓解自己的工作压力和生活压力。同时消费者都具有一定的游戏心理需要，人们的潜意识深处在某种程度上都渴望游戏人生与突破现实，而娱乐综艺节目当中的一切除了演员以外都是虚构的存在状态，这种状态让文化消费者们感觉到实现了自己游戏人生的愿望，从而提高了对娱乐节目的满意度。如果从市场营销学的角度分析娱乐节目的营销和消费状态的话，需要从消费者的购买动机来做进一步的分析，还要探讨消费的根本原因是什么，比如促销服务的刺激，比如商品良好的品质口碑，比如商品精致的包装等等，都有可能成为刺激消费者购买商品的动机，也就是说消费者对于商品的消费需要一定的外在力量的刺激。

当下，观众对于娱乐节目有着比较强烈的娱乐性需求，而现在一些综艺节目则在制作时具有了更纯粹的娱乐性，能够在较大程度上满足消费者对于娱乐的渴望。由此看来，现如今的大多数娱乐综艺节目一般来说是缺乏充分的价值性和深度模式的，而是趋于平面化。这样一来轻松的游戏综艺节目，逐渐变成了节目的类型化，同时商业性也逐渐增强。从娱乐节目的商业性逐渐增强这一点来看，消费者在娱乐综艺节目上的消费其实就属于一种消费性文化，也就是文化商品化和消费化的转变。因此，在社会文化转型大背景下，不仅仅只是电视娱乐节目发生了改变，从而完善并具备了当下时代性，其他的文化艺术方面也相继发生转变。比如我们传统生活中常听的二胡、古筝、乡村音乐等逐渐被新的流行音乐所代替，人们不再喜欢看高雅的古典舞，而是钟情一些现代舞或者是一些欧美风格的舞蹈，人们不再喜欢看舞台戏剧而转向喜欢视觉性更强的影视剧。正是在这样的状态中，以娱乐性和通俗性为主要特征的大众文化开始了自己蒸蒸日上的前进历程，这些最终都构成了一种文化上的消费语境，同时这也是我们分析了解消费语境中电视娱乐节目发展趋势的必然因素。

三、消费语境与奢侈品的品牌

随着我国经济的迅速发展，人们的生活水平开始了飞速提高，我国消费者的购买能力也开始不断地上升，并且逐渐开始具有可以消费奢侈品的经济能力，奢侈品行业由一开始的不太景气逐渐在国内的消费市场中慢慢呈现出了繁荣的发展趋势与前景。

近几年我国的经济总体水平有了较大提高，虽然我国没有跻身世界发达国家之列，但是已经以飞快的速度成为全球最大奢侈品消费国之一。奢侈品，顾名思义，就是一种超出了人们基本生活需求的具有独特、稀缺、珍奇等特性的价格昂贵的消费品，它并不属于人们的生活必需品。在奢侈品逐渐增多的当下，对于奢侈品的品牌宣传与推广成为一项非常重要的工作。奢侈品品牌的传播在媒介技术发达和媒介形式多样化的今天，已经成为一个趋向多元化发展的项目。

在当下的消费语境中，我们可以听到一个新的名词“品牌推广”。其实所谓品牌推广也就是对奢侈品的品牌进行大力地宣传，以便让这个奢侈品最大幅度、最大范围地进入消费者的视线中，通过各种各样的传播方式把奢侈品的品牌信息、品牌样式、品牌形态、品牌的理念传播给消费者，并且能够实现品牌和消费者之间在消费上的交流。这样一来，消费者在犹豫不决不知道是否购买的时候，某个奢侈品牌会让消费者对其产生一种好感，而这种好感一旦延续下去，消费者就会在很短时间内产生购买此品牌产品的消费欲望。如此，该品牌就能够做到促进自己品牌商品的销售，提高销售量和销售额，这其中重要的手段就是运用具有无限魔力的视觉化的广告图像，用具有强烈视觉冲击力的广告图像俘获消费者的眼球。

众所周知，迪奥是一个法国的奢侈品品牌，它时常会举办一些高品质的活动并邀请一些有购买能力的消费者来参与，这样就实现了一种品牌与消费者之间的沟通，而下一次这位消费者想买高档化妆品的时候，会想到自己曾经被这个品牌邀请过，就会自然而然地对迪奥产生一种好感，于是就会选择购买迪奥品牌的产品。因此，有的人这样认为，品牌传播是向目标受众传达品牌信息以获得他们对品牌的认同，并最终形成对品牌的偏好，而在目前奢侈品的消费语境中，消费者可能更多关注的是消费的质量和满意程度，所以如果想要消费者对于奢侈品品牌具有一定忠诚度的话，就应该在产品的设计上加入某些具有特定文化意蕴的内容和特征，这样一来产品就具有了一种灵性。如果奢侈品品牌只是一味地以扩大市场销售的占有额当作自身品牌推广主要目的的话，那么消费者对于这个品牌就不具有一种稳定的忠诚度，而只是一种暂时性的消费冲动，这与品牌的正面效应是没有关系的。在一种高度强化的消费语境中，对于奢侈品的消费不应该呈现出一种过度追求和攀比的心态和行为，购买奢侈品也应该量力而行，奢侈品消费应该是在一种具有高品质生活的美好理念以及在有经济能力的情况下所形成的具有较高质量的消费观念与行为。

有些人还会认为，对于奢侈品的消费也是一种社会身份认同的方式和类型，所以奢侈品的推广与发展会形成自己独特的消费语境，因为人们对于奢侈品的消费绝对不仅仅是经济学意义上的简单的商品交换行为。奢侈品的消费还包含着一定的社会因素和一定的价值观念，所以奢侈品的消费语境具有一定的特殊性质。因此我们在分析奢侈品的特殊消费语境的时候，一定要注重其消费语境的特殊性质。如果从消费本质上来看，消费者对于奢侈品的消费不能简单地划归为一种经济现象，因为从其特征和本质上分析，奢侈品的消费也是一种典型的文化现象，它体现的是消费者对于某种奢侈品牌内容上的欣赏，能够让消费者在进行消费之后对于自己的消费行为和已经得到的产品产生一种自我满足感。购买消费奢侈品，并非仅仅看重它的价格能够彰显自己的身份而达到攀比的目的，也不是看重它的使用价值，而是真正欣赏这个品牌的各个方面的内涵。在我国当下奢侈品的消费语境中，我们可以看到，奢侈品的消费更多的是一种符号意义上的消费。

奢侈品的消费最主要体现的是对消费者的社会身份与社会阶层的认同，并且以此形成了一种社会阶层的划分。本来奢侈品是具有一定的文化意义的，但是因为这样，人们反而看不到奢侈品应该具有的文化价值，只是单纯地将其当成了一种炫富和攀比的工具与符码。比如带有某些炫耀性质的奢侈品购买情况，某个消费者可能并不喜欢某种奢侈品的商品，但是因为自己的社交圈子和经济能力比较高，不想把自己和普通人归为一类，感觉自身高人一等，所以他就算本心不喜欢也要强迫自己对奢侈品进行消费，以高额的消费来凸显出他们的社会地位和金钱上的优越性，这是有较高的消费能力的消费者对奢侈品进行消费的动机之一。而另外一种奢侈品的购买动机指向的消费者群体是那些具有普通购买能力的消费者，他们本身并没有足够的经济能力来支撑自己消费奢侈品，但是因为想从外表提升自己的社会阶层感，因而对奢侈品进行“打肿脸充胖子”般的透支性消费，这是一种虚伪的炫耀性消费。于是，这就与前文中指出奢侈品消费其实就是一种符号消费不谋而合，因为奢侈品作为一种符号具有证明与体现这个消费者在社会中的身份和等级、阶层的意义，其最终目的是一种社会身份的建构与提升，所以这就形成了奢侈品的消费语境，人们在讨论奢侈品的时候是注重奢侈品在消费语境中的文化意义的消费还是一般的符号意义的消费，这是一个值得人们深思和考量的具有消费本体性质的问题。

四、消费语境下的文学分析

随着消费主义观念和消费文化的产生，逐渐有很多学者开始了对于消费文化语境之下的文学发展的探究。对于此问题的探讨与之前的对于电视娱乐节目的探讨有一定相似之处，因为在本质上都可以看作是对文化的消费，对于文学的消费实际上也是社会文化消费的一种，这一点毋庸置疑。

在消费社会中，人们就是要不断地刺激消费，进行消费，而在文化消费语境中，文化产品同样也秉承着消费至上的态势。在这样的文化消费语境下，文学产品的生产、流通以及消费的各个环节也同样要不断地发展和完善。首先，文学创作是具有多元性的。也就是说，文学的表达形式和存在方式有很多种，而不管是什么样的表现形式，文学都必定要具有自身的文学性和一定的美感及自身的意义价值。在当今消费社会中以及文化消费的语境之下，文学作品的文学性不仅仅具有单纯的精神文化构建作用了，而且逐渐成为消费的一个类别。正是因为文学要满足消费者的文化消费需要，所以当下在文学作品的创作中出现了情节的都市化以及部分描写欲望化的发展趋势，这种为了文化消费而创作的文学产品让文学逐渐失去了本来应该具备的崇高的价值意义以及理想精神，因为在文化消费的语境之下，文化作为一种消费产品出场的时候，就已经开始要进行有目的的传播与宣传了。因为只有对文化产品进行包装宣传，消费者才能更好地对文化产品进行消费，文化消费市场才能够形成并且得以稳定与持续发展。

这种宣传就好比是一本新书要马上进行出版发行，在发行之前，出版机构和书店要对书进行一系列的推广和宣传，只有这种推广和宣传达到了既定的认知宣传目的，消费者才能够对这本书产生消费欲望，从而进行消费，出版社或者书店等各商家才会因此而获取利益和提升自己的效益，这就是一种文化消费的必然性和所能够创造的经济价值。从我国消费结构发生改变以后，我国的文学消费语境也在面临着重大的调整和发展变化。在文学的消费上，人们越来越喜欢把对于文学的审美重心转向追求自我精神的超脱享受。如果不是单纯地追求文学的审美价值与思想价值的话，那么在创造一部文学作品的时候，就应该顺应消费社会语境中文化审美的改变和转向。消费者在进行文学产品消费时，有的时候非常喜欢对历史文学作品进行消费，一些文学作品用平民的视角立场和底层叙事策略迎合了当下读者对历史的戏拟、反讽心态和消费时尚，历史文学作品的题材非常宽泛而且话题热度和讨论热度都是比较持久的。如果可以在文学作品中对重大历史事件进行一定的虚拟化和戏仿化，并且将其作为文学作品创作历史背景的话，把创作的重心更大程度地放在愉悦性和消遣性上，那么对其消费者的吸引力会更大，消费者就会更乐于购买文学作品进行文学欣赏消费。从文学的本体存在特性看，文学作品是不需要进行刻意的包装与炒作的，但是对于作为商品流通的文学产品来说就不一样了，需要对文学书籍的封面等进行图像化的设计包装，力图用极具视觉冲击力的图像和心理震撼性的标题话语吸引读者，以此进一步激发他们的消费欲望。

当代的文学产品化与人们对于人文精神的讨论有着紧密关系，而最初高高在上的文学艺术成了重点讨论与批判的对象。因为文学所要表达的东西应该是大众化的并且能够让每个人都了解和欣赏的，经济利益对文学产品创作者产生了诱惑，文学产品的创作者也随之对声名利益有了一定的追求。在文学产品的消费语境下，文学产品的发展应该做到文学自身与经济利益一定程度的结合，但是正因为文学产品化不断加剧之后，出现了文学快餐化的现象，这也成为对文学消费语境研究的重要内容。在目前对文学产品的消费研究中，当务之急就是要扭转文化文学的快餐化发展倾向，并且在此基础上促进我国当代文学的健康发展，这也是今后文学发展的必然方向。

在目前文学消费语境下，文学产品的消费状况呈现出来的积弊日趋显现。而正因为如此，文学也遭受到了前所未有的冲击，要避免文化快餐式的文学产品的生产，必须与浮躁的时代心态保持一定距离，而经济独立是思想独立的重要前提。为有创作潜力的作家提供必要的经济保障，为其解决后顾之忧，这是文学以及文学产品健康发展的当务之急。在消费语境下，我们究竟要如何看待消费社会及其文学生产和文化理论之间的关系，其实经过深入地探究会发现，我国目前现实的社会消费形态是非常复杂的。针对这种复杂性，有的人认为一定要坚决杜绝消费文化的入侵，也就是要拒绝把文学作品变成文学产品或是商品，拒绝文学的产品化进程。从本质上来讲，抵制文学的产品消费状态的发展，其实就是抵制消费社会的发展，也就是对消费主义的一种隐形批评，虽然在消费社会中进行一切物质与文化产品上的消费能够在一定程度上使消费者在消费中感到无比的快乐，但事实上这不过是表面上的快乐，并不能够填满一颗空虚的心，所以这种文学上的消费以及其他一些形式的消费是应该引起我们警惕的。

很多消费主义的批判者认为，消费主义其实正在日渐成为制造和维持不平等的新的经济运行模式。当然这种说法只不过是那些持批判消费主义立场的人的一种过于极端的评判和倡议的状态与形式，也有不少人认为消费和促进发展是对于社会以及文化、文学上的一个新的文化上的事实，起码可以做到日常生活的审美化，社会呈现出一种和谐的审美状态其实也是一个非常重要的发展趋势。在消费语境下，“消费伦理”这一名词被提出来，我们对于消费社会的态度应该是一个不断理解和不断纠正的辩证过程，而用消费社会的特殊视角来分析问题也是非常重要的。很多人在研究消费问题的时候认为我国的文学越来越受到消费主义的影响，其实文化和文学对于消费来说，同样具有一定的引导思考和解决问题的能力。文学作为一种人类精神创造产物，它的思想和想要表达的内容可以支配着消费者的物质需求与消费方向，有的时候还有可能会直接影响到人们的消费方式，那么既然文学消费是一种文化消费，那么文学产品以及消费主义就可能会处于一种相辅相成的和谐生态状态之中。

我们必须要意识到，对于市场经济的大力推进，对于消费社会的转型，会导致文学以及文学产品的存在状态与形式出现新的特点或者面临新的问题。人们对于文学和文学产品的讨论也具有一定的多元化特性，比如人们常常会讨论日常生活的审美化问题，说到审美，事实上生活中的审美和文学是分不开的，文学是一种投射，是一种思想理论，可以对生活以及消费形势产生潜移默化的重大影响。时至今日，人们还常常会讨论文学的终结问题，讨论文学产品的生产和迅速发展是否会导致文学走向毁灭等问题。这一系列问题都可以纳入有关消费文化的讨论之中，其实消费文化在我国并不是近几年才出现的，而是自古就有消费文化的端倪，只不过在传统社会中并不是主流文化。比如人们听说书、买书、买画等行为都是一种文化消费现象，说书说的是书里的内容，人们进行消费得到的是口述出来的文化内容，买书消费阅读之后得到的是书中的知识，买画买的是视觉艺术品，这些都是传统社会的文化消费现象。文化消费也是从古至今一直发展演进的，所以要完全摒弃文化消费是不可能的，也不符合社会文化发展规律，也不能够适应现在社会消费的经济发展需求，那么我们能做的是尽可能通过各种方法和途径对文学产品消费的运行机制以及发展进行规范和改善。

五、消费语境与时尚报刊

说起时尚报刊，那么其中一系列的极具视觉冲击力的精美图像就会涌现在我们的眼前。追溯一下我国的时尚杂志发展轨迹可以看出，首先就是引进自西方，是对西方流行时尚的关注和发展，而对于时尚的报道和整理逐渐发展成包括时装、美容、休闲等多方面的引领生活时尚的杂志形态。当然，和西方的一些著名时尚杂志相比较而言，中国的时尚杂志起步还是相对比较晚的。

在中国内地出现的比较早的有关时尚信息的杂志是《时装》。在《时装》杂志发行和火热之后，就开始涌现出各类的时尚杂志。正因为消费主义的不断发展，时尚杂志逐渐开始成为引领社会时尚潮流并传递时尚信息的一种大众载体，因此也开始形成了时尚报刊及时尚杂志的消费语境。目前，我国比较有代表性的时尚杂志有《ELLE（中国服装之苑，世界服装之苑）》《男人装》《瑞丽》《都市丽人》《昕薇》《男人风尚》《时尚先生》《时尚芭沙》等。《男人装》这本杂志是时尚集团在2004年推出的专门供男性读者阅览的一本综合类的时尚杂志。《男人装》的发行不仅填补了我国内地期刊市场中男性时尚杂志长时间的空白，而且在此基础上带领男性时尚杂志走出消费低谷，重新形成新的时尚热潮与阅读激情。

《男人装》的办刊宗旨就是要努力做一本专门面向男性消费者的真性情的杂志。从更多角度来看，《男人装》这本杂志不仅弥合了男性时尚杂志市场的严重不均等的现状，而且在更大程度上填补与满足了男性情感心理需要上的空缺。从杂志领域分析来看，《男人装》是中国时尚杂志行业内第一本公开的纯男性时尚杂志，而且《男人装》有中国的“花花公子”之美称。很多人在进行消费时只知道《男人装》的封面都有很多美女明星照片，而很多女明星也因为登上了《男人装》的杂志封面而感到至高无上的荣耀，这都是因为《男人装》面向的是男性消费群体，所以印有女性图像的封面对于男性会有更高的吸引力，而这样就会更加激发男性对于《男人装》这本时尚杂志的消费欲望和消费行动。瑞丽作为中国最具有影响力的时尚媒体集团之一，现在已经形成了一个自己特色鲜明的时尚品牌。瑞丽一直在做一本亲民的时尚杂志，注重的是时尚与实用性相结合，虽然是这样，但是也能够和国际化的时尚进行相互沟通与文化传播。

瑞丽正是因为秉持着这种时尚态度和风尚，开始创办时尚杂志；瑞丽旗下拥有很多国内知名的杂志，比如《瑞丽服饰美容》《瑞丽时尚先锋》《瑞丽家居设计》等一系列知名时尚杂志刊物。这些杂志顺应了消费社会的发展要求，不仅有平面杂志的发行，还在此基础上发行了同样内容的电子杂志。在女性时尚杂志发展稳定的情况下，再加上有《男人装》成功发行的经验借鉴，瑞丽也在合适的机会发行了专为男性而订制的时尚杂志，叫作《男人风尚》。

《男人风尚》一经推出，就有不错的销量和良好口碑，奠定了瑞丽旗下杂志长远发展的目标和能力。《都市丽人》这本时尚杂志和其他一些时尚杂志相比，创刊时间比较晚，但发展速度却非常快，目前已成为国内成长最快、并已产生广泛品牌影响力的新概念时尚女性杂志。《都市丽人》一直致力于引领中国新一代女性创造都市中的流行生活。《都市丽人》一直注重的是实用性的时尚路线，而不是一味地追求时尚的火热潮流，刊登的内容也是对女性的全身心进行鼓励和引导。《都市丽人》图文并茂、制作精美，以精美的视觉影像冲击来保证杂志的销量，就因为这一点，这些年来《都市丽人》的销量一直都是稳居高位，而且口碑非常好。虽然起步晚，但《都市丽人》却用它的崛起和超越证明了自身的实力。另一本是时尚杂志《昕薇》创办的时间比较早。一直以来，《昕薇》以明确的风格定位：个性、时尚、品位、潮流而吸引了一大批读者。《昕薇》是由中外两大出版社强强联手合作的一本时尚类的女性杂志，涉及内容大多都是关于时尚、青春的。《昕薇》的销售量一直都是我国杂志行业中的佼佼者。最后要着重介绍的是《时尚芭莎》这本国际名刊。《时尚芭莎》是我国引进的一本国外时尚杂志，它用极其丰富、华丽的视觉图像将时尚充分展示出来，以此和别的杂志相区别，并产生了不同的视觉特点与效果，也正是因为《时尚芭莎》的与众不同，才让其销量一直位居我国时尚杂志的前列。我国引进美国的《时尚芭莎》之后，开始了对其中国化与世界化的结合，这一重要特点，对于消费者来说是一种消费欲望的极大刺激，从而保证了《时尚芭莎》总体的销量。

我国时尚杂志的起源与发展，是和经济发展以及改革开放完全分不开的。自改革开放以来，我国的经济快速发展，我国消费者的消费水平以及消费能力也在不断提升与发展。改革开放带来了思想观念的转变以及与世界的接轨，西方的一些思想开始逐渐进入我国，中国人的日常生活方式和消费观念因为这些思想的进入而发生了巨大的变化，这时消费主义文化开始兴起与发展。我国消费者在追随消费社会发展的时候开始出现明显的消费主义倾向，正是因为这种消费主义的出现与发展，人们对于时尚的理解和需求开始与日俱增。由此，我国的时尚杂志开始产生并得到迅速发展，而导致时尚杂志出现的消费主义，事实上也是一种生活的方式和态度，而消费是在不断的经济追求和个人需求中被间接制造出来的，是被一种形式刺激起来的消费欲望的满足。由此，我们可以分析看出，消费者所消费的，并不只是商品和服务所具备的或者带来的使用价值，在更深的层次上是对于一种符号有意义的消费。

比如有些消费会被贴上一些小资情调、富人高档生活的符号与标签等等。对于商品消费进行研究时，我们可以清楚地发现，报纸、杂志等报刊类纸质媒体产品，其本质就是一种消费品，消费者购买了报纸、杂志等产品就等于成了其读者，读者在阅读时尚报刊的过程中，开始有了一种进入某个时尚领域的微观个人感受，于是和一些真正时尚圈子中的人群相比较，他们就能慢慢摆脱自己对于生活观念落后的担忧和恐惧。时尚杂志这一商品的形成与发展正是利用了人们这种不同阶层对于自我身份认同的不甘心和对更高层次生活追求的心理与需求，人们认为追求时尚就是一种对于自己所属社会阶层肯定与提高的方式并推崇备至。随着西方的消费主义在我国的影响日益增大，大众传播媒介所传播的具有巨大吸引力和表率性的消费形象也变得越来越多。根据传媒业界的一些调查数据显示，现在我国对报纸进行消费的消费者中有将近 80% 的消费者是男性，而对杂志进行消费的消费者中有将近 76% 的消费者是女性。

现在在杂志消费市场中，虽然有一些面向男性而创作的时尚杂志，但是针对女性创办的杂志仍然占据着大部分的杂志消费市场。对于有着一份体面工作的女性来说，她们在某种程度上对外观上的美丽时尚以及高层次的生活质量是非常重视的，因为这种对于个性的追求以及对于时尚和外表的重视会提升自身的生活品位和社会存在感，这也是我国的女性时尚杂志兴起的一个重要原因。而纵观中国时尚杂志的兴起和发展，我们可以看出，其最初出现的时尚杂志也是从专做女性时尚杂志开始的，进而一步一步发展到现如今的多元状态。《ELLE 世界时装之苑》《时尚》《瑞丽》三本杂志都是女性时尚杂志，三者构成了中国时尚杂志三足鼎立的局面，而经过一段时间的摸索与发展，我国时尚杂志的消费市场逐渐进入了成熟的发展阶段，并且开始了进一步地向更高层次的发展与完善，这其中广告扮演了推动者的重要角色，发挥了不可替代的作用。

第二章

认识广告与图像叙事

第一节　广告的本体含义

要对消费语境下广告图像叙事与审美进行研究，首先要了解消费语境，而消费语境在前文中已经做了比较详细的分析，下面就需要对广告进行全方位的认识与理解。“广告”，就字面来说，有“广而告之”之意。“广告”一词源于拉丁文“Adventure”，有引起注意、诱导之意。在14世纪至15世纪后半叶间，英语中“Advertise”一词出现，其含义为“一个人注意到某件事”，后演变为“引起别人注意”“通知别人某件事”，其后词义不断发展，最终发展为现在意义上的广告。一般认为，广告是为了某种特定的需要，通过一定形式的媒体，公开而广泛地向公众传达商品或劳务的特征、性能或功效以及顾客从中所能得到的利益，以激起购买行为，或者为了培植特定观念、信用等所做的付费传播活动。

在广告学理论中，广告有广义和狭义之分。广义的广告包括非经济广告和经济广告，非经济广告指的是不以营利为目的的广告，又被称为效应广告，如政府行政部门、社会事业单位乃至个人的各种公告、启事、声明等，非经济广告进行的主要目的就是推广，可以是推广信息，也可以是推广一个企业或者事件等。而与非经济广告相反，狭义的广告就是指经济广告，经济广告又被称为商业广告，就是指以营利为目的的广告，通常是商品生产者、经营者和消费者之间沟通信息的重要手段，或企业占领市场、推销产品、提供劳务的重要形式，经济广告进行制作传播的主要目的是扩大企业或者商家经济效益。广告的收视率与广告制作上的投入有着密切的关系，广告是一个收益高并且发展速度非常快的行业。

我们都知道，电视节目的大部分经济收益都来源于广告收入，广告是电视媒体最重要的收益点之一。如果一个电视台播出的电视剧或者综艺节目非常吸引受众，那么其收视率往往会比较高，高收视率能够为电视台带来丰厚的广告收入。如前文中曾经提到的湖南卫视推出的《超级女声》综艺节目，其中广告费就非常巨大。浙江卫视在播出《中国好声音》的时候，插播广告片的费用是十几万元一秒钟，一则十秒的影视广告播出一次就要花费上百万元。当前，我国的经济增长迅速，我国正式进入了新的科技网络时代，互联网时代对传统广告市场的影响也变得越来越大。

根据相关调查显示，中国广告市场收入一直呈现不断增长的趋势。虽然广告市场的整体收入在不断增长，但传统媒体广告收入却在不断地减少，也就是说在我国的广告市场收入中传统媒体所占据的比重已经越来越低。如果按照细分的广告形式和类别来分析我国广告的发展现状，首先就会发现属于传统媒体的电视广告虽然整体处于增长状态，但是其增长幅度也是比较小的，整体发展势头不够强劲。但对于传统媒体来说，也有逆袭成功的例子，近些年来随着我国国民经济水平的大幅度提高，我国越来越多的家庭都有了私家车，上下班出行的路程中大多听一听电台节目，正是在汽车行业的大力发展和人们对汽车需求不断增加的情况下，广播电台从先前一段时间的衰落重新崛起而成为生活中重要的媒体。开车的人多了，听广播的人也就多了，听广播的人多了，电台的广告收入和以前的情况相比较就呈现出一个大幅度增长。而像杂志、报纸等传统平面媒体的广告收入整体呈现出了下滑的趋势。

随着网络时代的到来，大部分消费者都愿意订购电子杂志而不是实体纸质杂志，而在平面媒体中，报纸的收益下滑是相对比较大的。如果仔细观察，我们就可以注意到这样一个现象，如今人们了解一天来发生的大大小小的事情和新闻，大都是通过微博、微信、腾讯 QQ 或者搜索引擎的推送。而报纸的主要功能是什么？不就是对于当下新闻消息的传播吗？既然新闻消息的传播是讲究及时性的，那么传统报纸一定赶不上网络消息的传播速度和传播范围的，所以报纸会成为关注人数相对较少、广告收入相对较低的媒体。在当今互联网信息时代，网络广告的收入增长速度是所有广告媒体之中最快也是幅度最大的一个，所以我们完全可以认为网络广告市场已经呈现出持续繁荣的发展景象。

随着网络传播效果的提升和受众接受度的增强，以互联网为核心的线上线下联动式的整合营销模式越来越受到广告主的青睐。根据一系列的调查结果显示，目前在我国来说，社交软件（比如腾讯 QQ、腾讯微信、腾讯微博、新浪微博、MSN、美拍、秒拍、天涯论坛、贴吧等）、搜索引擎（比如 QQ 浏览器、UC 浏览器、搜狗浏览器、百度浏览器、360 浏览器、猎豹浏览器等）、垂直网站、一般门户网站、视频软件（比如腾讯视频、芒果 TV、爱奇艺、优酷视频、中视网、PPTV、土豆视频等）等五大类媒体逐步成为整合营销中最常见的组合元素，而广告的投放需求方在社交软件、垂直网站、一般门户网站、搜索引擎和视频软件中的选择比例已经达到了 60% 以上了。互联网正以强大的不可阻挡的力量渗透进广告的本体，各类型广告都在不同程度上与互联网相融合，形成了特殊的交互性存在形态。互联网改变了传统广告的存在形式和生存状态，成为广告新的生存态势。

第二节　对广告的拓展性认识

一、广告在我国传统社会中的存在与体现

一提起广告，特别是现代广告，很多人会认为是从国外引入到中国的，但其实并不是这样的。在我国古代社会生活的各个领域就出现了具有

广告性质的传播活动了，我国可以说是世界上最早出现广告的国家之一。追溯广告形成与发展的历史，我们可以发现，早在西周时期，就已经有了用声音或口头方式来宣传自己主张和传达相关信息内容的活动，这可以算作是一种音响广告。音响广告就是通过声音传播而把自己的销售信息广而告之，从而吸引消费者的注意力而进一步购买，比如以前我们常常会听到的“磨剪子来戗菜刀”“收破烂”“卖苹果吆”等都属于音响广告，它是一种以叫喊为主，以撞击和敲打物体的声音为辅的通过声音来推销的广告形式。又比如，当我们经过很多店铺门口的时候通常可以听到音乐，商家在店铺门口通常会放置一台音响，用来播放音乐，希望通过音乐独特的识别度来提高消费者的关注度，有了关注度才能够进一步吸引消费者前来消费，这也是音响广告存在的目的及意义体现。

除此之外，我国传统社会中存在一种所谓“标志广告”，这种广告形式非常简单，就是在进行商品交换的时候经常会有商家在自己想要出售的物品上插上一个标记来表明这个物品处于待售状态，比如这个标记物可以是一根羽毛。总之标志广告就是一种出售标志，告知众人这个物品是可以出售的，事实上这种标志广告在当下社会中依然存在。比如在超市中经常会见到一些货架上会放上一些非常显眼的橙色标志牌子，上面一般会写“热卖中”“低至 7 折”“限时抢购”等词汇，当消费者逛超市的时候看到这些标志，就会对特定商品产生关注并激发购买欲望，商家以此达到提高销量的目的。我国古代形成比较早的一种广告叫作“幌子广告”，幌子广告现在也被理解为牌子广告，这种广告形式在古代一般会出现在一些重大的场合，比如官员出巡的时候经常会在队伍的前面派一个人举着大旗，旗上会写着“回避”之类的字样，而这面大旗所要表达的是“官员出巡，众人让路”的意思。这种牌子广告慢慢发展后来就变成了一些酒馆、茶馆乐于使用的广告方式了，他们会在门口挂一面小旗，旗上写有“茶”“酒”等字眼，消费者远距离就能看到这些字眼，就知道前方有什么店了，这样就会招引一些消费者进店消费，所谓“水村山郭酒旗风”，酒旗就是此类型广告。这种牌子广告发展到现在就变成了招牌广告，我们可以看到，现在不管是什么店，哪怕是路边一个小卖店都会有标牌挂在店铺的门面之上，这与古代商家的牌匾相似，为了向人展示这是一个什么店，人们只有知道了该店出售何种商品，才能够决定自己要不要进去购买。

我国古代有一种非常典型的动态广告类型——烽火广告。历史上的周幽王烽火戏诸侯便是如此，烽火一经点燃就能够传递信息并吸引诸侯前来。在我国春秋战国时期，就已经出现了这种烽火广告，用点燃烽火产生的烟雾告知远方的诸侯，让其看到之后就立即前来议事。在古代还有一种延续至今并且一直被应用的广告形式，就是招贴广告。这种广告形式早在我国宋代就得到比较广泛的应用。招贴广告主要就是把想要传播的信息转换成文字和图画后再转移到纸上，然后一般都会选择贴在人多、热闹的地方，进而达到宣传自己消息内容的目的。比如我们经常在文学作品或影视作品中看到，某人被官府通缉，官府就会把关于这个人的通缉令张贴到墙上，并常会附上“悬赏”等字眼。这种招贴广告被人们一直使用到今天，并且使用范围非常广泛，也产生了不少如车体广告、候车厅广告、电梯广告、楼体广告等分类型。电影宣传海报也是张贴广告的典型类型，在电影院门口及附近经常会摆放一些或者粘贴一些某某电影的宣传海报，海报画面是精心设计的，突出了电影的精彩之处，具有强烈的视觉冲击力。其目的就是为了让消费者在路过电影院的时候能够关注该电影，从而产生观影欲望并进一步进行观影视觉消费。再比如我们坐地铁的时候，经常会看到地铁里面的墙上会张贴一些宣传海报，这些广告都属于张贴广告。宣传册和传单这种广告形式也是在古代时候就已经出现了，这种广告属于印刷广告，主要形式就是广告主把自己想要宣传的商品的名字、制作者的姓名、生产的商号、商品的介绍和购买的形式和地址制版印刷，并且以印刷品的形式传送到每一个消费者的手中，这种广告形式最早是出现在北宋时期。

除此之外，我国传统社会中还存在图片广告类型，这种广告形式出现的时间相对比较晚，基本上是宋代之后的事情。这种图片广告最突出的特点就是图文结合、惟妙惟肖，对人们具有比较强的吸引力，图片广告在明朝时期被大规模应用。小说这一文体在明朝文学上造就了一个热潮，小说的盛行推动了新型图片广告的出现。在当时小市民社会中，小说书籍是一种人们乐于购买的商品，而卖书的人为了吸引读者的注意力会把书籍中的精彩情节制作成插画，进而吸引读者眼球，从而促进书籍的销售。比如中国古典四大名著中的插画就数不胜数，现在很多书籍都是采用这种形式来为自己做宣传的，并出现了传统书籍严重图像化的趋势。我国传统社会中广告的发展形式多种多样，北宋时期是广告形式空前发展与繁荣的阶段。这一时期出现了一幅彪炳千古的传世画作，就是张择端的《清明上河图》。很多人说《清明上河图》为我们了解和研究古代广告的发展提供了全面和形象的资料支撑。在这一幅长画卷中，展现了悬挂广告、牌子广告、幌子广告、实物展示广告、音响广告等丰富的广告形式，几乎包含了当时所有存在的典型广告类型，让我们看到了一个繁华、热闹、发达的宋代大都市，也让我们认识到在传统社会中广告就是一种普遍存在的文化现象与社会经济现象。

二、广告的创意与创意发展方向

对于广告图像叙事与审美的研究，要以广告的创意为研究基础。因为创意是广告的灵魂，好的创意对广告有着至关重要的意义。首先，好的创意有助于广告对消费者进行有效的告知，消费者能够注意到广告，在很大程度上取决于广告是否具有独创性。好的创意使广告更直观、形象而生动，从而对消费者产生较大的吸引力，使其维持较高的兴趣，有助于消费者进一步去了解产品。第二，好的创意使广告对消费者进行有效的劝说。一个有创意的故事和一个有创意的人物或一句有创意的话语，能在消费者心目中为产品和品牌树立一种独特而持久的形象，从而劝说消费者在心理上对品牌产生认同。第三，好的创意有助于广告的引导活动，毫无创意、千篇一律的广告，让消费者产生抗拒心理，在某种情况下，消费者也会将抗拒心理延伸到产品和品牌上，只有好的创意广告才能使消费者乐于观看并接受，甚至会有再次观看的期待。一个好的创意可以为广告增添“震惊”因素，也就是包袱，好的广告如同一个幽默故事，也有一个创意点，当创意点一打开，受众恰好能领会其中的含义，并产生心理共鸣，形成“轰动”效应。①

所谓广告创意可以从两个方面来看，分别是动态方面和静态方面。从动态方面来看，是广告人员对广告活动进行创造的思维活动；而从静态方面来看，就是为了达到广告目的，对未来的广告主题、表达内容和广告表现形式等所提出的创造性观点。通俗地讲，广告创意就是制作与创造某一广告全部构思的过程，它可以是一个点子、一种理念，或者其他的关于价值内容方面的独特构思形式。对于广告行业来说，好的创意是非常重要并且能够支撑这个行业继续发展下去的核心元素，所以说广告创意就是广告活动的灵魂。

广告创意元素是一则广告能够体现广告本身核心特点的最重要、最本质的东西，也是最能够吸引消费者关注度的元素，广告创意是广告的生命与灵魂。为了能给广大消费者留下深刻的印象，广告的内容和形式必须要推陈出新，不落窠臼，要不断展现新的内容。针对消费者多元化的消费心理需求而制作设计的广告产品，其中有的针对消费者的逆反心理，有的针对猎奇心理或者是炫耀性消费心理。广告要具有求新求奇、不落俗套的特质，首先一定要有精彩的创意。广告的内容和形式不能一成不变，不能总是模仿其他广告。如果没有创新，那么广告对于消费者来说就没有吸引力，如果不能够吸引消费者，也就不能进一步提高商品在消费者心中的形象和地位。

笔者曾经看到过这样一则广告短片，广告中一位男人对一个女士精心打扮和细心呵护，看上去就像自己的妻子一样，男士和她一起上下班，还经常和她一起散步，到了广告的最后，才看出来原来这是一则汽车广告，男人爱护的原来是自己的车。转念一想，这则广告设计比较独特，因为故事中所谓的爱护就是主人对自己的车的爱护，所谓打扮就是出去洗车和给

---

① 参见马爱东，朱凯飞：《论中国广告现状与创意出路》，《苏州大学学报》（工科版）2005 年第 2 期。

车喷漆，一起上下班就是开车上班、开车下班，一起散步就是开车去兜风，如此想来这段时光还真的是自己和车度过的。这则广告创意奇特，没有直接宣传汽车，一开始让人看不明白是怎么回事，直到后来才恍然大悟，并且产生了深深的共鸣，这就是广告创意上的新，新的内容、新的形式、新的构思、新的体现、新的表现手法，这一系列的创新，让广告成为吸引消费者关注的有创意的焦点，如此一来就能达到广告对消费者无言的情感劝说的目的了。其次，广告要能够持久吸引消费者的目光，就一定要创意奇特。所谓奇特也就是不常见的、不寻常的，也就是说，广告中的创意是人们按常规思想和逻辑很难想象到的事物。我们都知道，好奇心理是人人都有的，可以说是人的一种本性。比如当我们在街上走的时候，忽然看到前方一群人在围着，就会不自觉地上前想要挤进去看一看到底是怎么回事。人在小的时候对周围一切都很感兴趣，对什么都感觉到陌生和好奇，但是随着人慢慢地长大，生活阅历慢慢丰富起来，一些东西看得多了也就不感到稀奇了，所以能够吸引人们注意的东西也就相对变少了。

广告对于消费者来说也是同样的，因为广告创意很多都是相同或相似的。比如汽车广告，大部分的汽车广告就是通过展示车的性能、速度和外观等来制作设计，经常是找个人，开开车，展示一下就结束了，这种广告一开始对消费者还具有一定的吸引力，但是时间一长，消费者的兴趣日趋降低，渐渐地对这种广告就丧失了好奇心理和观看欲望了，往往都是一看到就想要立即略过，用一个词语来表述这种类型的广告创意就是“满天飞”，这种广告对消费者已经没有多少吸引力了。因此作为广告的设计者和创意者一定要有足够的出奇制胜的思维和构想，才能使广告不落窠臼，吸引消费者的眼球。比如有一款洗发水的广告创意就比较奇特，在广告画面中“头发”柔顺的不是人，而是狮子，当一头狮子在广告中展示自己“柔顺的长发”的时候，消费者会立即就注意到，并且对此产生浓厚兴趣，会产生一种“狮子也用这个洗头发？那我也一定要试一试看看这个产品有多好用”的好奇心理。广告要想吸引消费者的注意，要有新鲜、奇特的创意，还要足够特别，要做到与众不同，比如有些广告特别喜欢找篮球巨星姚明来代言，难道是商家喜欢篮球或者姚明是篮球明星吗？可能并不尽然，在很大程度上，除了姚明的名气以外，更多的是因为他具有的绝对身高，这种常人很难具有的身高会让消费者一下子就注意到这个形象代言，从而进一步关注到这则广告和广告所宣传的产品。

有这样一则案例，国外的一家广告公司要做一则口罩的广告，他们想要表达的意思是人出门应该戴口罩，否则会吸入灰尘影响人的身体健康。他们的户外广告做得就非常特别，他们在城市所有的天桥隧道路口上都设计了大型的户外广告牌，天桥隧道就是鼻孔，下面的路就是嘴巴，人们开着车，来来往往地从隧道和天桥入口进进出出，就好像灰尘在人的嘴巴和鼻子进进出出一样，广告牌上写着："不要让自己和灰尘一起生活。"这则广告同时也拍摄了一个动态视频广告，也同样获得了巨大成功，这款口罩也随之名声大振、销量大增，这正是得益于巧妙而又特别的广告创意构思。只有具备好的创意，广告才能够产生不同寻常的宣传效果。因此，广告创意人员和设计人员在制作广告的过程中，经常会构建一些非常特别的创意点来吸引消费者，然而在设计广告的时候，也不能完全关注创意的新鲜、奇特，还有一些创意的原则和规定需要遵守，这些原则和规定就是用来指导广告创意的基本思想和基本要求，广告要求新，但不能违背原则肆意求新。

广告是一种经济性很强的事物，广告诞生和存在的目的就是为了销售其所宣传的产品，并且通过这种形式来获得利润。首先广告制作者在进行广告创意的时候一定要事先制定好目标，这是最重要也是最有现实意义的创意前提。广告创意的进行实际上就是为了完成广告所要达成的目标和营销推广的目标。也就是说，广告设计制作流程的开展就是为了服从和围绕宣传、营销、推广、利润这四个中心来进行的。说得通俗一些，宣传、营销、推广、利润这四个中心就是为了吸引消费者，并激发他们对于特定产品的消费欲望和实际购买行为而构建的。这也是广告存在的切实意义和价值，既然广告如此，那么广告的创意就要围绕吸引消费者并规劝其消费购买来进行。因此，我们常常能够听到一些广告片的结尾都是"那就快来选购吧!”“心动不如行动!”“你值得拥有!”等类似的话语，这是在召唤消费者快点来购买消费产品。

广告的创意还一定要遵守独创的原则与规定，上文中已经分析过，广告创意绝对不能过于单一、因循守旧、缺乏创新性。随着广告的发展，广告创意一定要标新立异，和别人的不一样，要有自己的独创性，不能总跟别人学，也不能和以前的自己学，一定要独辟蹊径。广告行业有这么一句话：“广告的创意之路，是只能走直线，不能回头看。”这句话笔者认为非常贴切，既然只能沿直线往前走，也就不能和别人重复，不能走到别人的路上去。对于广告而言，可以适当借鉴和模仿，但是对于广告内容和形式的创意而言，是不能够跟别人学习而只能自己独创的。“不能回头看”就是自己即使有过一个好的构思也不能一味地反复使用这个创意而不再改变。创意虽好，但是看多了，消费者也会产生厌烦心理，所以不能够“永远回头看”自己曾经多么辉煌的创意，曾经的创意再好，经过一段时间还是要不断突破。广告的创意除了要有一定的目标之外，还要有自己的独创特质，独特的广告创意会引起消费者强烈的兴趣，与众不同的新奇的感觉才能够让广告达到引人注目的目的。只有这样，广告才能在消费者的脑海里留下深刻的印象，而这种独特的创意也会让消费者时常地想起广告。

孩子们平时吃的零食的包装袋里通常会放置一些卡片，有的是卡通扑克牌，让消费者在将扑克牌攒到特定数量的时候，就能够兑换一些奖品，而扑克牌上面也会有这个零食的广告。其实很多孩子根本攒不到特定数量，但有时候看到这个扑克牌及上面的广告，就又会不自觉地去购买，这就是广告的独创性。广告创意一定要简洁明了，消费者在看到之后能够很快就明白这则广告的用意，因为一则广告并不是可以长久存在的事物，它是一个可以瞬间消逝的事物，所以很多广告走的就是让人看一眼就能够记住的路线。如果广告特别冗长而且缺乏新意又没有自身特点的话，消费者看完之后也就是看完了，根本记不住，这个时候要是问他刚刚看的广告是什么广告，他一定不记得了。因此，不管是在广告语的措辞上还是在广告图像的构图上，都一定要简洁明了。比如一些医学基金会的广告片，就非常简洁明了，广告画面首先是一个白色的背景，慢慢展现一些救护车、医护人员，然后下一个镜头就是一个红色十字的标志出现了，这就是一个用简洁的方式来让消费者明白对方想要广而告之的内容究竟是什么的广告。在现如今的经济社会当中，人们的工作压力比较大，生活节奏也非常快，在一天繁忙工作后回到家，人们大多是不愿意花费精力去猜想并分析看到的广告，如果广告的创意过于复杂难以理解的话，也会引起人们的反感。

在进行广告创意时，还必须要记住，一定要让广告非常人性化，只有人性化的东西和事物才能够满足广告受众的物质和心理上的双重需求。比如一些关于互联网产品的广告创意常常会这样设计，游子在外闯荡、漂泊，父母在家不能够经常看到自己的孩子，而这个时候镜头就会出现孩子用电脑向父母发起视频，而父母在家里也能通过视频来看到自己的孩子，因为网络让这种亲情上的沟通变得简单，所以这种情感上的体现和人性化的内容，会更容易激发起消费者对于网络产品和服务的消费欲望，从而实现广告的收益和促进产品的销售。

广告创意还要有一定的规范性，这种规范性可以是文化上的规范性，也可以是法律上的规范性，还可以是道德上的规范性。其实，不管是国家，还是民族，抑或是一个民间组织，人们处于社会中一定是要受到特定规范约束的。广告创意的规范其实就是企业对社会负责任态度的体现。一个好的广告创意，首先不能够在广告内容中出现诋毁竞争对手的片段，广告不能存在一些低级趣味的内容，尤其是不能够在广告中出现侮辱他人、诋毁某些民族和宗教的内容，不能在广告中宣扬法律禁止的内容。广告创意人员只有时时用这些规范来约束和指引自己对广告的创意，才能够创造出一个高水平、有内涵并且能够吸引消费者的广告作品。其次，在进行广告创意的时候，一定要注重各方面的联系，一则优秀广告必然要使产品和特定人群或其他事物产生特定的关联性，比如一则润喉糖的广告用一个运动员来做代言，显然没有什么必然联系，但是如果选一位有知名度的歌手来进行代言，歌手显然是靠唱歌也就是靠嗓子工作的，所以他代言的润喉糖会更具说服力，也会让整个广告和产品有一定的关联性。如果一个广告内容和自己所要宣传的产品没有什么联系的话，那么这个广告岂不是失去了自己存在和创意的意义了吗？这样的广告让人看得云里雾里，对于消费者来说更是缺乏了应有的吸引力和广告自身的生命力。广告创意一定要和其广告主有联系，也就是说广告创意一定要为广告主服务，能够让消费者对所宣传的产品产生购买欲望和购买行动。

同时，广告的创意一定要和广告的受众有所联系，即广告的受众是谁，广告产品的消费者主要是谁，这直接影响与制约着广告创意。如果面向儿童，那就一定要有一定的趣味性和简单易懂性；如果是给中年人看的，那么就要用一种有深度、有内容或者务实的创意。广告一定要和所宣传的产品品牌有所联系，要能够突出品牌的个性，能够突出产品的优点、风格等等。我们生活中有很多广告的创意非常好，而广告创意手法以及方法也是多种多样的，广告创意和广告的图像叙事与审美研究息息相关，所以我们也要对广告创意的方法进行分析和了解。

首先，广告创意中最常用的一种手法就是对比创意的方法，对比往往是一种非常有冲击力和说服力的方法。一个瘦子站在胖子身边就能够突显其有多瘦，一个年轻人站在老年人身边就能够突显其有多年轻，一个身体多病的人站在一个健壮的人身边就能够突显其身体素质的差异。这种广告对比的鲜明感会让人产生无限的联想和强大的视觉以及心理冲击力，而且这种广告创意的手法还可以合理地规避广告法律中所规定的“不允许贬低、诋毁同类产品”的条文。因此，这种广告创意一直都是某些保健品或者是感冒药之类的产品常用的广告创意手法之一。比如做钙片产品广告的会用一个走路费劲的老人和走路轻快的老人做对比，显而易见，这是一种非常明智的广告创意手法。广告创意还有一种比较有刺激感的手法就是恐怖刺激法，这种广告创意主要是以恐怖的刺激点为主，比如一个治疗脚气产品的广告创意，一个女人拿着男人的鞋高喊：“啊！脚气！”对于一些目标消费群体来说无疑是一种心理震惊或是威胁。我们可以发现，经过频繁地惊吓和诱惑之后，一些消费者就因此掏钱购买了。在广告创意中，有一种手法是屡试不爽的，这种广告创意的手法可能并不能算是一种新的创意，但是绝对可以说是一种不错的选择，就是名人效应法。有些广告根本不用多少新颖的形式，只需要一个非常受人们关注和喜爱的明星出现在广告中就可以了。比如现在一些常见广告，只注重明星在里面的露面，像范冰冰拍的一些化妆品广告，鹿晗和郭采洁代言的“一叶子”面膜的广告，这些广告本身没有什么太多的新颖性，但是正是因为广告中的名人让人们所喜爱，人们更多关注的并不是产品，而是名人本身，有时候就是因为这个产品是这个明星所代言的，消费者就会产生购买欲望。因此，在广告名人效应的创意里，名人广告或者形象代言人广告是名人效应里面较为古老和常用的广告创意和表现手法，寻求合适广告产品的诉求点能够取得消费者趋同心理的消费效果。

设置悬念也是一种重要的广告创意手法。比如曾经非常经典的一个广告就是“清嘴含片”广告，此则广告一开始是女主角在说：“我要清嘴……不要亲嘴!”观众一开始看到这个广告的时候会有一些惊讶，怎么会要“亲嘴”呢？而此时观众的兴趣就被调动起来了。接着广告画面就开始解释，是要“清嘴”而不是“亲嘴”，随后就出了“清嘴”含片的产品介绍，人们才知道原来是宣传产品的广告。这种悬念设置的广告创意是观众比较乐于观看的一种，因为其最大特点是在广告一开始就采用似乎看起来没有理智和不符合逻辑的方式来吸引住消费者的眼球，能够让人关注它，而正是因为这种悬念的吸引，才让人只要看一眼就能够记住，从而形成对这个产品的比较高的辨识度和消费习惯性。此则广告设计非常巧妙，首先把“清嘴”和“亲嘴”混为一谈。“清嘴”是海南养生堂新开发的一种含片，一种带有多种果味的含片。在对含片的相关调查中存在这样一个问题：请列出所知的含片。答案统计上来，人们回答的基本上是金嗓子、江中、健民、西瓜霜等品牌的润喉含片，也就是说大家脑子里“含片”的概念就是润喉的，至少大部分是这样。虽然含片还有补钙的、驱虫的，但人们脑海里习惯性的第一反应此类产品的特点还是清嘴即可以润喉、利嗓。应该说，“清嘴”从一开始就抓住了消费者对含片类产品特点的认知，产品取名为“清嘴”很契合消费者的心理，易于被接受和认同。①

虽然“清嘴”广告把“清嘴”和“亲嘴”混为一谈，备受争议，但有一点大家是认同的，“清嘴”广告好记，有一定的悬念性，通过高频次的发布，产品知名度提升很快。广告强调的是“滋味”，诉求点在“不一样的感觉”，也就是“好口味”这一概念和特征的彰显。很明显“清嘴”如此运作是为了避免与金嗓子、江中等品牌含片发生正面冲突，“清嘴”在细分市场后将目标消费群定位于高级青年白领一族，他们的特点是事业、收入处于上升空间，生活相对较稳定，也追求生活品质品位，易接受新鲜事物，所以有了“清嘴”不同于其他含片的包装、销售路线。此外还有包装策略，“清嘴”的包装被消费者认为是很精巧，很有创意的，更好的是它携带方便不易被压损，食用也很卫生。另外，“清嘴”将自己的销售终端放在了大中城市的各个便利店及超市的收银点，而非药店和保健品专柜，销售思路自然是与各类小食品相近，其5元一盒的价格，与金嗓子、江中等品牌含片基本持平，但与超市和便利店中的其他小食品相比，价位并不算低。这些都很符合“清嘴”的受众群体，包装和价格保证了“清嘴”在其他同类产品中的差异性。

“清嘴”的广告使其在市场中一炮打响，上市后取得了不俗的市场业绩，但同时也有一些不足之处，首先是沟通手段过于单一。众所周知，广告发布不能依赖单一的媒体，尤其是一个新产品刚刚上市，更是需要采取多种方式与消费者进行沟通，这样才能进一步巩固市场。而像“清嘴”这样的含片产品则一般主要通过电视传媒和一些产品陈列 POP 架，而只通过电视广告手段显得过于单一，沟通传播的整合策划不足。“清嘴”含片的诉求点是人们喜欢的“不一样的感觉，好口味”。采取悬念方式来表现，从广告的诉求作用阶段分析，也就是知道——产生兴趣——有一定的

---

① 参见《“清嘴”含片广告营销策略的启示》，世界美食网，http：//food. icxo. com/htmlnews/2005/11/30/730422. htm。

好感——尝试性消费，“清嘴”已经到了尝试性消费这一阶段，达到了预期的目标。但是在接下来的几个广告诉求阶段“清嘴”就有所欠缺了。笔者认为“清嘴”除了已经表现的卖点外，还有两个产品优势：一是我们常说的清咽利喉，二是“清嘴”不含糖。当然，短短的一则广告片不可能包含这么多要素诉求，但是与其他媒介的配合使用也是解决这一问题的好方法之一，如选择杂志、报纸、印刷品等多种媒介投放广告。消费者只有熟悉了解产品，再次消费的机会才会增大，但现实的情况是“清嘴”这一点做的不是很好。其次是品牌维护不够。这主要体现在缺少利于长期发布的传播策略，同时促销也不够，不利于为消费者构建消费荣耀感和消费忠诚度。① 在相关机构所做的调查中有一个问题就是请举出“清嘴”含片所做过的一到两次活动，十多个调查对象的答案竟然都是没有。“清嘴”含片的促销活动不仅比价少，而且礼品装、促销装也是不曾见过。长此以往，虽然前期的广告创意能够抓住一些愿意尝试新事物的消费者，但从长远来看，这些消费者很难长期认同和选择该产品。不过后来商家有所改变，近期在网上出现了“清嘴”含片的促销活动广告，同时也出现了“清嘴”含片的车体广告，虽然不多，但这也是多元宣传策略的开始，但感觉力度与此含片的电视广告片相比，规模还是小了一些。“清嘴”含片刚上市时，原本便利店和一些小的超市中是没有金嗓子等含片产品的，但“清嘴”上市一个月后，金嗓子等产品便出现在了“清嘴”产品旁边，这也能从一个侧面说明“清嘴”含片的确对某些同类产品厂家的营销观念带来一些冲击。“清嘴”含片的营销案例可以说是一个从产品策划到营销整合策划的案例，它巧妙地运用了人们所固有的“润喉”含片的概念，改变终端及通路的选择，制定适宜的营销策略，采用差异化的手法，在营销要素中突出方便、购买及使用，准确切入市场的空档，并用视觉化的广

① 参见《“清嘴”含片广告营销策略的启示》，世界美食网，http：//food. icxo. com/htmlnews/2005/11/30/730422. htm。

告先发制人，给人印象深刻。① 但是“清嘴”含片要想能够走得更远一些，就需要把多种沟通手段整合起来，加强后期品牌的维护和对消费者忠诚度的把握，以此进一步提升它的形象和市场占有率。可以说，尽管广告后期的一些营销与发展存在某些问题，但是“清嘴”含片广告仍是一个有创意的影视广告。

笔者曾经看过这样一个创意型广告案例，就是广告大师伯恩巴克给奥尔巴克百货公司制作的一个平面广告。这则广告因为其优秀创意成为一则经典的广告案例，其内容如下：一张大幅照片占据了版面很大的部分，画面上是一位男人右边搂着一个年轻女人大步朝前迈进，两人都满脸笑容，并且与此同时还洋溢着满足与得意的光彩，这个年轻女人虽然看不见全身的正面形象，但她非常靓丽的服饰和特别的深情依然具有迷人的魅力。在广告画面的空白部分是引人注目的广告文案，标题是“慷慨的以旧换新”，副标题是“带来你的太太，只要几块钱，我们将给你一个新的女人”，而正文的内容是“为什么你硬是欺骗自己，认为你买不起最新与最好的东西？在奥尔巴克百货公司，你不必为买美丽的东西而付高价，有无数种衣服供你选择——一切全新，一切使你兴奋，现在就把你的太太带给我们，我们会把她换成可爱的新女人——仅花几元钱而已，将是你有生以来最轻松愉快的付款”。这则广告的口号也非常吸引人，是“做千百万的生意，赚几分钱的利润”。这则广告是伯恩巴克的经典广告之作，这则广告一经推出，消费者的消费欲望被调动起来，有众多消费者开始有目的地来到奥尔巴克百货公司消费。这则广告深入人心，用完整的广告形式给消费者制造了一个最大的吸引力。因此，对于广告行业的从业人员来说，认识到创意对于广告的重要性和如何巧妙地制造完美广告创意是至关重要的。

下面再通过几个典型案例分析一下广告图像叙事与创意的结合问题。

---

① 参见《“清嘴”含片广告营销策略的启示》，世界美食网，http://food.icxo.com/htmlnews/2005/11/30/730422.htm。

宝马汽车曾经做过一则创意奇特的广告，广告的解说词是这样的：“有时候，不只是美女才能吸引男人，比如……”广告的画面设计对消费者的眼球有着极高的吸引力，画面中是一个男人面对面地紧贴着一个女人，如果不看脸的话，大家都以为这个男人是被这个女人而深深吸引了，画面的特写对男人深情的眼神表现得非常贴切，此画面映入眼帘，初看起来有性暗示的成分，很多消费者看到画面后都想能进一步一看究竟，但是仔细观赏广告后，发现原来女人的脸是一辆宝马汽车，如此吸引男人的并不是一个婀娜多姿的女人，而是一辆外观漂亮、性能出众的宝马汽车，整个广告用香车美女的暗示给人一种新鲜奇特的感受，能激发消费者深层次的消费欲望。此则广告整个画面的主色彩是暖色调，人们看着就会不自觉地把自己融入进去，也会有兴趣想看下去。所以说，富有视觉冲击性和趣味性的广告图像是视觉化广告必不可少的。

在创意中，广告图像的安排可以呈现为一种对比的状态，鲜明的对比可以让人产生好奇心理，以便吸引消费者的目光。有这样一则薯条的平面广告，它采用了一种对比图像的表现方式。广告画面中的右侧是一个身材苗条的美女在吃薯条，左侧是一个身体肥胖的女孩在吃薯条，而广告语是这样写的：“开始吃的时候，一定要考虑后果，因为它可是出奇的美味。”首先一瘦一胖两名女子的鲜明对比会让消费者眼前一亮，并且产生想继续看下去的心理欲望，而对比的画面暗示出美女因为吃美味的薯条停不下来而一下子变成了大胖子，这样画面整体给人以较强的视觉冲击和观念冲击，并且燃起消费者浓烈的好奇心，究竟是什么样的薯条能够好吃到让人一直不停地吃呢？这种好奇心一产生，消费者就会产生购买欲望，最后达到了广告的宣传目的，因此广告图像的对比呈现是一种好的创意思路与方法。还有这样一则以新奇性和趣味性原则来进行创意设计的广告，就是“兰蔻”睫毛膏广告，广告语非常简明：“只要你用，就一定会翘。”画面图像上是一个条形码，条形码的一头像睫毛一样翘了起来，广告画面是以高影调的白色设计为主，只有条形码呈现出少许黑色。消费者在看到这则广告时就会一下子注意到黑色条形码，鲜明的对比除了能引起消费者的注意外，还能引导消费者从翘起的条形码联想到睫毛膏的修饰功能。

隐含意义的表达也是广告创意中经常用到的，比如绿箭口香糖的一则平面宣传广告，图片中主要的广告图像是一只脏鞋子，鞋垫露出来像是人的舌头一样，鞋口仿佛是一个人的嘴，这种隐含意思就是口气不清新的人就像是脚臭的人一样是不受他人欢迎的，这个时候就突出了绿箭口香糖的功能好处，能够清新口气，驱赶口臭，让人变得受别人欢迎。这则广告的引申含义非常符合产品本身，对消费者具有较大的吸引力。此外，幽默夸张的图像叙事也是广告创意的常用方法，因为轻松愉悦幽默的图像对消费者本来就具有不可阻挡的视觉魅力。有一则视觉广告的幽默夸张是非常有创意的，图片中有一个鸟笼子，而鸟笼子里的鸟已经死掉了，旁边放了一双鞋；还有一盆花，花已经枯萎了，旁边也放了一双鞋；图片中还有一堵墙，墙皮已经脱落了，旁边也放了一双鞋。人们看到广告的画面，首先感受到视觉上的冲击性，然后会自然联想到画面中事物与鞋的关系，会惊叹脚气的威力居然把鸟熏死了，把花熏枯萎了，墙皮也能熏烂掉了，这种幽默夸张的创意方法让消费者特别是有脚气的人一看就能印象深刻。这则广告创意的成功之处就是通过适度幽默夸张的图像叙述了一个有意思的情节，并且巧妙地关联到产品。因此好的创意是视觉化广告进行成功的图像叙事的关键。

第三节　认识图像叙事①

图像叙事就是对视觉元素赋予了叙事的意义和功能，是通过图像来表达一件事情及意义。图像叙事是视觉时代到来的信号与产物，我们知道图像对于社会发展的重要性，也同样可以从宏观大范围来观察微观小范围，

① 目前国内在图像叙事、空间叙事研究领域，江西社会科学院龙迪勇研究员卓有建树，成果丰硕，其理论观点为本节提供了巨大的指导借鉴意义，文中多有引用，特此深表感谢和敬意。

从而理解图像叙事对于广告的深刻影响和由此带来的快速发展和巨大变革。

把图像叙事分开来看，分为图像和叙事两部分。其中图像也被称为影像，是人对视觉感知物质的再现，图像可以由光学设备获取，如照相机、镜子、望远镜及显微镜等，也可以人为制造，如手工绘画图像等。图像可以记录、保存在纸质媒介、胶片等等对光信号敏感的介质上。通过专业技术设计的图像，可以发展成人与人沟通的视觉语言，也可以形成艺术中如平面绘画、立体雕塑与建筑等的视觉艺术。一般来说，图像指拍摄对象留在胶片上的正像或负像，被摄体通过摄影镜头形成光学图像，聚焦在摄影机里的胶片上，通过曝光形成潜影，再经过冲洗，在胶片上形成由银粒或染料组成的被摄体负像，负像经过复制在正片上便得到正像，负像和正像都叫影像类图像。①

图像也包括非摄影成像传感器的成像方式，其本质是摄影相片的外延，相片通常指光学摄影成像并记录在感光胶片上，是被动式遥感成像。图像则可通过光学——机械、光学——电子或天线扫描接收来自事物的可见光、红外、热红外和微波信息，记录在磁带或通过电光转换记录在感光胶片上，与相片相比，在内容和形式上范围更广。图像是视听语言被诉诸“看”的那部分，它是视听语言的基础。首先，影像的基本单位是“镜头”，镜头并不是影视语言最小的切分单位，但却是一个便于研究与分析的基本单位。严格来说，影视语言并不存在某一个语言学意义上的最小切分单位。但是在实际分析影片时，为了方便，我们将以镜头作为基本单位。其次，摄影对于形成影像具有重要意义，摄影决定了影视语言的大多数重要方面。② 对于一部影视作品影像的建构而言，促成影像形成的因素包括方方面面，但究其最首要的，还是在于摄影。更进一步说，正是因为摄影机及摄影技术的出现，才可能生成丰富多彩的活动影像，以此形成影

---

① 参见《影像》，互动百科，http：//www.baike.com/wiki/影像。

② 同上。

像的基本元素。匈牙利电影理论家贝拉·巴拉兹曾把电影艺术譬喻为一种视觉语言，与传统戏剧相区别。

图像叙事为叙事之特殊类型。叙事就是对于故事的描述，叙事在文学、符号学等领域成为重要的概念，有其特定的意义，并发展出专门探讨叙事相关问题的叙事学学科。比如文学上的叙事指以一定的文学体裁叙述某一件真实或虚构的事件，或者叙述一连串的事件。按照一定的次序讲述事件，就是把相关事件在话语之中组织成一个前后连贯的事件系列。叙事可以是口头文体，也可以是书面文体，而图像和叙事相结合构建成图像叙事。其实从人类文化起源时期，图像叙事就已存在，但在相当一段时间内并不占主流。很早，人们就会在石头上刻下符号来记录自己做过的事情，或者留下一些符号图形来告知别人自己去哪里了，做什么去了。当下，在武侠影视剧中常常会出现这样的情节，两队人马分开行动，每一队会有自己特别的符号，有事情就在墙上留下符号图形，这是图像叙事的早期表现，是通过一个图像的展示来叙述一件事情。这种情节在曾经热播的电视剧《还珠格格》中也有所体现，小燕子进入宫中要给紫薇写一封信，但是无奈她并不会写字，于是给紫薇画了厚厚的一沓画，用画来表达自己想要对紫薇说的话，这是非常典型的图像叙事，通过图像就可以直观讲述一件事情。

随着时代与社会的发展，科技在不断进步，人们的消费结构和生活方式也发生了巨大转变，叙事类型不再单调而无趣。同时，人们的审美需求和审美关注度也发生了改变，文字叙事在如此“热闹”的读图时代中变得单调、无意思。于是在视觉的宏观环境下，图像叙事因其趣味性、直观性和简单易懂的特征一下子成了叙事的主流。举个例子，如果一个人走在路上，路边一个牌子上写着密密麻麻的文字，那么他会停下来仔细观看吗？但是如果设计一个直观、视觉冲击力比较强的图像标牌的话，那么接受效果就不一样了，而且文字是需要人们阅读，需要去理解，一般地说来来往往的人基本上是没有时间进行仔细阅读和理解想象的。但图像叙事就不一样了，只要看一眼，就能够非常直观、非常轻松便捷地了解其想要表达的内容，再加上视觉技术的发展，人类能把图像这样一种以空间性方式存在的“时间切片”方便地转化成事件的形象流时，图像叙事曾经的边缘地位得以深刻改变。而且，图像的具体感、鲜活性与形象性不是文字语词所能比拟的。广告、电影、电视等图像叙事作品如今大行其道，大有超越文字叙事之势，也正因为如此，图像叙事也因为这样的特性而广泛被应用到文化的各个领域当中。

不管是在日常生活还是在学术研究中，“图像”现在都已成为一个热门词汇。所谓文化与审美的“后现代转向”，从某种意义上看其实就是“图像转向”，正如美国学者安东尼·卡斯卡蒂所指出的：“鉴于当今的社会与物质环境，后现代主义哲学的‘审美转向’已经不是多新鲜的事儿了。图像不只是无处不在——存在于任何表面之上或任何媒介之中，而且占据了一个先于‘事物本身’的位置；今天的世界甚至可以用‘图像先行’来定义。也就是说，图像不仅仅在时间上，而且在本体论的意义上均先于实在。曼哈顿的时报广场已经转化成这样的一个都市空间，其中几乎每座建筑都非物质化了，让位于屏幕墙。‘普通的’手机已经具备了照相机的功能；它们还能播放视频，并能利用互联网上丰富的图像资讯。作为中国最大最美丽的自然景观之一，九寨沟利用巨大的室外电子屏幕向游客介绍了自己，特别是向他们展现了各处景点的图像。这些拟像所产生的效果不仅是宣布（或宣传）了实在，而且还使它的存在合法化了。”① 话语与图像之间的区分，本身已经为后现代美学这种“指意的图像体制”提供了基础。现代的感受性首先是话语的，是居于图像之上的赋予特权的语词，是居于话语之上的理性，是居于非意义之上的意义，是居于失去理性之上的理智，以及居于本能之上的自我。与此对比起来，后现代的感受性是造型的，并且赋予视觉感受性以高于字面上感受性的特权，赋予造型一种超越概念的特权，赋予感觉一种超越意义的特权，以及赋予直接性一

① ［美］安东尼·卡斯卡蒂：《柏拉图之后的文本与图像》，《学术月刊》2007 年第 2 期。

种超越一般智力模式的特权。①

图像可以和文字进行转换与表达，这也是图像叙事最主要的特征之一。无疑，由语词或话语构成的文本与图像之间存在着非常复杂的关系。语词是一种时间性媒介，图像则是一种空间性媒介，但由语词构成的文本却总想突破自身的限制，欲达到某种空间化的效果（这种情况在现代作品中尤为明显）。而图像呢？也总想在空间中去表现时间和运动，欲在画幅中达到叙事的目的。在一些特殊的情况下，图像与文本间有时还存在着某种复杂的“互文性”关系。②

话语与图像都是表情达意、传播信息的媒介，也是叙事的工具或手段。当然，人类可以用来叙事的媒介很多，对人类来说，似乎任何媒介都适宜于叙事。但无可否认，最基本、最重要的叙事媒介还是语词与图像。日本学者浜田正秀把语言和形象视为“两种精神武器”，这两种武器各有特色：“语言是精神的主要武器，但另有一种叫作‘形象’的精神武器。图像是现实的淡薄印象，它同语言一样，是现实的替代物。形象作为一种记忆积累起来，加以改造、加工、综合，使之有可能成为精神领域中的代理体验。然而它比语言更为具体、更可感觉、更不易捉摸，它是一种在获得正确的知识和意义之前的东西。”③ 概念相对于变化多端、捉摸不定的形象而言，有一个客观的抽象范围，这样虽然显得枯燥乏味，但却便于保存和表达，并且能够区分不同概念之间的差异。图像和语言的关系，类似于生命与形式、感情与理性、体验与认识、艺术与学术的那种关系。

在一个概念里面可以存在几个形象，但即便使用几个概念有时也不能充分地说明一个形象。关于图像这种精神武器的优缺点，我们可以这样理解。图像就是一种经过编码的现实，犹如基因中包含人的生物编码类别一

---

① 参见龙迪勇：《图像叙事与文字叙事——故事画中的图像与文本》，《江西社会科学》2008 年第 3 期。

② 参见龙迪勇：《图像叙事与文字叙事——故事画中的图像与文本》，《江西社会科学》2008 年第 3 期。

③ ［日］浜田正秀：《文艺学概论》，陈秋峰、杨国华译，中国戏剧出版社 1985 年版，第 32 页。

样，所以图像总是比话语或想法更概括、更复杂。图像以一种在时间和空间上都浓缩的方式传输现实状况。有时图画也会让人感到某种程度的迷惑不清，然而图像在内容上比话语更为丰富。比如大自然的多样化、直观化是更容易安置在图画里而不是在文字话语里的，这样看来，图画中包含的观点具有更丰富的色彩、更丰富的内容，也更鲜艳夺目，人能够借助于图像而获得广博、深远的学识。①

可以说，在文字产生之前，如果缺少相关图像的指引，人类对“史前史”的叙述和理解都是不可想象的。即使在文字产生之后，图像仍然成为许多从事人文社科研究特别是人类文化研究学者思想拓展和深化的有效催化剂。在一个时代所能留给后人的一切东西中，是艺术最生动地再现着这个时代，艺术赋予其自身时代以生命，并向我们揭示这个时代。有学者认为：“伟大的民族以三种手稿撰写自己的传记：行为之书，言词之书和艺术之书。我们只有阅读了其中的两部书，才能理解它们中的任何一部；但是，在这三部书中，唯一值得信赖的便是最后一部书。”“只有通过艺术这一媒介，一个时代最秘密的信仰和观念才能传递给后人，而只有这种传递方式才最值得信赖，因为它是无意而为的。”② 这些都说明了艺术及艺术图像在人类探究过去以复现过去时代的重要性。对于广告文化而言，视觉图像甚至是生存灵感的唯一源泉。视觉创意意识就是一种产生于图像的视像意识，离开了视觉性便无法完整形成广告创意。

如果单从叙事角度来分，图像包括叙事性图像与非叙事性图像。很显然，在图像叙事过程中需要的是一种特殊的叙事性图像，按照叙事学理论来说，图像叙事可以说是叙述中的叙述。而图像，一直以来也因为其直观表达的特性而与符号成为一体。符号最根本的特点就是要让一个标志成为另一个事物的标志或符码，成为另一个事物的替代物，只要能够满足这个

① 参见龙迪勇：《图像与文字的符号特性及其在叙事活动中的相互模仿》，《江西社会科学》2010 年第 11 期。

② 参见龙迪勇：《图像叙事与文字叙事——故事画中的图像与文本》，《江西社会科学》2008 年第 3 期。

条件，任何事物都能够成为符号，也能够构成图像叙事。比如通过查看地上的足迹就能推断附近有什么样的动物经过，看到店门外的牙齿图像就知道是牙科诊所，看到有果蔬的图像符号标志，就知道哪里有水果店。我们知道，把事物作为符号图像来对待，现实生活中确实普遍地存在。既然实存的事物都能够作为符号存在，我们当然也可以把作为现实事物再现或反映的图像视为符号。

事实上，绘画从其起源时，就是作为某些事物的标志、符码或替代物出现的。人们认为绘画起源于简单勾描，更确切地说是轮廓勾描。绘画从其最原始的阶段，即完全是轮廓勾描的阶段，然后一步步走向日益丰富的色调和色彩。因此，人们都是把图像作为事物本身的替代物来看待的，图像的组合就是故事或寓意的表达，一个图像中也可以蕴含着复杂的内涵和象征意义，以致某些虚拟的图像，如今已经成为一种“超真实”的实在，也就是说，图像显得比真实还要真实，它们甚至可以制造“真实”。①

图像叙事也是一种视觉意识，而视觉艺术的叙事问题，很早就被人们提出来了。但在文学不断发展后，视觉艺术逐渐失势，一度沦为文字语言的附属品。一个多世纪以前，在印象派绘画之后的艺术家们绝望地发现，普通公众期望从视觉艺术中得到“故事”，而视觉艺术的技巧性与本身特质却常常被丢弃。视觉艺术叙事的转机出现在20世纪90年代末。当时学者们都在惊呼“读图时代”的到来。文化的图像转向得益于开始席卷全球的互联网与其超文本链接的阅读思维方式被广泛接受，传统艺术的线性叙事方式被打破。在各类型的艺术中表征当下事物存在价值与意义的重任，改由视觉图像来担当了，在厌倦了逻辑严密但结论略显荒诞的文字叙事、并感受到传统的语言文学叙事模式的话语权带来的沉重桎梏后，图像叙事通过并置空间中的事物，以视觉图像的方式诉诸读者（欣赏者）的视觉感官，让读者自己去思考体验并得出结论，这种直观开放的方式似乎

① 参见龙迪勇：《图像叙事与文字叙事——故事画中的图像与文本》，《江西社会科学》2008年第3期。

更合乎现代人的审美胃口。①

在“读图时代”，图像会诱导读者接受作者精心设置的意图，如新闻报道、广告中的图像。但随着观众对图像叙事的免疫力提高，观众可以规避作者意图的诱导，在其精心设计的图像中发现其他的可能性，一种新叙事方式正在形成——这种叙事不预设正确答案，没有明确的意义指向，读者对意义的全新解读成为作品的重要组成部分，也是新时代下的图像叙事。当西方的艺术家和理论家们在批判图像的叙事性之时，他们从中国艺术中获得了强有力的支持——中国艺术被西方人看来是抑制叙事性、强调视觉媒介纯粹性的榜样，其实中国的艺术并不是如西方人想象的那样，中国画虽强调“意境”而非“故事”，但从未将图像的叙事性完全抽离。更何况中国画中存在着“题跋”之类文字，它们成为图像叙事的必要补充。

当代中国的艺术家，也并非对叙事性单纯排斥。20 世纪 90 年代初崛起的以刘小东为代表的新生代艺术家，受到电影视觉叙事的影响。他们常常用相机随机截取日常生活的任意瞬间在画布上予以呈现。这种零散的微观叙事的创作方式，常出现在中国第六代导演如贾樟柯、张元等人的作品中，成为 20 世纪末中国社会文化的重要景观。新叙事风格越来越得到人们的理解和欣赏。除了叙事模式的多元化，叙事的范畴也在拓展，行为、观念、文字话语都成为图像叙事的可用元素。②

可以说，图像叙事是一种视觉语法，将视觉线索或标志结合到特定的图形图像中，将信息传送给观众。一个符号标志代表了一个意义说明与价值表征，它的意义需要在一定文化背景和特定语境中来解读。图像就是将众多符号结合在一起用于视觉交流和视觉叙事。图像影响着文化信息的传递与接受，同时也具有了影响与改变文化的能力。借助图像，广告文化在视觉化道路上高歌猛进，成为当下社会生活中的重要叙事。

---

① 参见吴杨波：《图像的叙事性》，http：//news. hexun. com/2014 - 4 - 20/164086927. html。

② 参见吴杨波：《图像的叙事性》，http：//news. hexun. com/2014 - 4 - 20/164086927. html。

第四节 走进广告的图像叙事

图像叙事是用视觉语言讲故事，因此理解并掌握图像讲故事的方式非常重要。毕竟随着科技的发展和社会的进步，我们已经进入一个读图时代，学会用图像表达意义变得越来越重要。因此，广告从传统的以文字语词符号为主的叙事转变成以视觉化的图像为主导叙事元素，成为一种图像叙事并不是偶然性的，而是带有一定的必然性和趋势性，因为视觉时代和读图时代的到来，众多文化都受到这一趋势的影响，进而步入图像叙事的时代。广告作为当代社会一种重要的文化也不例外，成了一种视觉文化，并在当下消费社会中成为深刻影响人们生活的最重要的视觉消费品之一。

随着人类社会的发展，传媒媒介经历了从口头到文字到印刷到电子信息媒介的发展过程，传播媒介的每一次革新，都为人类文化的发展带来了深刻的改变和机遇。在文字和印刷媒介时代，广告的宣传模式相对还是比较单一的。这一时期，广告的图像叙事开始有了初步的发展，广告开始用图像来介绍商品的具体性能、用途等形式开始进入大众的视线。而随着电子信息时代的来临，广告行业不断发展，为了达到一种更具趣味性和宣传性的广告效果，广告开始了对自身存在形式的拓展与创新。广告巧妙地将图像与叙事联系在一起，广告从以往以文字符号为主发展到以视觉图像为主，也就是说，广告中呈现的图像已发展为广告的一种主导叙事手段，图像对于广告而言，从以往的附庸转变为本体化的存在与审美范式。

在广告中，图像具有了叙事的重大意义，图像必须要有所阐述，有所表达。广告通过图像的呈现和叙事表达来把商品的使用价值和广告主人公的使用感受同身处消费社会中的消费者的消费欲望和情感需求完美地结合起来，并把商品所有的优点用极具视觉冲击性的图像进一步放大后倾倒给消费者，以此来达到引起消费者关注并进行消费的目的。从一般意义上讲，广告的图像叙事就是为了更好地、更有效地吸引消费者的眼球，激发消费者的购买欲望，使其产生购买动机，最后实现购买行为。不可否认，当下社会消费者的购买力较以往有了较大提高，在一定的社会消费结构下，广告是对消费者的购买心理和购买欲望的充分调动和强力激发。因此，广告创意首先就是要设计制作出消费者喜欢看的广告。广告图像叙事的发展壮大，离不开消费社会的推动，消费为生产提供动力，消费成为人们社会身份与生活意义的表征。为了创造购买需求和动力，商家和广告主极力用美轮美奂的广告图像对消费者进行视觉轰炸，以此吸引消费者，制造消费冲动，广告的图像叙事成为广告的主导表意方式。

1999 年，《作家》杂志以连载的方式推出了当代作家潘军的长篇小说《独白与手势》①，这部小说是潘军首次插图文学的创作尝试。《独白与手势》用电影般的图像进行文学叙事，打破了长久以来我国文学创作中文字表达远超图像叙事的局面，该作品让大众意识到了图像叙事的重要性和更加直观的视觉冲击力。作家充分运用了图像的象征性与表现力，引发读者用意识里已经存在的象征性事物来表达一种抽象意义的情感诉求。因为有图像的引导，读者可以更自然地接受书中内容所表达的一切。《独白与手势》也让习惯了常规文学阅读的读者接触到了图像叙事的独特之处，文学也可以借助图像进行意义的表达。

图像叙事意识在当下被应用于社会的各个领域，尤其是在广告领域，如对建筑进行广告宣传，图像可以把建筑的精致和气势更充分地展现出来，要对家具做广告宣传，运用图像可以把家具的外观和内涵表达出来。不管是平面广告还是影视广告，图像都是其重要的必不可少的叙事手段。在广告的图像叙事中，图像总是要帮助广告来告诉消费者拥有了此商品生活将会变得如此美好，总是要把商品无限魅力全方位地呈现在消费者眼

---

① 潘军，男，1957 年生于安徽怀宁，现为安徽省文联专业作家，中国先锋小说代表作家之一，主要著作有长篇小说《日晕》《风》《独白与手势》三部曲等，其作品是学术界的研究热点。《独白与手势》之《白》《蓝》《红》三部曲，以忧郁而清丽的文字和细腻的情感刻画记录了“我”在北京的漂泊生涯，折射出了对人生沉重的无奈与忧思，作品图文并茂的叙事模式丰富了小说文本的叙事表达，同时也拓宽了读者的阅读视野。

前。广告要想引起消费者的注意并传递一种对于商品拥有的暗示，视觉图像是必然元素。广告往往利用以真实世界、真实生活、切实情景为背景而经过精心设计加工过的图像来俘获消费者，消费者在看到如此精美的广告图像后会对其商品产生心理认同和购买欲望。在图像化的广告中，商品的外观、性能、优点等都得到了直观地展示。完美的图像设计首先让消费者对商品漂亮的外观产生兴趣，而广告中醒目的图像标识、唯美的色彩和具有震撼感的画面等在视觉上进一步深入吸引消费者，此时，文字只是起到一些辅助性的作用。因为，在整个视觉化广告中，消费者只需要通过图像就能了解、认同和消费产品。

广告图像叙事的特征与一般的视觉艺术如绘画艺术以及文字叙事的最大区别在于叙事形式。广告图像叙事具有图像叙事与文字叙事的交互性。换言之，广告图像叙事是以图像为主文字为辅的叙事形态，广告图像符号作为一种符号形态，具有视觉直观性、技术虚拟性的特点，广告图像符号打破了人们传统保守的生活观念，表现出独特的性质与特征。①

现代意义上的广告与媒介技术的发展是密不可分的。从早期的纸质类报纸广告到后来出现的电视广告以及当下的网络广告、手机广告等，广告媒介的每一次进步与变迁可以说都离不开技术的推动。人类每一次技术的革命都推动广告在视觉的道路上向前发展。对于大多数人来说，广告图像（影像）已经成为生活中不可或缺的文化构成，成为一种极具象征性的视觉文化。从原始社会开始人类就开始使用图像作为社会符码，这是人类的一种对于图像的理解能力。人类具有的这种能力可以让作为消费者的受众更好地去观看并理解广告图像。我们知道，一个经典的造型移植到广告图像中，可以使广告图像创意水平得到促进与提高。但不可忽视的是当下广告图像表现的虚拟性趋势越来越强烈。在某种程度上，广告图像叙事规避了现实中真实的存在，美化现实和构建的理想生活状态成为其广告予以表征和呈现的内容。

---

①　参见丁敏玲、成毅涛：《广告图像的叙事特征》，《新闻爱好者》2010 年第 1 期。

广告的图像叙事具有视觉上直观性的特征，文字叙事属于线性叙事，具有明显的历时性，因为以文字为媒介在表述中很难将同时发生的事件一起讲述，必须按照事件发生的时间先后逻辑来依次叙述。图像叙事是空间性叙事，空间中并存的事物可以在共时性中呈现出来，而空间中并列存在的事物要具有叙事的能力就必须要转化为具有内在的时间性张力。在文学叙事作品欣赏解读中，读者必须随着文字的叙事在头脑中建构出与文字叙事相对等的视觉形象来理解作品。这一过程使文字叙事的过程变成一种参与度极高、想象性较强的视觉性思维活动过程，因此被认为是一种理性的叙事方式。而图像叙事是生活中客观图像或者技术的虚拟图像等在视觉叙事媒介上的直接展示，观众不需要一种像文字解读一样的符号转换，从而在头脑中建构出形象来理解，只需要按照人类最初就具有的视觉认识能力来进行直接地视觉理解和视觉欣赏即可，由此图像成为最容易被接受且最适合广告本体内在需要的存在形式。① 但是因图像的存在多是以图像与背景的分离为起点的，加之图像结构本身会具有一定的不稳定性，往往会造成广告图像的表意模糊问题，这样就导致了广告图像与生活现实的游离与相悖，广告图像叙事所营造的生活类象代替了现实成为人们所认为的理想"现实"。广告图像构建的现实混淆了现实与虚拟之间的界限，这种构建出来的理想"现实"让人看起来比客观现实事物更真实、更生动，消费者容易将此认作真实的现实。视觉化的广告中由技术所造就的虚拟事物导致了真实客观事物的隐退与虚拟现实的彰显，并为消费者提供了逃避现实、沉迷虚拟理想、以消费来实现欲望满足的动力与途径。从本质上看，广告图像叙事中是暗含着商家实现自身利益的功利性的。

此外，广告图像叙事有不同的策略模式，比如像《良友》之类民国视觉期刊的广告设计中通常有显性和隐性两种叙事策略模式。显性叙事就是硬广告，即在专属版面范围内以广告主视角直接发布促销广告；隐性叙事就是软广告，即以其他新闻报道或赞助捐赠等形式从侧面出现的广告。

---

① 参见丁敏玲、成毅涛：《广告图像的叙事特征》，《新闻爱好者》2010 年第 1 期。

民国时期许多综合性的期刊从民族救亡图存、反对帝国主义经济侵略的立场出发，非常注重以实用绘画和视觉图像传播的方式促进产品的销售，并同时促进民众生活质量的提高。因此，除了在硬广告中将爱国情感直接转化为消费诉求外，还有在大量新闻报道和专题文章中隐性宣传各种物美价廉的国货，通常用精心设计的美观视觉图片来传达广告信息，这为广告的隐性叙事提供了生成机制。显性广告的设计非常注重叙事语境的营造与建构，尽可能使广告的"小叙事"贴近甚至融入社会的"大叙事"，常见的社会宏观叙事语境有"民族——西方""健康——病弱""先进——落后""奋斗——退让"等。① 在广告图像叙事中，将精心设计的图像与相关商品在社会的大叙事语境中实现巧妙融合，从而化有形为无形，潜移默化地吸引消费者产生对广告图像与商品的认同感，以此促进消费，实现利益。

① 参见孙俐：《民国期刊广告设计的视觉叙事分析》，《大舞台》2014 年第 5 期。

第三章

广告本体存在的视觉化变革

广告是人类文明与社会发展过程中创造的文化与美学符号之一，同时也是人类文化及生存意义与价值的独特表意系统。人类社会的进步与发展，科技、经济的演进与嬗变都能在特定时代的广告文化中得到表征。随着视觉技术的迅猛发展，人类文化正在经历一场以语言为中心向以形象为中心的深刻转变，视觉文化时代已经来临，我们的生存环境被极度图像化与视觉化，依图像而生存成为当代人的重要生存方式。广告作为人类社会一重要的文化现象，在一个“图像主因”的强大文化语境中，也经历了深刻的视觉化变革，从传统的表意和叙事多以文字符号为主，转变成了用视觉化的图像为主导叙事元素。广告作为一种视觉文化在当代文化中确立了自身的话语霸权。我们生活于广告建构与营造的视觉时空之中，广告成为当下人们接受高强度视觉刺激、享受视觉盛宴的来源地。

广告作为视觉文化，其图像叙事有其独特性，从视觉文化理论视域来解析广告文化，这将有助于我们拓展理论视野，提高并加深对广告审美研究的广度和深度。而何为视觉文化？视觉文化的内涵是什么？广告如何成为视觉文化？当今时代何以成为一个视觉文化时代？这些问题对于广告文化的图像叙事而言，都是需要分析解决的。

第一节　“视觉文化”的概念解析

在某种意义上说，当代文化是一种视觉文化。广告也作为一种视觉文化在当代文化中确立了自己的霸权。“图像”已成为当代文化的主导因素。当代社会的一个重要特征就是视觉符号性，尤其是图像符号的恶性膨胀，人类不可避免地生活于一个图像符号的世界，广告（图像）无可争议地成为这个世界的主宰者。日常生活经验已向我们标示，我们的生存环境正在急剧地被广告图像化。广告图像正在以几何级数的速度恶性增殖、扩展、渗透进人类物质生活与精神生活的空间。广告正以一种强大的图像霸权压抑着人类的肉体和心灵，使人类艰于呼吸视听。广告对人类日常生活的图像化，成为后现代消费社会的必然表征之一。今天，无论我们走到何处，无论你把眼光投向哪里，都无法规避广告图像的暴力和压制。无论是打开电视机、收音机，翻开报纸杂志还是举目远望所居城市的周遭、挤进公共汽车与地铁，广告图像处处“在场”。不管是工作场所、公共娱乐场所，还是私人生活环境，不管是学校、医院、工厂、街道还是家庭、商场乃至浴室、厕所，人类生存的每一个空间都充斥着广告图像，人们的眼睛每时每刻都逃脱不了广告图像的包围，最终以至于你闭上眼睛或进入梦乡时，脑中萦绕的还是广告图像，广告文化成为当下视觉文化的中坚。

丹尼尔·贝尔在《资本主义文化矛盾》中指出：“目前占统治地位的是视觉观念。声音和景象，尤其是后者，组织了美学，统率了观众。”① 的确，当今时代已进入一个视觉文化的时代。电影、电视、摄影、绘画、广告、美术设计、建筑、网络、多媒体等正在互相激荡，以电视、电影、报刊、互联网、广告为代表的大众传媒，正在日益制造并传播着各种各样的视觉符号。我们正处于一个视像爆炸的时期，人类正在图像富裕、形象

① ［美］丹尼尔·贝尔：《资本主义文化矛盾》，三联书店 1989 年版，第 154 页。

过剩的文化氛围中艰难地生存着，同时在反抗视像的压制中不断追寻人类本真的生存状态与意义。

当今纷繁复杂的社会景象中，各种富有强烈视觉冲击力的图像无时无刻不吸引着我们的眼球，当今经济在某种意义上也成为一种“视觉体验经济”，即它的价值在于让人去尽情地“看”。街头上各种广告牌、商店里琳琅满目的商品、色彩绚丽的都市夜景、面对影像疯狂喊叫的 MTV、卡拉 OK、激烈的影视形象……这些景象充斥着我们的视野。我们已进入一个视像为主体的时代。在当今时代，意义除可借口传和文本表达以外，更主要的是借助视觉图像来传达，且依赖程度越来越高，因为“图像传达信息，提供快乐和悲伤，影响风格，决定消费，并且调节权力关系”①；同时“图像崇拜和狂欢成为新一代的生活方式，视觉僭越文字的霸权几乎无处不在！从主题公园到城市规划，从美容瘦身到形象设计，从音乐的图像化到体育运动的视觉礼赞，从广告图像美学化到网络、游戏或电影中的虚拟影像……图像成为这个时代的日常生活资源，成为人们无法逃避的符号追踪，成为我们文化的仪式”②。在这种仪式化的视觉图像崇拜中，各种商业广告以无数具有强烈视觉冲击力的广告图像构建了一道独特的风景。广告因而也作为一种视觉文化占据视觉文化时代重要一席，同时也成为视觉文化转向过程中的独特表征之一。

英国学者伯格曾说过：“在历史上的任何社会形态中，都不曾有过如此集中的形象，如此强烈的视觉信息。”③ 人们用诸多提法来描述当下文化生活状态，如后工业时代、读图时代、体验经济时代、眼球经济时代、图像压倒文字的时代……这些提法不尽相同，但都一致凸显着当今时代一大趋向，即以图像呈现与观看为文化主导范式。当代日常生活中，人们都有真切的体验，无论你是否意识到，你都已是置身于图像的包围之中，有

① ［英］伊雷特·罗戈夫：《视觉文化研究》，罗岗、顾铮主编：《视觉文化读本》广西师范大学出版社 2003 年版，第 3 页。

② 周宪：《视觉文化语境中的电视》，《电影艺术》2001 年第 2 期。

③ 转引自周宪：《视觉文化的消费社会学解析》，《社会学研究》2004 年第 5 期。

意或无意中，“看制造了意义，成为人们进入社会关系的一种方式”①。这一趋向渗透并展现在社会各个层面与领域。当今时代是一个“读图时代”，曾经一度风靡的“语言转向”正在被一种新的“图像转向”或视觉转向所取代，以语言为中心的逻各斯的文化日益转向以视觉为中心的形象感性文化。当代文化正从以语言为主因过渡到以图像为主因，同时人们也越来越依靠通过图像来理解和解释世界，视觉理解和解释成为人类理解、掌握世界，确认自身生存价值与意义的主要方式。

所谓“视觉文化”不单指狭义的图像艺术，但也不是将内涵无限扩张为一切大众文化，它指的是一切与图像有关的文化事件，其基本涵义在于视觉因素，特别是形象或影像占据了我们文化的主导地位。视觉文化立足点在于视觉性，强调我们用以表征、理解和解释世界的方式越来越呈现出图像化特征，“它涵盖的范围远远超过了图像研究，其真正意义是要用视觉文化瓦解和挑战任何想以纯粹的语言方式来界定文化的企图”②。从整体上说，视觉文化是指“文化脱离了以语言为中心的理性主义形态，日益转向以形象为中心，特别是以影像为中心的感性主义形态。视觉文化不但标志着一种文化形态的转变和形成，而且意味着人类思维范式的一次转换”③。

匈牙利电影学家巴拉兹于1913年提出了“视觉文化”的概念，他指出“随着电影的出现，一种新的视觉文化将取代印刷文化”④。德国哲学家海德格尔在20世纪30年代提出了“世界图像时代”的著名论断，指出“从本质上看，世界图像并非意指一副关于世界的图像，而是世界被把握为图像”⑤。这也指出了当代文化的视觉化特征，即“视觉文化不依赖于

---

① ［美］约翰·菲斯克：《解读大众文化》，南京大学出版社2002年版，第38页。

② ［美］尼古拉·米尔佐夫：《什么是视觉文化》，陶东风：《文化研究》第三辑，天津社会科学院出版社2002年版，第4页。

③ 周宪：《读图，身体，意识形态》，陶东风：《文化研究》第三辑，天津社会科学院出版社2002年版，第72页。

④ ［匈］贝拉·巴拉兹：《电影美学》，中国电影出版社1978年版，第20－27页。

⑤ ［德］海德格尔：《海德格尔选集》下卷，上海三联书店1996年版，第899页。

图像，而是依赖对存在的图像化或视觉化这一趋势”①。人们乐于以视觉形式表现经验与体验，惯于将非视觉性的事物视觉化、图像化。其后，本雅明在政治革命的立场上预言机械复制时代艺术品拥有的颠覆力量，深入分析现代工业社会中从传统的追求独一无二的“韵味”的艺术品向现代大批量复制的文化形态的转变，将电影制造的无限量的影像视为艺术史上一次从“膜拜价值”向“展示价值”的重大转折。20世纪60年代，法国哲学家德波宣布了“景象社会”的到来，他认为：“一、世界转化成形象，就是把人的主动性的活动转化为被动的行为；二、在景象社会中，视觉具有优先性和至上性，它压倒了其他感觉，现代人完全变成了观者；三、景象避开了人的活动而转向景象的观看，从根本上说，景象就是独裁和暴力，它不允许对话；四、景象的表征是自律自足的，它不断扩大自身，复制自身。”② 后来，利奥塔在肯定图像形式表现出来的巨大威力的同时，提出了图像体制问题。鲍德里亚立足于消费社会语境，提出“类像”概念，指出当今社会是一个符号化的社会，“符号拥有了自己的生命，并建构出了一种由模型、符码组成的社会秩序，这种符号制造术组成了新的社会秩序”③。丹尼尔·贝尔同样认为当代文化正在变成一种视觉文化，视觉文化占据了文化的主导地位，他指出：“当代文化正在逐渐成为一种视觉文化，而不是一种印刷文化，这是千真万确的事。……目前居统治地位的是视觉观念，声音和景象，尤其是后者，组织了美学，统率了观众。”④ 贝尔将其归结为城市社会和当代倾向的性质，“大城市生活和限定刺激与社交能力的方式，为人们看见和想看见（而不是读到和听见）提供了大量优越的机会”，“当代倾向的性质，它渴望行动、追求新奇、

---

① ［美］尼古拉·米尔佐夫：《什么是视觉文化》，陶东风：《文化研究》第三辑，天津社会科学院出版社2002年版，第7页。

② ［法］居伊·德波：《景象社会》，陶东风：《文化研究》第三辑，天津社会科学院出版社2002年版，第61页。

③ ［美］道格拉斯·凯尔纳、斯蒂文·贝斯特：《后现代理论——批判性的质疑》，中央编译出版社1999年版，第158页。

④ ［美］丹尼尔·贝尔：《资本主义文化矛盾》，三联书店1989年版，第154－155页。

贪图轰动。而最能满足这些迫切欲望的莫过于艺术中的视觉成分”，“现代美学如此突出的变成一种视觉美学”①。前一方面强调了视觉文化产生的客观环境，后一方面则集中于强调主体观者方面的内在欲望和冲动，可以说，“追求新奇、贪图轰动”的倾向是消费社会对大众主体的塑造，因为视觉的东西比文字语言的东西表达更为直观、生动、有效，它导致的不是概念化，而是展示化、视觉形象化。贝尔的分析准确抓住了现代文化的视觉走向。

20 世纪 80 年代后，后现代观念与技术的进步发展确立了视像的主导地位，促成了文化的视觉转向。斯科特·拉什从形象对语言的颠覆角度阐释了视觉转向的文化逻辑。拉什的表意体制理论认为，在前现代，符号能指、所指与指涉物是统一的，符号作为外物的表达工具与其承载意义是相一致的，因而艺术能真实地反映现实；在现代阶段，符号能否表现现实成了问题，出现了表征危机；后现代阶段，指涉物和现实本身成了问题，现实本身不再确信无疑，符号成为能指的游戏，符号成为漂浮的、无限滑动的、零散的能指，符号价值仅在于能够表现自我感觉或刺激别人的感官。视觉文化恰好能做到这一点，它直接刺激并满足后现代状态下人的感官欲望。广告影像成为最典型代表，它将无数的虚拟影像强加给哪怕意志再坚强的人，我们时时处于广告影像包围、侵袭之中。拉什以话语文化为参照，对视觉文化做了深刻分析：“话语文化意味着，认为词语比想象具有优先性；注重文化对想象的形式特质，宣传理性主义的文化观，赋予文本以极端重要性，是一种自我而非本我的感性；通过观众和文化对象的距离来运作。而视觉文化则相反，是视觉的而非词语的感性；贬低形式主义，将来自日常生活常见之物的能指并置起来；反对理性主义的或教化的文化观；不想询问文化文本表达了什么，而是询问它做了什么；用弗洛伊德术语来说，原初过程扩张进文化领域；通过观众沉浸其中来运作，即借助于

① ［美］丹尼尔·贝尔：《资本主义文化矛盾》，三联书店 1989 年版，第 155 页。

一种将人们的欲望相对说来无中介地进入文化对象的运作。"① 拉什的分析，相当精辟且独到地揭示了从语言符号向视觉形象符号转变的内在逻辑。

美国学者詹姆逊独辟蹊径，他从社会历史发展与变迁角度介入视觉文化转向的逻辑分析。詹姆逊认为资本主义文化发展经历了三个阶段，或出现了与其对应的三种风格，即现实主义（前现代主义）、现代主义、后现代主义。后现代主义是晚期资本主义的文化逻辑，具有视像盛行、空间优胜的特征。后现代主义社会中，艺术与生活的界限消失了，高雅文化与通俗文化的对立消失了，日常生活审美化或审美的日常生活化成为文化主流，因为"后现代主义的全部特征就是距离的消失"②。在距离消失的过程中，现实不断转化为形象，并自我独立与指涉，戏仿、拼贴、置换、断裂、杂糅、零散化成为影像表征的主要方式。詹姆逊认为视觉艺术的出现或视觉转向成为可能，主要在于艺术范式完成了从深度时间模式向平面空间模式的转变，即文化主因发生了变化。现代主义阶段，艺术主要模式为时间模式，它体现为历史与现实的深度阐释和时间历史意识，因为语言是逻各斯的，与时间的线性结构和逻辑关联相一致；后现代主义阶段，文化模式转向空间模式，空间对应于视觉，语言让位于图像，文化不可避免地将时间模式转化为平面性空间模式，因为图像具有形象、生动、直观、感性等特性，并不必然诉诸于人类理性逻各斯，形象被彻底物化，形象成为我们日常生活中的商品（消费品），它自我指涉、大量复制，已经取代了现实本身，形象与现实距离感不复存在，"形象将现实抽掉了，非真实化了"③。物都转化为它的形象，然后物隐匿了，剩下的只有形象。

广告就利用技术手段制造了大批量的形象（包括关于商品的图像、

---

① 参见周宪：《日常生活的"美学化"——文化"视觉转向"的一种解读》，《哲学研究》2001 年第 10 期。

② ［美］弗·詹姆逊：《后现代主义与文化理论》，陕西师范大学出版社 1986 年版，第 192 页。

③ ［美］弗·詹姆逊：《后现代主义与文化理论》，陕西师范大学出版社 1986 年版，第 189 页。

影像等和附加给商品的内含形而上意义的各种形象），并使其充斥于生活的每一个角落。日常生活中，人们通过广告形象去认识商品、认识生活进而与生活发生关系，而并不直接介入生活，对于生活意义与价值的追寻也被置换为对各种广告形象及意义的崇拜、消费和认同，而广告中包含的所谓“生存意义”只不过是广告为人类精心编织的一个个美丽的乌托邦而已。后现代条件下，文化从时间转向空间，从深度走向平面，从整体走向碎片，这从根本上契合了当代人追求视觉快感的要求。① 视觉文化的兴起或视觉转向及广告成为视觉文化的必然。

第二节　广告的视觉化呈现

上一节内容是对有关视觉文化研究方面的理论做一简单梳理。各种有代表性的理论为我们从视觉文化角度研究广告提供了有力的理论支持，同时具有方法论的指导意义。在视觉文化时代，视觉崇拜成为文化主流，广告作为当今视觉文化的中坚，在其中扮演了重要角色。

广告图像存在于社会的每一个角落，人们无法躲避它的跟踪，人们在它面前无所遁形。广告利用现代技术条件制造了大量的视觉冲击力强、具有巨大诱惑力的形象让受众去享受视觉快感，不断挖掘人们处于深度状态的消费欲望，这是广告奉行的必然原则。广告以制造视觉图像为能事，因为“广告正是把那些最深层的欲望通过形象引入到消费中去”②。广告成为视觉文化成为必然。广告从以往直接诉说产品性能、质量的单纯信息诉求型转向制造大量形象间接地、潜移默化地刺激人的消费欲望，用巧妙的话语转换方式将商业动机掩盖在温情脉脉的广告形象之下，从本我层次上激发人类的深层欲望。

---

① 参见周宪：《视觉文化与消费社会》，《福建论坛》2001 年第 2 期。

② ［美］弗·詹姆逊：《后现代主义与文化理论》，陕西师范大学出版社 1986 年版，第 202 页。

从某种程度上说，广告是一种“眼球经济”。广告作为一种视觉文化，就是要诉诸人的眼睛，让人去“看”，通过“看”解读其中的意义（消费此种产品，将和“他”一样，获得理想、美好的生活）。在“乱花渐欲迷人眼”的广告形象面前，人们的心灵不知不觉成为了它的俘虏。广告形象为何有如此的魔力？从人的认识获取角度来讲，视觉较之人类其他感官有独特的优势。中国传统文化中有关于“言——象——意”关系的探讨，认为“尽意莫若象，尽象莫若言”，象比言更接近意。中国传统文化中多采用形象性语言来达意，利用视觉来达意是中国传统文化的一大风格。在文字发明以前，原始人类就是用“看”来确认自身与外在世界关系的。“看”发生于文字发明之前，人类自远古起就存在并利用着“视觉思维”来掌握自身与世界。看的过程，也存在着抽象、推理、分析、综合等心理过程。阿恩海姆认为：“知觉活动在感觉水平上，也能取得理性思维领域中称为‘理解’的东西，任何一个人的眼力，都能以一种朴素的方式展示出艺术家所具有的那种令人羡慕的能力，这就是那种通过组织的方式创造出能够有效地解释经验的图式能力。因此，眼力也就是悟解能力。”① 黑格尔认为，视觉和听觉是人类认识性的感官，也就是能够透过视觉来认识世界及其客观规律，可以超越对象对主体的限制把握自我和事物。“观看可以说是人类最自然最常见的行为，但最自然最常见的行为并非是最简单的。观看实际上是一种异常复杂的文化行为，我对世界的把握，在相当程度上依赖于视觉。看，不是一个被动过程，而是主动发现的过程。”② 因此，视觉对于人来说，具有特殊而重要的意义，通过视觉不仅确认自身，而且认识世界。

当今是一个消费欲望膨胀的时代，商家们致力于用“完美”的广告形象迎合与刺激受众消费欲望，视觉性广告形象的直观性、生动性、诱惑

---

① ［美］鲁道夫·阿恩海姆：《艺术与视知觉》，中国社会科学出版社 1984 年版，第 56 页。

② 周宪：《读图，身体，意识形态》，陶东风：《文化研究》第三辑，天津社会科学院出版社 2002 年版，第 68 页。

力较之文字诉说具有极大优越性。各种广告形象充盈于大众日常生活之中，形成了广告图像的权力话语和霸权地位。对于商品推介而言，广告图像较之单纯文字说明有不可比拟的优势，文字在图像占主导地位的广告视觉文化中，被排挤到边缘地带，处于为图像增色添彩的次要地位，它与特定形象配置在一起，成为商品的注释说明，文字丧失了话语的活跃性质而成为规范的能指，嵌合在形象的缝隙之间，为形象锁定，成为了广告形象的有效注脚，以至自身也变成了形象。艾柯从符号学角度指出，视觉符号通过符号与现实图像上的相似（或虚拟性）来表达现实，而语言相对来说，要武断得多，不追求形式上的逼真、直观、生动性，形象可以表达出语言所无法表达的东西，它更加接近人的感情欲望和更具情感煽动性。① 如此，广告才煞费苦心地制造、生产五彩缤纷的视觉形象。

在当今形象增殖与爆炸的时代，广告所强加给受众的是一种建基于形象符号之上的幻象。广告的目的是实现经济利益，而采取的策略就是使受众在其“完美”形象编织的乌托邦中产生幻象，幻想自己消费特定商品后的惬意享受，让其沉迷于虚幻的生活状态的假想中，丧失理智的、清醒的判断力和主体性，而不自觉地在广告形象身上获得心理认同，最终去购买、消费此商品。广告形象与实在不再有关联，“不再是席勒意义上的形象，而只是幻象，幻象的作用不在于使人与实在之间保持一种席勒所想象的自由关系，因为它已经与实在无关，它只是满足当代人对‘象’———也可以说是‘影像’——的需要。这种需要可以认为是源自席勒所说的对形象的需要，但它已经蜕变成娱乐性的幻觉需要”②，不仅仅是娱乐性的、感官刺激的幻觉需要，隐藏在背后的是商业利益驱使下的商业阴谋。

广告离不开技术的支撑。不管是传统平面广告，还是网络广告、影视广告等，都在现代技术条件的相助下，制造了无数绚丽的广告形象，这一

① 参见周宪：《视觉文化语境中的电视》，《电影艺术》2001 年第 2 期。

② 高小康：《狂欢世纪——娱乐文化与现代生活方式》，河南人民出版社 1998 年版，第 274 页。

点在影视广告中尤为突出，而今一打开电视机，各种广告形象立即迎面扑来。广告文化在此种维度上是一种“技术性观视”（本雅明语），即广告制造的各种形象都是依靠某种技术手段而得以存在并呈现的。人们面对众多的广告形象，只有观看的自由，而无选择的自由。在电视传媒中，以影像信息为传达力的商业广告，表现形式多样化，其蕴涵意义也丰富多彩，既有直接介绍产品性能、功效的理性诉求型，也有投诸人的深层欲望和情感的感性诉求型广告，但都以制造视觉冲击力强、能强烈吸引人眼球的形象为准则。电视广告中，重要的一类是在以新颖、别致、视觉冲击力强的影像语言传递商品的功能信息，如“立邦”漆的广告以鲜明的颜色具有的视觉冲击力来传递商品固有的优良的性能；另一类影视广告则是采取隐性修辞的方法，其画面形象的建构与商品本身无直接关联，用一种隐性话语去制造一种形而上的、超脱商品自身的美好情境，将额外的超值意义赋予商品，激发人们潜在的消费欲望。如白沙集团“鹤舞白沙，我心飞翔”的广告，画面构建精美、自然，广袤的芦苇荡、蔚蓝高远的天空、展翅飞翔的白鹤、寻鹤舞动的双手，这些画面组合在一起，产生了特殊的意义和内涵，影像中丝毫未出现香烟完物，但它蕴涵了丰富的意义，包含了吸此种香烟使人陶醉于美好心境，使人达到飘飘欲仙、超然世外的精神状态的潜在功能话语。比较典型的还有“万宝路”广告，广袤无垠的西部沙漠、豪放不羁的牛仔、奔腾的骏马等一系列形象拼接在一起，将“万宝路”独特的产品理念表现得淋漓尽致；南方黑芝麻糊广告中以黑白像画面为主，集中了旧时的里巷、旧时的着装、旧时的作坊、儿童天真无邪的眼神等怀旧影像符号，再配以悠扬的“黑芝麻糊唉”的叫卖声，极大引发了受众的怀旧情感，将产品的情感功能巧妙地表达出来。这些影视广告中，其画面形象、影像符号与产品并无内在联系，广告借助巧妙的叙事方式，实现了话语转换，利用精心制造的形象，调动各种非商业性、非功利性因素，将广告商业动机隐藏起来，并“将一种超越意义、价值或精神内涵与特定的物质产品进行嫁接，从而赋予产品一种附加意义”①。最终将产品推销出去，而受众则沉迷于广告形象的美梦之中，不再醒来，这就是广告高明的叙事策略。

广告是当今视觉文化的重要代表，具有视觉文化特殊的审美特性，在此将其与传统文学艺术做一简单比较分析，此处文学特指视觉文化转向前的居于艺术主导地位的文学艺术。广告作为视觉文化，图像本身建构文本的意义与价值。文学以语言、文字为载体，文字作为符号，呈现给人的是抽象的语词和概念，“它是以认识性、象征性、理解性的内容诉诸人们的认知、想象和思考；视觉文化让人‘看’的主要是形象，它是以虚拟性、游戏性、娱乐性的表象供人观赏、参与、和消费”②。就其话语模式而言，用福柯理论来说，文字的价值在于作为符号它能表征出世界的真实性，而图像作为符号是第三种话语。图像符号具有自指性，即符号自身意义被凸显出来。文字符号与日常现实之间保持了某种距离，给人留下思考、想象的自由空间；这种距离在广告形象符号中消失了，符号就是现实，符号就是真实，丧失了文字符号之中隐含的指代性、凝聚性和概括性。鲍德里亚认为消费社会中符号与现实之间关系是一种“拟像”关系，符号可以依据自主原则来塑造，广告图像与现实之间关系被隔离，图像本身呈现为人们信以为真的真实，人们相信通过消费就可以达到广告图像宣传的生活状态。殊不知，美妙的广告视听表象背后，隐藏着一个带有意识形态性质的现代视觉神话。

广告中，图像作为符号呈现出僭越事物本身的特性，符号自律性取代指涉性。人们相信与认同广告图像符号包含的形而上意义，而不再指向现实本身。文学诉诸想象，强调“意象性”，追求“意境”，而广告则依赖当下、直接、感性的视觉满足与享受，利用由美妙的色彩、造型、图案、画面营造出的“景观”，使得当下的“看”本身直接构建意义。广告作为

---

①　陶东风：《广告的文化解读》，《首都师范大学学报》2001 年第 6 期。

②　姚文放：《媒介变化与视觉文化的崛起》，《文艺争鸣》2003 年第 3 期。

视觉文化，强调以可视性的、视觉冲击力强、诱惑力大的形象直接生成意义。广告中充斥无数“类像”（詹姆逊语），即丧失了原本的摹本，它自我存在、自我增殖、自我发展，将现实非现实化，将现实虚拟化，但它看上去比真实更真实，因为它建构了一个生活中并不存在的“超现实”世界。历史的四种深度模式在广告文化中消失了，即“辩证法关于‘现象’与‘本质’，精神分析关于‘明显’与‘隐含’，存在主义关于‘确定性’与‘非确定性’，符号学关于‘能指’与‘所指’的深度模式”①。

本雅明在论及电影作为机械复制时代艺术品的典型代表时指出，随着摄影术的发展和机械复制的展开，古典艺术的权威性、独一无二性被取消，其所拥有的艺术韵味，即“膜拜价值”被消解，而代之以复制品的“展示价值”，“膜拜价值”遂让位于“展示价值”，艺术品原有的光辉消失，人们对其艺术品不再是古典式的“凝神观照”“静观默想”，而是渴望用其展示效应产生“震惊”“惊颤”式的审美感受，这样的“震惊”效果使大众“参与进来”，共同建构其意义。广告图像传达的并不是完整的商品信息，大都体现出模糊性、间断性、多元开放性、散漫性、变形、戏仿、扭曲等不确定因素，它根本抛弃正常叙事逻辑而呈现出令人眩晕的关联偏差性。广告图像、画面、情境、表现风格与广告主题保持松散关系，靠断裂的画面、形象拼贴来引起视觉注意，使其接受后现代“震惊”式的审美效果，受众在感受其视觉狂欢的愉悦和快乐之时，意义也随之荡然无存。传统文学艺术的“膜拜价值”则不同，文学审美价值的最终实现需要接受者审美接受过程的参与才能完成，对文学而言，“一千个读者，就有一千个哈姆雷特”，而对于广告来说，“一千个观者，只有一个相似的当下的视觉刺激——震惊”。文学中审美主体与审美对象之间是有距离的观照和欣赏，通过阅读可以不断地体味作品的深刻意蕴，并能经受住反复咀嚼，且意味会日久弥深。在广告文化中，受众（观者或消费者）

---

① 参见［美］弗·詹姆逊：《后现代主义与文化理论》，陕西师范大学出版社 1986 年版，第 183－185 页。

与广告之间距离消失，受众直接进入广告形象，即受众的主体欲望直接介入形象、并为形象所激发，而且对它的接受只是当下视觉快感与深层欲望的一次性体验与满足，随着时间的演进，这样的快感和体验会慢慢淡化，这一刻正是新的广告形象登台亮相之时。

第三节 广告视觉化变革的原因分析

人类生存的世界越来越被视觉化，图像成为世界最基本的表征方式之一。人类正生存于由色彩、图像、影像、造型、空间等因素构成的广告视觉文化的世界中。广告如何走向视觉文化，为何能如此深入地介入我们的生活并对当下社会产生深广的影响？其原因是多方面的，是多种因素综合的结果。

广告走向视觉文化及广告视觉文化的兴起，依赖于现代科技的强力支持。广告成为视觉文化本身就是技术合理化的结果。现代高科技构筑了广告文化的技术与媒体平台。广告形象不能凭空产生，它的制作、传播和接受都要以现代技术及媒体为载体。广告媒体的运作还是现代技术发展的结果。广告媒体，如报纸、杂志、电影、电视、网络等都直接受惠于电子信息技术的不断发展，如激光照排印刷技术、多媒体技术、图像虚拟生成技术、平面喷绘技术、影视制作技术等。如果离开了技术的支持，广告是难以存在与发展的。20 世纪中期以来，科技的迅猛发展使机械复制技术尤其是数字化技术、电子信息技术不断发展并逐步走向成熟，从而构筑起了视觉文化全球化发展的技术平台。本雅明早在 20 世纪 20 年代就针对电影技术的出现，指出了艺术作品所经历的一个替变，“复制技术把它所复制的东西从传统领域中解脱出来，由于它制作了许许多多的复制品，因而它就用众多的复制物取代了独一无二的存在；由于它使复制品能为接受者在其自身环境中加以欣赏，因而它就赋予所复制的对象以现实的活力”①。广告图像的大量制造与复制就直接得益于图像复制技术。

当代社会，各种高端技术在生活中被广泛应用，它作为人类智力、躯体的有机延伸，已突破公共领域和私人领域的界限，重构着新的社会关系和感觉方式。众多的广告代理机构如雨后春笋般发展起来，高清晰、高逼真的广告形象的制作成为极容易的事，人们可以驰骋自身想象力，制作出现实中不曾有过、也不会有的形象，并赋予其超值意义与内涵。各种报纸、杂志、画报、影视媒体中，充斥着无数的令人眩晕的广告形象。而今，人们举目四望，满眼皆是广告形象，广告完全走上了视觉化道路，并成为视觉文化中名副其实的霸主，正如伊雷特·罗戈夫所言，“由于传播科技在视觉、听觉的空间中建立起了‘竞技场’，使得视觉文化在观看状态的精神动力学下赢得了极大的社会发展空间”②。数字化成为广告传媒的发展主流，各类广告媒体正在经历一场深刻的数字化革命，这为广告形象的制作、传播、接受提供了最佳方式和途径，更重要的是成为了它存在的生命线，但同时也导致了巴赞“影像本体论”的解体，数字化技术使任何影像成为可能，广告形象背后不再有现实的实在物，形象只是形象，不再指涉现实。广告形象不再保证视觉的真实，它只不过是数字化技术表演的业绩而已，并不能真实反映现实。

应该说，迅猛发展的科技和工业化生产以及消费社会的文化语境对视觉文化的产生、发展起到重大影响，但这些可以认为是物质层面、社会文化乃至精神层面的推动力，属于外部因素，广告视觉文化的产生、发展、勃兴有着深层的内因，根本上是受人类对视觉性事物的深层需求所决定的，而这种深层需求又是由视觉经验在人类生存实践活动中的基础地位和重要作用决定的。视觉生存是人类重要的生存方式之一。人作为认识主

---

① ［德］瓦尔特·本雅明：《机械复制时代的艺术作品》，中国城市出版社 2002 年版，第 10－11 页。

② ［英］伊雷特·罗戈夫：《视觉文化研究》，罗岗、顾铮主编：《视觉文化读本》，广西师范大学出版社 2003 年版，第 3 页。

体，其生存和发展离不开与外在感性世界的信息交流，离开了感性世界，人就无法存在。人从外界获取的信息，70%是通过视觉通道完成的。视觉在人类整体感官中居于主导和基础地位。黑格尔认为人的视觉、听觉是人类所有感官中的“认识性感官”，即可以理解和把握世界以获取意义和价值。“看”是人类掌握世界及自身并发出实践行为的最直接方式和重要先导。人类其他感觉经验，如触觉、听觉、味觉、嗅觉等经验的获得都需要视觉的引导，因为视觉把握的是整体事物，是事物的“完形”，而听觉、触觉、味觉等只能把握整体事物的某一部分、某一属性。从人类认知角度看，视觉又有超越听觉等其他感觉的优越性，视觉经验有其直观、感性、理解的直接性的特点，人类必然将视觉认知置于其他感觉认知的前列。视觉经验是所有感觉经验中最突出、最丰富的，对视觉、对图像的依赖成为人类把握世界的永恒方式和途径。在日常生活中，视觉是最主要的感受、享受生活的方式，人类欲获取一切信息，欲表达一切事物，首先是考虑以视觉图像为手段，这就是人类与生俱来的视觉化生存方式——将非视觉性的东西视觉化，也可以说是一种图像思维、视觉思维趋向。从历史发生学角度看，视觉性是人类最基本的认识范畴。视觉符号在人类认识世界和自我过程中扮演着重要角色，视觉是人类身体现实的存在方式，“视觉活动的意义总是基于人的整个生存意向才显示出来的，视看不过是显现的人的整个生存情绪的方式”，“视觉活动是一种来自于对世界整体存在的素朴性要求的本体论意义上的视看”①。不论东方还是西方，各民族原初居民都是用图像而非语言来理解和表达他们生活的世界的，早期的洞穴壁画、图腾崇拜、巫术活动以及各种仪式，都表明人类图像认知先于语言认知，正如伯格所言，“看先于词语，儿童先是看和辨认，然后才说”②。随着文明的进步与发展，人类逐步完善了高度抽象的语言文字符号体系，语言被人类推崇到至高无上的地位，亚里士多德认为人是逻各斯的动物，即人是

① 李鸿祥：《论视觉的二重性》，《文艺理论研究》2004 年第 1 期。

② 转引自周宪《反抗人为的视觉暴力——关于一个视觉文化悖论的思考》，《文艺研究》2000 年第 5 期。

语言的动物。语言本质上是理性的，注重的是逻辑的严密和思想的深度。西方理性主义高度重视语言，人对世界的把握由最初用形象把握发展到通过语言符号的逻辑来建构。特别是20世纪西方哲学领域发生语言论转向后，语言中心地位无可置疑地确立了。人类游弋于语言符号的世界中，感觉经验日益贫乏，对于感性事物的认知体验能力日趋退化。

文化的视觉转向，就是以对语言学转向的强力反拨角色出现的，是人类向视觉化把握世界方式的又一次回归。人类深层的视觉要求在现代技术制作的大量广告形象的冲击下，被重新激发、激活。当下，人们的视觉要求已不满足于原初单纯的自然形态的视觉形象，表现出消费虚拟形象的强烈欲望。各种高端技术的开发与应用，使大量广告视觉形象生产出来并全面侵入人类日常生活。步入后工业社会，“贪图生活享受、追求轰动效应、崇尚新奇”的后现代倾向呼唤大量无深度、平面化的形象的产生，广告在这方面具有得天独厚的优势，广告形象的大批量制造正顺应并满足了当下人们追求感官愉悦和视觉快感的无边欲望。对广告形象的观看也成为多批次、循环往复的一次性的生理官能层次上的视觉体验。

商品化、符号化的消费社会与消费文化的语境是孕育广告视觉文化的巨大温床，也是推动广告图像叙事的重要驱动力。当代社会已经从以生产为中心进入到以消费为中心的社会形态，进入一个消费性的社会。消费已经从单纯实物使用价值的消费范围扩展、过渡到物的形象、形象的意义，即符号价值的消费领域，“从物理世界的对象实体扩展到整个现实的感性价值结构”①。消费社会中的平衡是通过消费活动及其意义揭示来建立的，消费充分强化了物对人的支配性和人对物的彻底依附性。鲍德里亚认为，“消费不再是传统意义上的那种与生产活动相对的对于产品的吸收和占有，现代消费是一种能动的关系结构，其对象不仅是那些被消费的物品，而且还包括针对消费者周围集体和周边世界的意义，消费是一种系统化的

① 王德胜：《消费文化与虚拟享乐——当代审美文化批评视野中的广告形象》，《北京社会科学》1998年第2期。

行为方式和总体反应，一个社会的文化就是建立在这样一种整体性的反应之上”①。消费已成为当今社会的一种生活制度和生存方式，是“一种制度性权力或权力秩序，是现代社会中弥漫无尽的控制文化价值的基本存在。”② 在这样的消费社会中，人与物及世界的关系纵横交织最终形成消费文化。人们消费商品并不重在消费作为物理实体存在的物品本身，更重要的消费是物所代表的符号价值与意义，以期获得一种心理上的认同感、确定感、归宿感，即个体身份的确认。消费社会中，物要被消费，首先要转化为某种符号。

广告形象大肆增殖与扩张的过程，正是赋予商品形象、将商品实物转化为商品形象的过程，也就是构建无数消费符号同时赋予其形而上意义供人们消费的过程。广告依靠现代技术制造了大量的形象符号全面介入人们的日常生活，为人们制造了一个广告形象狂欢和表演的盛大仪式。众多的广告形象将消费者最隐秘的欲望调动起来，将自然的需求转化为对广告形象的消费欲望，潜移默化地使人们以欲望原则代替了需求原则，让人们通过“合乎道德”的消费形象以获取生活的意义。消费社会中，真实的消费需求与实际的购买动机往往是不一致的。消费的物的属性与意义属性，或者使用价值与交换价值是分离的，人们消费的主要目的是通过消费获得物品的符号价值，即物品的意义属性、交换价值。各种不同广告形象（符号）的意义在于建立商品间的差异性，以此将符号所代表的东西区别开来。人们关注的是广告形象的所指（形而上意义），而不是它的能指（实际物品）。可以说，消费社会的本质就是差异的建立，而广告生产的形象就起到了构建差异的作用。差异的构建恰恰是以人的感性需求、享乐主义道德观为基础的，而这完全是后现代社会中的欲望准则，“后现代主义反对美学对生活的证明，结果便是它对本能的完全依赖。对它来说，只

① 盛宁：《鲍德里亚·后现代·社会解剖学》，《读书》1996 年第 8 期。

② 王德胜：《消费文化与虚拟享乐——当代审美文化批评视野中的广告形象》，《北京社会科学》1998 年第 2 期。

有冲动和乐趣才是真实和肯定的生活，其余无非是精神病和死亡”①。广告形象的大肆生产恰好满足了当下人们深层的感性消费欲望。视觉消费成为人们的生活方式，而广告形象便是这场视觉盛宴中必不可少的主餐。

① ［美］丹尼尔·贝尔：《资本主义文化矛盾》，三联书店 1989 年版，第 78 页。

第四章

当下消费语境中主要视觉广告的图像叙事分析

广告的图像叙事，就是通过用图像（视像）的方式展示及叙述广告内容和信息的广告叙事模式。可以说，图像文化时代造就并推动了多种多样的广告的图像化发展。严格地讲，从现代艺术审美和艺术领域视角看，广告图像叙事本质上是一种现代的视觉艺术文化，不仅涉及广告艺术学知识，还必然包含了美学和文艺理论知识。从宏观角度看，图像化的广告已经成为一种具备现代意义特征的视觉文化。在当下强大的消费语境中，广告的图像叙事呈现在各个方面，体现于各类型的广告之中，尤其典型地表现于平面广告、影视广告和网络广告之中。平面广告、影视广告和网络广告成为当下视觉广告的突出代表，它们制造的无数绚丽图像充斥于生活的各个领域，成为人们视觉消费的重要阵地。因此，在研究消费语境下的广告图像叙事与审美的时候，有必要对广告视觉设计进行梳理分析，本章笔者选取平面广告、影视广告、网络广告这三种当今视觉广告的主要类型来着重分析一下其视觉图像设计与审美。

第一节　平面广告的图像叙事分析

首先了解一下平面广告的设计与审美，那么到底什么是平面广告？如果从基本含义来认识平面广告的话，平面广告就是指以长和宽构建的二维空间方式为存在形式并以此传达相关视觉信息的一种最普通的广告形式。

说它普通，因为平时不管在什么地方，我们都会看到平面广告。平面广告又非常重要，因为平面广告的确是广告之中最重要也是最常见的表现形式之一。平面广告的存在和应用范围非常广，所有以平面形态出现的广告都可以说属于平面广告，它在生活中的应用异常广泛。

平面广告主要有印刷类、非印刷类、电子光管类等三种主要类型。印刷类的广告应该是我们最常见到的一种平面广告类型，其主要是通过印刷的科技手段来制作广告，因为生活中对印刷的广告需要量非常大，印刷型平面广告其覆盖的范围也特别大，也能够让更多的人看到各类广告，能够比较好地达到宣传目的，因此平面广告是很多人都会选择的一种广告形式。我们最常见到的一种印刷类平面广告，就是报纸上刊登的广告。在以往社会电视及网络技术还不发达的时候，大多数人接收新消息的方式就是读报纸，所以当时报纸上附带刊登的广告是非常多的，且不说图片广告，单说文字广告的数量就非常多。我们可以举一个比较生动形象的例子，我们常看电视剧，电视剧里的男主角或者女主角经常会做一件事情，就是在丢了工作之后在大街上拿着一张报纸，在上面圈圈画画，面试一个公司不成功的就划掉，他们看的其实就是报纸上的招聘广告。报纸有一个版面专门刊登各种各样的广告，随着报纸大批量的印刷，这些广告也能够随着报纸的扩散而进入消费读者的视线中，这是典型的平面广告。

此外，随着报纸的盛行，杂志也开始流行，杂志广告非常容易被人们接受和喜欢。很多人在学生时代非常喜欢看杂志，而不管什么杂志，它的最后一页往往是一些密密麻麻的广告，很多青春类型的杂志都会刊登一些类似于电话购物的广告，还有一些商家刊登在上面的其他广告。在杂志盛行的一段时间内，其销售量是非常可观的。但是随着时代的发展，各大杂志纷纷进入了衰退期，尤其是电子书刊的出现，更是让传统杂志的销量大大降低，一些以刊登小说为主的杂志已经开始退出了杂志舞台，但是很多时尚杂志的销量依然不错。杂志上刊登的广告也渐渐地开始由最初的一些小广告变成了大品牌的优质广告，但其仍然是平面杂志的一种类型。还有一种印刷类的平面广告就是我们常见的招贴类广告，招贴类广告听起来陌生，但却是比报纸广告和杂志广告都还要常见的一种印刷类平面广告，因为实在是太普遍了，像在大街边电线杆上经常可以看到的卖房子、租房子、寻人启事、寻狗启事等广告不都是印刷在一张纸上然后粘贴在上面的一种广告吗？比如一部电影将要上映，一位明星要开演唱会了，都会在人流量大的地方张贴关于这部电影或者这位明星演唱会的海报，上面会有时间和地点，这也是一种典型的印刷类平面广告。除此之外，还有一种曾经风靡一时的印刷类平面广告就是挂历广告，前些年很多银行或者商家都会在春节前后赠送给顾客印有自己单位标志的挂历，这是一种比较灵活的平面广告形式，既让消费者感觉到心理满足，又能够借此机会宣传自己的品牌。除此之外传单广告也是一种常见的印刷类平面广告形式，这个想必每个人都见过，一个消费者走在街上会经常收到某某商家所发的传单，这是一种常见的或者说是常被使用的印刷类平面广告。印刷类平面广告存在的时间比较长，是一种生命力比较强、比较形象直观便捷的平面广告，其存在的价值是非常巨大的，而且随着现代科技和审美的发展，消费者对于平面广告的要求也会逐渐提升。

分析完印刷类平面广告，接下来分析一下非印刷类的平面广告。非印刷类广告，就是不用借助单一印刷技术的平面广告形式。具体而言，就是指那些人工绘制、电脑喷绘、照片制作的单幅或者多幅的平面广告。如我们常常会看到一些路牌广告，路牌广告可以是公交车站点所设置的供人休息的椅子上面的广告，也可以是一些专门为了广告而设置的大牌子，比如肯德基或者麦当劳、必胜客等快餐餐厅就经常会设置一些人形广告牌以吸引顾客。严格一些来讲，这除了是一种销售手段以外，还是非常典型的非印刷类平面广告的形式。除了这种路牌广告之外，常见的一种非印刷类的平面广告就是墙面广告。常见的墙面广告形式就是墙体涂鸦，就是把一整面墙按照一定的艺术形式进行绘制，也就是我们常说的涂鸦墙。在艺术性的绘画中填入一部分广告内容，达到既醒目又能够宣传产品的目的。另外，随着我国经济实力的增强，国民生活水平也在不断提升，越来越多的人都购买了私家车，汽车的普及，使得广告设计和创意把目光投向了车的身上，于是形成了又一种新的平面广告的呈现方式，也就是我们现如今多见的车体广告，把广告放在车身上，随着车的四处行驶，广告宣传目的也就达到了。除此之外，我们常见的还有横幅类平面广告，广告可以用横幅的形式进行，在横幅上印制相关的广告内容，然后通过在特定活动的当天，在人多的地方以拉横幅的方式达到广告的效果，这也是一种非印刷类平面广告的形式。非印刷类平面广告和印刷类平面广告相比其广告视觉性似乎要稍逊一些，但是影响力和关注度还是比较高的，因为其关注度高，所以对广告设计的审美要求也会更高。

另外一种平面广告类型就是电子光管类广告，电子光管类平面广告就是通过电子技术或者发光体构成的平面广告，其实简单一些来理解，就是把平面广告制作成发光的。举个例子，随着社会经济的发展，我们在夜晚看到了越来越多的霓虹灯广告，还有一些灯箱广告，这些都属于电子光管灯箱广告。如果分析平面广告的发展过程，就会发现印刷类的平面广告使用范围广，吸引力和关注度比较高，非印刷类的平面广告吸引力和关注度更高一些，而发展到后来的电子光管类平面广告其吸引力和关注度就更高了。通过以上分析，可以说所谓平面广告就是一种图文并茂的广告形式，对于平面广告的设计和创意就是一种通过艺术的手段将广告宣传内容写意性地描绘在平面上而构成的广告形象，而这个广告的形象既要能够吸引消费者，也要能够体现出产品的优势和特点，同时还要表达出设计者的思想感情。因此，要构成一则平面广告，图像是最不能够缺少的，因为图像是最能够在第一时间直观地吸引消费者关注度的，图像是视觉传达元素中的最重要的，它可以用最直观、最形象、最生动、最有意思、最富有美感的形式把广告里所想要表达的信息内容传达给广大消费者。因此很多时候大家认为，一个平面广告创意的成与败在很大程度上取决于广告作品中图像的表现形式对消费者来说是否有强烈的吸引力。平面广告中图像的主要作用就是用来表述广告的主题，从而诱导消费者提高对广告的注意力并激发购买消费欲望，所以我们会看到大部分的平面广告中，都是图像占据绝大部分的版面，而文字成了图像的点缀和附庸。在平面广告创意和设计时，到底要选择什么样的图像主要还是看图像和平面广告的主题是不是具有一定的关联性，看图像到底能不能更好地诠释这个平面广告所要表达的主题内容。这种表达手法可以是直接的，也可以是间接的。所谓直接就是把广告的诉求对象和商标以摄影或者绘画的形式表现在平面广告中，这种方式一定要做到一目了然，因为现在人的生活压力普遍较大，生活节奏也很快，很多消费者基本上没有充裕的时间来细细阅读分析平面广告的内容。有时候对平面广告是在开车上班的路上甚至是挤地铁、坐公交时匆匆地瞥了一眼，有时是吃饭时简单地看了一下，所以平面广告其实就是在提醒一下人们要记得还有这种产品是可以供您购买消费的，以此来达到宣传推广的作用。

广告创意的简洁方法就是把所要表达的主题思想和要达到的目标等通过一种图像语言以便让消费者更好地理解广告。广告可以用一种很轻松的方式来表达，可以用前文中所提到过的杂志广告或者是张贴广告类型，让人们有时间的时候再观看。从图像的构成性质来分，平面广告一般形式类型有写实为主的平面广告图像、象征为主的平面广告图像、抽象为主的平面广告图像以及幽默内容和形式为主的平面广告图像。其次，广告还一定要有简单明了的文字体现，因为文字能够把消费者看到图片而不明白的那一部分做进一步解释，文字是广告图像中必不可少的元素。平面广告的文字表达形式有很多种，不同类型的平面广告文字的表达形式也是不同的。比如印刷类平面广告中的报纸广告的文字元素就非常注重文字解读，而且文字内容也必须要能够吸引消费者注意到这个文字所要表达的广告信息，这也是最重要的一点。报纸广告的文字一定要具有一定的趣味性，要能够让消费者有兴趣来阅读下去，而除了趣味性，报纸广告还必须要具有一定的可读性，也就是说，不能够让消费者读完文字之后什么也没明白，觉得什么意义也没有，这是绝对不行的，因此文字一定要有所说，也要有所做。平面广告的文字一般以介绍宣传的产品为主，传递一些必要的信息性内容，因为消费者在看到广告之后一定不只是单纯地看图片，图片虽然能够吸引消费者，但是吸引之后却不能够让消费者必然明白平面广告表达的含义，文字的作用由此就突出了。除此之外，消费者对广告的耐心不是恒定长久的，没有哪个消费者会盯着广告看半天，也就是说，消费者的视觉不可能长时间停留在广告上，所以平面广告的文字一定要设计得简洁明了，让人一眼就能看进去，一看就能看懂。因此，在设计平面广告文字的时候一定要注意用精炼的文字来传递丰富的广告与产品信息。

平面广告图像设计一定要体现产品的商标。广告宣传不只是宣传产品，产品的畅销还需要带动品牌美誉度和关注度的上升，最终广告不单是宣传产品而已，还要树立起一个值得信赖的品牌，唯此才能让消费者进行后续的习惯性消费，提升对品牌的认可度。一则好的平面广告其整体的色彩搭配也是非常重要的元素，正因为平面广告没有动态广告的多元展示，本身就是一个平面，而这个平面如何让人看到后能马上吸引人的眼球，又能让人看着舒服，那么色彩就是一个值得注意的因素，这同时考验了一个平面广告设计者对于图像和审美的整体把握。我们都知道，色彩是人类能够感知物体存在的最基本的视觉因素。比如当我们看到一个事物的时候，最先关注到的往往就是这个事物的颜色，一个灰色的物体和一个黄色的物体放在一起，我们往往是先关注到黄色的物体，因为黄色明亮、显眼，一下子就能吸引我们的眼睛，从而进一步提升关注度。广告界从业人员都知道，色彩在平面广告信息传递中的速度是最快的，因为色彩会给人视觉上直观的冲击力，是一种可以立即抓住眼球的视觉艺术语言。既然如此，如何运用平面广告的色彩，是需要认真对待的一个问题。对于色彩的安排涉及美学、心理学、艺术学等各类因素，尤其是要注意到色彩的心理作用。色彩的心理作用其实就是指当色彩作用于人的视觉器官的时候产生的心理感受，这种心理感受还有可能会带来一定的生理感受，由此让人进一步联想到很多其他的事物。

举一个例子，平时对着电脑工作容易导致用眼过度而眼睛酸涩的人大多都会在电脑旁边放一张绿色的纸，当眼睛不舒服的时候就会拿起绿色的纸盯着看一会儿，绿色能够缓解人眼睛的疲劳。看到绿色的时候，不仅仅只是视觉上的调节，心理上也感受到了轻松，而在生理上，眼睛本身也获得了一定的舒适度。很多时候，消费者对于平面广告的第一印象就是通过这个平面广告的色彩获得的，比如经常会听到有人说“这个广告的颜色不好看”“这个广告的颜色太扎眼了”等等。绿色的平面广告设计看上去让人觉得很清新、舒服，黄色、橙色的平面广告设计看起来很温暖，蓝色、黑色的平面广告设计看上去觉得很压抑或者很稳重，粉色的平面广告设计看起来会觉得可爱和女性化。在春节前后，我们会看到很多地方会贴上红色的宣传广告，红色的平面广告设计会让广告看起来很喜庆，也很有热闹的感觉，这就是平面广告中色彩的表情作用和象征功能。在平面广告的设计中恰当运用色彩的情感联想以及商品的形象色彩等色彩搭配方式，有利于商品本身信息的整体传达，能够让消费者对产品做到识别并且记住，能够让广告更有效率和及时地传播信息。色彩能够让消费者更直观形象地了解商品的信息，比如很多净水器的平面广告就全部采用冷色调的蓝色为主色调，因为蓝色和水很接近，消费者一看到蓝色，就会想起水来。在平面广告设计的时候也要注意一点，就是在平面广告中色彩的运用并不是越多越好，不能抽象地形而上学式地运用色彩，片面认为运用色彩就是把颜色都用上去。在平面广告的色彩设计和运用中，不能够过于形式化，也就是不能一提到运用色彩，就随意地使用，不管有没有雷同、有没有设计的美感。过度形式化的色彩设计往往会使广告失去个性，也会失去特定的视觉冲击力。如果平面广告色彩设计没有分清主颜色和辅助颜色的话，那么就会造成平面广告失去视觉上应有的效果，整体看起来不够和谐，也有可能造成广告色彩与产品的不协调。很多时候，对于色彩的运用要做到“天时、地利、人和”，因为有时相同的色彩搭配和运用在不同的国家、不同的文化背景和社会背景下、不同的宗教信仰和民族风俗下，都会有不一样的含义和象征。比如红色在我国是一种喜庆、热烈、温暖的颜色，但是对于西方民族来说就具有了迥异的宗教含义。如果平面广告设计者能够运用好色彩因素的话，就能在最大程度上使消费者在心理上对广告和产品产生情感共鸣，平面广告就会具有更加深刻的意义和魅力，平面广告也更会被消费者接受和认同。

说到平面广告的图像叙事与审美，构图是一个重要的问题，尤其是对于平面广告这种以平面为存在维度的广告，构图的形式和类型也是多种多样，首先最常用到的就是水平构图，也就是水平线形式感构图。水平线形式感构图会呈现出一种安静和平和，有的时候需要局部呈现出对比的状态，使广告的画面动静结合，在水平线形式感构图中，广告版面上下留出的边线总是呈现一种以平行关系的直线为主画面的水平模式，而这种温和的构图方式会让整个平面广告看起来比较舒缓，容易让人联想到广阔而又一望无际或者是深邃、幽远的形象，呈现出来的水平线在平面广告的画面中可以对消费者的情绪产生一种抑制或是安定的调和作用，这是一种看上去比较舒服和谐的平面广告的构图方式。

水平线形式感构图往往多被应用在房地产、汽车等形式上需要表现出宏大场面的平面广告中，它传递的是一种大气和沉静的气息。而垂直平面广告构图模式是一种比较具有伸展效果的构图模式，设计上有一种上下流动的感觉，这种平面广告的构图带有一定的节奏感和动感的效果，这种构图也叫作竖直线形式感构图。一般来说，竖直线形式感构图会使人联想到树木、建筑、纪念碑等竖直摆放的事物。这种硬性的构图运用垂直的形式会给消费者以挺拔、刚直的感受，会让人产生高耸、庄严等一些心理上的感受，也会让人觉得很有规律，看起来有一定的秩序性，同时不会太过于冲击消费者的眼睛，也不会引起不适的感觉。

倾斜平面广告构图，也叫作斜线形式感构图，也就是说整个平面或者是文字形成一个倾斜的角度，这种构图一般会呈现出一种动态的感觉，而这种活跃的构图是比较容易让消费者注意到的。在斜线形式感构图中，会有与边框不平行的直线来作为整个构图的基调，这就是所谓的斜线。比如海面上的波浪是一种倾斜的状态，长时间劳累的人的身体会给人一种倾斜的感觉。在平面广告的倾斜构图中，斜线所给出的角度越大，所形成的动感越强烈，倾斜也会营造出一种刺激和激烈的广告效果，在广告图像设计中经常见到此种类型。与此相比，还有一种对称构图模式，对称构图就是把广告设计构成的要素用一种上下或者左右的方式进行对称排列，这种形式会给人一种庄重和正规的感觉，这种构图形式一般会应用在会议宣传，如记者招待会宣传的平面广告上。

锯齿线形式感构图，这种构图模式是由各种斜线相连接，一般来说这种平面广告会具有一定的棱角设计并且具有形同锯齿的曲线设计，锯齿线形式感构图会给消费者一种突然、惊险、怪诞的广告效果。一般消费者在看到这种平面广告的时候会产生一种紧张、激动甚至恐怖的感觉。因此我们注意到，在一些类似密室逃脱或者是鬼屋、探秘活动，或者是恐怖影视片的宣传广告中一般会选择这种锯齿线平面广告构图模式。

S形平面广告构图模式，又被称作自由曲线构图，也就是常说的S形经典应用构图模式。从艺术的角度来看，S形平面构图模式是中国画常用的一种构图模式，一般的设计和制作方式就是把广告的图像和文字排列成S形或者是反S形，这种平面广告构图模式一般会给人一种优美和有韵味的感觉。因为曲线本身就是一种能够带给人流畅、优美和富有弹性的审美感受的线条。在S形平面广告构图模式中，通常会出现一些长长的、自由的曲线，这种曲线的加入会让整个平面广告的画面变得活泼而且生动，曲线的流畅和婉转，会给人一种轻快和优美的流动感。S形平面广告构图模式一般多会应用在减肥药、化妆品等以女性为消费主体的宣传广告当中，因为女性对于曲线美是非常敏感的，女性一般喜欢优美、有线条的事物，所以在女性产品的宣传之中S形平面广告构图模式是运用得比较广泛的。

均衡平面广告构图，这种平面广告的构图一般会把图像放在整个平面当中的一侧，可以是左边，也可以是右边，而另一边没有放图像和空白的位置就会设计广告的标题和文案。这样一来，左边和右边都有东西，而东西的形状和内容又是完全不一样的形态，却也有着必然的内在联系，这种平面广告会给人一种非常符合逻辑和具有良好观看顺序的感觉，更容易让消费者明白平面广告的宣传目的和意思。

圆形平面广告构图模式，这种平面广告构图的图像主要是以圆形为主。圆形图像会放在平面广告的中间位置，可以是整个圆形的展示，也可以是半圆的展示，但是一定要带有圆形的弧度。这种构图有一定的形式美感，会让人的视线一下子就集中在圆形图像部分，给人一种聚焦的感觉。与圆形平面广告构图相比较，还有一种散点平面广告构图模式，这种平面广告的构图模式也叫作自由平面广告构图。这种构图一般都是把广告的各个构成要素按照一个不规则的散点进行布置，也可以是各个要素的自由排列。这种平面广告构图模式相对而言是比较轻松和有趣的，但是如果设计得不合理，各种图像要素排列不好就会有一种杂乱无章的感觉，所以在设计这种构图的时候要有一定的秩序感和和谐统一的整体安排，否则比较容易让人觉得凌乱和繁杂，会让消费者面对广告图像失去注意焦点，从而产生不愿意看下去的厌烦心理。

平面广告的设计中还有一种三角形平面广告构图模式，在此基础上划分为多种构图模式，分别是正三角形平面广告构图模式、逆三角平面广告构图模式、横向三角平面广告构图模式。一般情况下，这种图像模式的分析和几何学上的特点是相类似的，比如正三角平面广告的构图模式看起来会有一种坚固、稳定的感觉，而逆三角，也就是倒三角和倾斜三角的平面广告构图模式会让人看起来有一种动态的倾倒的感觉，看起来更活泼，更具动感。

切入平面广告构图模式。这种构图模式会安排这个平面广告的所有的构成元素从版面的四边或者是四个角进行一种不完全的进入，这种构图模式会给人一种自然、生动的感觉，而这样的平面广告的构图模式也不会让平面广告画面产生一种不完整的缺陷感觉，一般来说整体画面都会显得比较饱满。

平列平面广告构图模式。这种构图模式通常会在平面广告的版面上将大小不同规格的图像平列在一起，可以等规格排列，也可以不同规格并置，以便使画面看起来富有一定的节奏感和序列性。与此相比，空白平面广告构图模式则是把平面广告中的图像、文字等构成要素安排在整个平面广告版面的某一个点上。一般来说，空白平面广告构图模式会在整个版面的周围留出大面积的空白地方，这样一来就会使图像和文字变得相对集中和紧凑，由空白平面广告构图模式设计出来的平面广告一般会有一种独特的视觉聚焦和视觉空白感觉，同时也带有一定的趣味性，而这种趣味性也会让广告增添一丝时尚色彩。以上介绍的几种主要的平面广告构图模式，基本上都是以线条性质为区分标准的，线条对于广告图像的构成与审美具有重要的影响，广告在注重图像线条美的时候，审美客体感性外观形式的抽象化，使形状线条成为相对独立的形式美，广告图像的形式美由不同线条的运动组合构成，不同的形状包含不同的意义，形状之所以能构成形式美，其根本原因和色彩一样，也是源于人们在长期的社会实践中对自然线条形状、结构、运动的自由把握和运用，使形状线条成为相对独立的审美客体，引起审美主体的审美感受和审美愉悦。

在设计平面广告的过程中，对于图像的视觉性和可观性而言，版式设计也是相当重要的。版式设计是根据广告主题的要求，对传达内容的各种构成要素予以必要的关系设计，对其进行视觉的关联与配置，使这些要素和谐地出现在一个版面上，它们相互之间相辅相成，共同构建成具有活力的有机组合，以发挥最强烈的视觉感染力，传达出准确全面而明快的广告信息，版式设计应该在保证广告信息传递这一基本功能性基础上兼顾其艺术性。

版式设计的目的就是对各类广告主题内容的版面格式实施艺术化或秩序化的编排和处理，以提高广告版面的视觉冲击力，加强广告对于消费者的诱导力量，因为有力而准确的图像传达能抓住消费者的注意力，使其在消费者内心留下良好印象及深刻记忆。就版式设计的目的来说，可以归纳为将图像构成要素作效果性的配置，以便引人注目，同时考虑配置及文字的大小等，使之便于阅读，使画面具有统一整体感，具有较高审美性。为切实实现版式设计的效果，必须要把握好几条原则，版式设计不能像绘画创作那样以表现内心情感为首要目的，而应该根据版式本身的功能性要求，依照版式设计的原则来办事，版式设计最基本的原则可以概括如下：首先是简明直观，生动感人。版式设计在传达某项具体信息时，其视觉传达的各种元素（如标题、文稿、图像、画面、色彩等）总是直观与具体的，但是不能把这种直观和具体解释为信息量在版面中的机械罗列，版面整体安排应力求单纯、简洁、条理清晰、一目了然，使其在瞬间产生强有力的视觉冲击，实现单纯而有力的诉求效果。然而，版面仅仅让人欣赏和阅读是不够的，它还必须设法打动消费者的内在情感。版式设计就是为了使广告版式与其所负载的信息一起融入到一种艺术性的氛围中，使消费者在欣赏广告画面时受到触动，从而把视觉直观变成一种内心认同和体验，把思绪自然地引入到广告所暗示的理想生活境界中去漫游、畅想。其次是简明直观，讲求空白。版式设计切忌繁杂凌乱，版式与其所传达的内容相比不可本末倒置。现代社会节奏比较快，简明就显得尤为重要，不能单纯堆砌罗列信息，要杂中选优、精炼图像。另外，广告版面要讲求编排设计中的空白处理，空白处理不仅使广告版面编排流畅明快、疏密有序、布局清晰，而且在视觉上容易产生非常强烈的集中效果，有利于突出广告诉求重点。再次是主次分明，突出主题，在任何广告画面编排中，都要在众多构成要素中突出一个明确主体，它应尽可能地成为消费者观赏广告时视线流动的起点。此外，还要在广告画面编排中以种种标示来引导消费者的观看，逐步地诱导消费者按视觉方向进行视线挪移，其中对主体要素的比例安排，一般要大于其他的要素，但也可根据广告创意反其道而行之，将主体要素安排在特别小但却十分突出的位置上，使其发挥“以小显大”的主体视觉突出作用。有时出于对广告版式设计的特殊要求，设计者可以将广告画面素材按照版面上的需要来进行分配，以提高版式的艺术审美性和视觉性，因此主次分明原则的把握重点反映在对画面素材的灵活调配及安排上。①

版面空间也是平面广告图像设计中的重要问题。由于人们视觉注意的前后与强弱，广告图像上不同位置也形成了重要与次要的区别。位置靠前或形态显著的图像，容易引起人们的注意，就会显得重要；位置居后或形态一般的图像，不容易引起人们的注意，就显得次要。一般地说，人的视

---

① 《平面广告的版式设计》，全息网，http：//painting. quanxi. cc/ggsjj/2014/1008/517297. html。

线由左上向右下或其他位置移动时，其视觉关注度是呈递减趋势的。因此，对于人们视觉流程的合理引导，可以使广告更准确而迅速地达到宣传的目的。人对广告观看的视觉中心不等同于画面中的几何中心，视觉中心在几何中心之上，而微偏于左侧，因此在设计广告图像时就可以将主体画面放置在版面的上部和左侧，以引起观看者更好的关注。在进行广告版式设计时，还可以根据人们的视觉规律，进行必要的视觉引导，如通过画面中人物的身体、手势或眼神表情等具有引导性的因素，来诱导人们的视线，达到很好的宣传意图。平面广告的设计是将不同的基本图像，按照一定的规则在平面上组合成图案的，主要在二度空间范围内以轮廓线划分图像与其他事物之间的界限，并以此描绘广告形象。平面广告中有时也会表现设计空间感，但所表现的立体空间感，并非实在的三度空间，而仅仅是图像对人的视觉引导作用形成的幻象空间。

在设计平面广告时，和谐是一个需要特别注意的问题。从狭义上理解，和谐在平面广告设计中指的是统一与对比两者之间的辩证关系，所有广告元素不是乏味单调或杂乱无章的，在具有差异性的同时又保持着某种内在一致性。从广义上理解，和谐是在判断广告中两种以上要素，或部分与部分之间的相互关系时，各元素或部分给我们的感觉是一种整体协调的关系。其中对比，又称对照，指的是把质或量反差很大的两个要素配列在一起，使人感觉对比鲜明强烈而又具有某种统一感，使广告主体更加鲜明、广告画面更加活跃。在广告中，将红绿两种颜色的画面放在一起，就能产生较为强烈的视觉对比，从而有效地抓住消费者的视觉注意力，进一步激发潜在的消费欲望。

对于平面广告来说，无论是图像，还是文字，或者是标志、构图，都需要认真处理好各种元素的布局与组合关系。平面广告不像文案广告，也不像影视广告那样能给予人多元解释的可能性。因为消费者看到它是什么样就是什么样，几乎没有任何改变的解释可言，因此平面广告是一种制作难度低但是设计难度却比较高的广告类型。

平面广告图像的设计还应该注重概念元素。所谓概念元素是指那些并不以实际形态存在的，不可见的，但人们的意识又能感觉到的抽象事物。例如我们看到尖角形的图像，感到上面有点，物体的轮廓上有边缘线。概念元素包括点、线、面和视觉元素等。概念元素如果不在实际的广告设计中加以体现，它将是没有任何意义的。概念元素通常是通过视觉元素体现的。此外，还应该注意，视觉元素包括图像的大小、形状、色彩等关系元素。视觉元素在广告画面上如何组织、排列，是靠关系元素决定的，包括方向、位置、空间、重心等。形象是物体的外部特征，是可见的，形象包括视觉元素的各部分，所有的概念元素如点、线、面在见于画面时，也具有各自的形象。在平面广告设计中，一组相同或相似的形象构成广告画面的组成单位，其每一组成单位成为基本形，基本形是一个最小的单位，利用它根据一定的构成原则排列、组合，便可得到最好的视觉构成效果。

平面广告中常使用重复的手法，重复的一般概念是指在同一设计中，相同的形象出现过两次以上。重复是广告设计中常用的手法，以强化受众的视觉造成有规律的节奏感，使画面统一。而所谓相同，在重复的构成中主要是指形状、颜色、大小等方面的相同，而在重复中用来重复的形状也称为基本形，每一基本形为一个单位，然后以重复的手法进行设计，基本形不宜复杂，以简单为主。对比也是平面广告图像设计的一种手法，对比有时候是形态上的对比，有时是色彩和质感的对比。对比可以产生明朗、肯定、强烈的视觉效果，给人深刻的印象。在自然界充满了对比，天地、昼夜、红花绿叶都是对比。构成对比的关系包括大小、明暗、锐钝、轻重等。在各种对比的使用中，要求广告图像画面要具有统一的整体感，视觉要素的各个方面要有一定的总体趋势，有一个画面的重点方向，各种视觉元素相互烘托。在平面广告中，对比不能随便使用，也并不是越多越好，如果使用过多，反而强调不出对比应有的视觉效果。此外，还有一种常用手法就是密集。密集是平面广告设计中常用的一种组织图面的手法，基本形在整个广告构图中可自由散布，有疏有密，最疏或最密的地方常常成为整个广告设计的视觉中心，会在广告图面中造成一种视觉张力，如同磁场一样，会产生一定的节奏感。密集也是一种对比，利用基本形数量排列的多少，产生特定的疏密、虚实、松紧的对比效果。在密集的构成中，重要的是基本形的密集组织，一定要有张力和动感的趋势，不能过于涣散，只有广告整体画面具有一定张力和动感，才能对消费者产生比较强烈的吸引力，才能用精致的画面叙述广告所要表达的思想和情感。

空间展示也是平面广告图像叙事中的重要因素。平面广告的空间，一般指的是二维空间。在平面广告中空间感表现手法有以下几种，首先利用大小表现空间感，大小相同的东西，由于远近不同产生大小的感觉，近大远小，在平面上也是一样，面积大的我们感觉近一些，面积小的觉得远一些；第二利用重叠表现，在平面上一个形状叠在另一个形状之上，会有前后、上下的感觉，从而产生空间感；第三利用阴影表现，阴影的区分会使物体具有立体感觉和产生特定的凹凸感；第四利用间隔疏密表现，细小的形象或线条的疏密变化可产生空间感，在现实生活中如一款有点状图案的窗帘，在其卷起位置的图案会变得密集，图案之间间隔越小越密，给人的感觉会越远。除此以外，色彩变化、肌理变化、矛盾空间等的变化都可以用来表现平面广告图像的空间感。

此外，图与底的关系在平面广告图像叙事中也是不能回避的问题。平面广告的图与底的关系是在一种对比、衬托之中产生出来的关系。自然界中蓝天白云、红花绿叶都反映了一种对比与衬托之间的关系，在平面广告设计中图与底是密不可分的关系，有时是反转的关系，图与底在平面广告设计中的运用有以下几种情况：色彩明亮度较高的有图的感觉，凹凸变化中凸的形象有图的感觉；空间被包围的形状有图的感觉；在静与动两者之中，动态的具有图的感觉；在抽象的与具象的之间，具象的有图的感觉。此外，在几何型平面广告图案中，图底可根据对比关系而定，对比越大越容易区别图与底。总体而言，平面广告是视觉化广告中的重要类型，在当下现实生活中有着相当的广泛性和代表性，研究平面广告的图像构成规律对于进一步厘清广告图像化的本质有着重要的意义。

第二节 影视广告的图像叙事分析

影视广告可以说是新时代生活中非常普遍的一种广告类型，尤其是在电影、电视和无线传播技术发展之后，影视广告逐渐成了一种发展速度较快的新的广告类型。在当下信息化时代，有推广和宣传需求的产品商家已经把目光更多地投向了影视广告。因为影视广告和其他广告相比是产品形象传播效果较强的一种广告类型。同时，也是商家用来尽快树立产品和广告形象并且服务于长期发展战略的重要手段之一。对于影视广告而言，要达到较好的广告宣传与规劝效果也是需要精心制作的。一般影视广告大都在 15 秒左右，在短短的 15 秒当中必须要把企业和企业生产的产品也就是影视广告要宣传的商品和广告的创意用富有艺术性的影像进行全面深入地展示。影视广告最主要的优势就是可以做到图文并茂，做到声音与图文的结合。当影视广告通过电视等传播媒体进行传播的时候，它的传播范围和传播速度是非常广非常快的。影视广告因其形式的新颖、直观和趣味性的展示，也是非常容易被大众消费者所接受的。前文提到的平面广告尽管产生比较早并且具有传播成本低和形式丰富多样等优势，但影视广告自身图、文、声动态结合的优势也是平面广告无法超越和代替的。尤其是数字化的信息时代，发达的影像制作与传播技术为影视广告的从业人员、创意人员、设计人员以及传播人员提供了强有力的数字技术支持。因此，目前影视广告的技术发展水平是比较高的，其发展速度也是非常快的。

如果说平面广告的艺术包容性相对比较单一的话，那么影视广告就是一种综合了多种艺术手段的广告类型。因为既要在图像上有好的创意，又要在声音上有好的设计，同时还要在文字上有好的凝练，而这些创意融合在一起还不能发生冲突或产生生硬的感觉，所以影视广告的设计是比较复杂的，它是所有的广告类型之中设计和制作方法非常复杂的一种。影视广告的制作需要对相关影视镜头进行拍摄，拍摄完毕之后需要创意剪辑，剪辑之后需要构图和修复，最后还需要配音，因此在制作一则影视广告的时候需要动用和配合的工作人员是非常多的。影视广告在创意阶段首先需要有创意人员来进行广告创意构思，创意基本形成之后要开始进行广告的脚本撰写，在脚本完善后可以投入运作的时候，广告基本就可以进入拍摄阶段了。

在拍摄的过程中首先需要导演根据创意对广告的整体画面和流程、拍摄手法进行宏观指导，然后需要广告文案撰写人员，而文案的撰写者写的则是广告中的广告，之后需要有演员，没有合适的演员，影视广告就不能够进行拍摄。演员就位之后就需要有摄影师的加入，在拍摄的时候还需要灯光师来进行灯光上的调整，要有道具组根据广告情节进行相关道具的设计与准备。在这些必要事项准备就绪的时候，还要进行剧情场景的搭建或者是选取，最后演员还需要有服装，需要有化妆师对演员进行化妆和造型上的调整，之后需要有配音人员和广告歌曲的演唱歌手，最后要有剪辑师和电脑修图师，这些方方面面的工作人员也是非常多的，涉及的行业也非常广泛。正因为如此，一般要制作出一则拥有好创意的影视广告，经费开支也是非常大的。很多人都会说，制作一则影视广告就如同制作一部微电影一样，甚至要比微电影还要复杂和花费精力。对于影视广告来说，其图像叙事也是最重要的核心因素，图像叙事研究实际上就是对其画面的研究。影视广告片就是由一定数量的富有变化的影像镜头连续起来的动态画面。影视广告的画面是由众多的因素构成的，比如景深、景别、景调①，比如和平面广告一样需要注意和设计的构图，还有非常重要的画面色彩的搭配和设计等因素。影视广告中整体影像的动态设计，还有一个比较重要

---

① 景深、景别、景调为摄影学术语。景深是指在摄影机镜头或其他成像器前沿能够取得清晰图像的成像所测定的被摄物体前后距离范围，在聚焦完成后，在焦点前后的范围内都能形成清晰的像，这一前一后的距离范围，便叫作景深；景别是指由于摄影机与被摄体的距离不同，而造成被摄体在电影画面中所呈现出的范围大小的区别，景别一般可分为五种，由近至远分别为特写、近景、中景、全景、远景；影调是景物的明暗关系表现在影像上的明暗层次，是构成影像的基本因素，是造型处理、画面构图、烘托气氛、表达情感的重要表现手段。

的因素就是演员的表演。以上这一系列的因素都要在影视广告中实现完美的契合，能够在影视广告图像中发挥各自的独特功能与作用。一则好的影视广告需要的是能够把对这些图像因素的应用完美地融合在一起，从而产生强烈的视觉冲击力，进一步对消费者产生强有力的吸引力，避免让人产生视觉接受的不习惯和较低的视觉美感。

对于影视广告的制作来说，首先要关注的就是影像拍摄时的摄影机位和摄影角度问题。众所周知，我们自己平时录制视频的时候也需要选择一个合适的角度，角度不一样，拍摄出来的影像画面整体美感会大不相同。我们经常会碰到这样的情况，熟悉拍摄技巧的人找到一个合适角度会把画面拍摄得比较漂亮，和场景有机和谐地融合在一起。但当我们自己拍摄时，怎么拍都感觉不甚满意，其中很重要的一个原因就是我们选择摄影的机位和角度不合适，不熟悉要从哪里拍才能拍出事物最美的形态。在影视广告的拍摄上也是如此，从某种意义上说，广告拍摄其实就是在模拟人的视听上的感觉和经验而形成的一种视听语言，而在这种视听语言的创意中，摄影摄像的机位是其中非常重要并且常用的表现性元素。一个好的、合适的拍摄机位是影视广告的画面构成、空间造型的设计、广告的表现形式得以建构的最重要的前提和基础，所以其对一则影视广告的图像叙事及审美构成具有非常重要的意义。摄影摄像的角度是构成影视广告片视觉焦点的重要元素，这一点和前文分析过的平面广告构图的模式是非常相似的。正因为影视广告是一系列动态的连贯的画面，所以只能通过恰当的角度来进行画面上的构图，而构图的类型和特点与平面广告的构图是具有内在一致性的。在影视广告的图像叙事中，有一个重中之重的元素就是影视广告的色彩，也就是影视广告的色调和其影调的创意与设计。色调是一种具有较为强烈艺术性的设计，因为较早形成色调体系的是绘画艺术，而绘画的色调应用到影视广告当中也是非常适用的。不同色调的画面，给人带来的审美感受也不同。从宏观角度我们可以把色调分为冷色调和暖色调，举一个比较典型的例子，很多人熟悉的一则影视公益广告，就是成龙、姚明、李宇春等人代言的“没有买卖就没有杀害”的保护野生动物的公益广告，广告影像首先选择的整体基本色调就是深蓝、黑色的冷色色调，这种色调给受众一种心理的压迫和紧张感，也象征性地表达了对于野生动物保护的迫切性与严重性。另外，为了人类自身利益杀戮动物充斥着野蛮和血腥，同时也是一个异常沉重的话题，这样一来冷色色调与广告主题比较好地吻合起来，对营造与烘托广告影像画面起到积极的作用。

影视广告中的影调也是其图像叙事的重要元素。影视广告中所使用的影调大致有以下几种，由高到低依次排列，首先是极高影调，极高影调的影视广告片的主画面主要是浅灰色，背景一般是非常明亮地展示出来。这样一来，因为背景比较明亮，所以空间往往就被简化压缩为平面了，人和商品的展示呈现出一种类似线条的优美感觉，这种设计会让影视广告看起来简洁明了，不会让人产生过多复杂的感受，通常都会让人感觉到比较和谐舒服。第二种是高影调，采用高影调的影视广告的画面总体基调是白色，所有的呈白色影调的影视广告都可以归为高影调的影视广告。高影调影视广告的场景会让整个画面看起来非常亮，即使是用在暗部的阴影层次的设计也都是采用的灰色影调，高影调影视广告的画面会比较强烈地抓住消费者的注意力，因为画面的视觉度比较高，一般消费者观看广告的心情是比较愉悦和轻松的。一般来说，化妆品、保健品等产品的影视广告一般多采用高影调的设计。第三种是低影调，影视广告中的低影调设计画面主要采用的基本上是中灰或者是黑色等暗色系，这种情况的设计只会在画面中很小的一部分穿插上比较亮的影调，大部分画面都放在阴影之中，一般主题表达比较阴沉、庄重、严肃的影视广告片会用这种影调，这种影调的影视广告让人观看后多会产生心理上的哀伤和深度思索。第四种是极低影调，采用极低影调的影视广告的画面设计主要呈现出来的是大色块的黑色影调，较亮的影调画面只占微乎其微的一小部分，普通商品类的影视广告是很少采用这种影调的，因为极低影调的影视广告会有比较强的压抑性，一般情况下，只有类似于宣传娱乐场所中的鬼屋项目、密室逃脱或者是恐怖片的影视广告会采用这种影调，这种广告让人看过之后会有一种神秘感，会觉得恐怖、害怕等，但同时也会带来一种独特的刺激感。第五种是现实影调，这也是追求最接近现实生活的一种光照效果，一般来说多应用在保险类、家庭类的影视广告片之中，这种贴近现实生活的影调会让消费者感到身临其境，并且会产生一定的感触和真实的感觉，也比较容易产生情感共鸣，从而对广告进一步产生心理的认同。

影视广告的图像画面创意要遵守“高调做广告，低调对产品”的原则。影视广告中产品的展示，一定要能够充分并且明显地突出产品的主要特征和优点，但是对于产品不能够过于吹捧。在对产品功能展示与示范时，一定要注意其真实性、准确性，要能够实事求是地展现出产品的特点，画面可以适度虚拟，但是产品性能不能夸张。另外影视广告的图像叙事一定要和文字元素相呼应相融合，文字性的阐释也要认真设计，但是文字表达要尽可能精炼，要能够和画面相配合，服务于影像画面的需要，这一要求也同样适用于声音，要求画面配音一定要和画面相融合，为画面整体的审美营造服务。

影视广告的画面设计和表现形式也是息息相关，表现形式与手法不同，其所呈现出来的影视广告展示风格也是不同的，下面举几种有代表性的广告类型。首先故事类型的影视广告是最常见的，比如我们常见的“百岁山”矿泉水的广告，就是通过讲述一个发生在斯德哥尔摩的凄美爱情故事，引出了“百岁山”的产品；还有我们熟悉的“士力架”产品广告也是一种典型的通过情节叙事来宣传产品的故事类型的影视广告。其次是生活片段类型的影视广告，这种影视广告大多用于家庭产品或者是公益广告的设计上。比如我们经常能看到这样一些广告，在家里妈妈和儿子一起做饭，儿子把垃圾扔进了不可回收类的垃圾箱里，结果垃圾箱把垃圾给吐出来了，此广告是要告诉消费者要将生活垃圾分类处理；有的广告表现内容就是一些现实生活的片段，比如老人给儿女打电话问过年回不回家一类的广告。第三种是解决难题类型的影视广告，这种类型广告在生活中是比较多的，比如电视上经常会播出一些关于牙膏产品的影视广告，表现内容大多都是一个人的牙齿突然不舒服，不能吃酸的，不能吃凉的，然后找医生解决这个问题，然后医生就会拿出××牙膏。再比如一些止痒药膏产品的广告，广告中会让一个主人公说自己身上特别痒，有什么办法才能消除，这个时候止痒药膏产品就会出现，解决这个难题。第四种是设置悬念类型的影视广告，比如一些广告从一开始就会表现一个人总是躺着或者干什么都不行，让人觉得很疑惑，结果最后才知道是感冒了或者是身体虚弱没有力气了，在多数时候这种类型的影视广告会用于某些药物或者功能饮料，甚至是口香糖产品中。第五种是示范类型的影视广告，这种广告一般都是在画面中用动态表现形式将产品说明书搬上来，对产品进行示范性的展示，比如一些化妆品的广告就是用这种表现形式来进行宣传与展示的。第六种是名人效应类型的影视广告，此种类型广告是一种通过社会名人的影响力来达到宣传和推广的效果，比如成龙代言的“霸王”防脱洗发水的广告，虽然这个产品后来被证实存在某些质量问题，但是不得不说，在当时的一段时间内广告是成功的，因为这则影视广告通过影视明星的名人效应成功地引起了广大消费者的关注，并促进了产品的销售。现在很多产品的影视广告，都会找各类社会明星来做形象代言，以此提高广告的关注度和吸引力，这就是典型的名人效应类型的影视广告。第七种是使用者验证效果类型的影视广告，这种影视广告比较常见，如电视中常常会播出的某种洗涤产品、某种减肥药的影视广告大都属于此种类型的广告，在广告中会出现一些产品的使用者，如某一位家庭主妇正为衣服洗得不干净而发愁，此时一朋友送上某品牌洗衣粉，这位家庭主妇一开始并不相信该洗衣粉的洗涤效果，后来经过现场洗涤使用，证明了其出众的洗涤效果，此时这位家庭主妇开心地说出自己的感受与他人分享，同时包含了“你也赶紧来使用吧”的潜台词。第八种是幽默类型的影视广告，此类型影视广告往往会找一些喜剧演员来进行滑稽表演和形象代言，如前文提到的“士力架”产品的影视广告就同样属于幽默类的影视广告，曾经有一则“士力架”产品的影视广告就邀请了著名的憨豆先生进行表演，憨豆先生是世界著名的喜剧演员，在“士力架”影视广告中的滑稽表演让人捧腹大笑，而消费者观看广告哈哈大笑的时候，也就自然地记住了“士力架”这个产品，这是一则非常典型也非常成功的幽默类型的影视广告。

影视广告是宣传效果好而且覆盖面十分广泛的广告传播类型之一。影视特别是电视具有能远距离即时传达信息的媒体特性，影视广告能使观众自由发挥对某种商品形象的想象，也能直观而形象地表达吸引顾客的意图。图像符号在影视广告设计中体现的是一种视觉心理作用，影视通过视觉图像的广延性找到与广告设计的连接点，从而运用于广告设计并作用于受众的视觉心理。当然今天的影视广告已经变得异常复杂，它既是传递商品信息的媒介，又是具有一定图像价值的文化样式，甚至还可以成为制作精美的现代艺术品，它是商业和文化最直接的和最前沿的结合点。在当下图像时代，人们需要直观的广告设计与信息传达，而视觉化的影视广告极好地迎合了人们的这一需要。影视广告是一种以电影与电视媒体为存在与传播介质来传达产品信息的广告形式。影视广告借助于技术力量强大的电影电视，用极具视觉冲击力的影像迫使消费者在无意识的情况下被动接受广告所要宣告的，其最大的特点是在一定的影像时间流程中，既追求传统的印刷与广播类广告所传递的内容，又要有所突破与超越，追求用充满虚拟化的动态视觉影像对人的视听进行潜移默化的浸染和控制，商品成了一种“视听合一”全方位与立体化的震撼形象。影视广告通过视听途径，通过生动的影像与丰富的声效构建实现了商品本身所担负的使用价值与功能的广告诉求，商品与广告日益成为特定社会阶层与特定人群追求身份认同的重要方式。影视广告以多方位强烈的视听刺激调动消费者的感官机能，丰富绚烂的视听在影视广告中成为了一种暗含某种意识形态性和阶级性的符号表达。当下社会中的影视广告以强烈的视觉刺激给受众留下较为深刻的震撼与印象，使受众对广告内容心领神会。影视广告具有强烈的竞争力和传播力，以其受众多、覆盖面广、传播迅速等优势包含了多种意指，既有商品内容层面的，也有影像视觉审美层面的，还有影像伦理意义层面的。影视广告的最大特点之一就是可以用天马行空般的想象与视觉特效实现完美的契合，从而悄无声息地达到推销商品、激发消费者购买冲动与欲望的目的。

从某种意义上说，影视广告的制作与传播也是一种将产品升华为文化符号的过程，这一过程丰富了人们的视觉空间和视觉语言。可以说，影视广告的文化符号是在二维空间中传达视觉信息，其图像符号系统是在视觉上进行创意与整体规划。就图像本身来讲，它有很多特性，一是图像的概括性，图像本身力求以最精炼最直观简洁的画面构成传递最丰富的信息，影视广告的图像叙事就是如此。二是图像的过程导向性，影视广告设计就是以视觉符号作为手段来传达商品功能信息的。在影视广告设计中，图像符号的导向性视觉流程应用是指通过对各种复杂繁琐的影视图像进行合理化组织，使其具有较高的艺术设计感并将其向大众积极健康的审美方向引领。在影视广告图像的创作中更加注重视觉的、情感的、文化的各因素的创新与整合，从而突出视觉设计的导向作用。三是图像的夸张性和符号性，图像的夸张性就是将对象的特点和个性的美感进行适度夸大，使其特征扩大化以增强艺术感染力。图像的符号性，就是用含蓄隐喻的图像来启发人的想象与联想，通过充满隐喻和暗喻的图像给受众带来亲切温馨或轻松愉快的心理感受和体验，以此来引导人们朝着广告图像设计者的思路联想下去，以达到广告传达的目的，并提升影视广告的美学价值和商业价值。对于影视广告而言，图像是主题思想和设计创意的载体，广告所要告知消费者的一切都是由视觉形象来表达与呈现的。

既然图像叙事具有浓重的符号性，那么在影视广告的画面中融入符号图像是非常重要的。所谓广告的符号化传播就是将繁复的商业信息利用策划将其进行压缩及提炼，归结成为一个和消费者脑海中已有的印象符号对应的传播符号，并利用创意对传播符号进行升华及传播。20 世纪 90 年代中后期，三星品牌借助奥运五环这一消费者已经熟悉的符号再度占领市场就是运用了“符号化传播”策略，而时下借助明星名人这一符号进行代言以提升品牌影响力的影视广告更是随处可见。相对于传统传播，符号化传播具有自身的特殊优势，首先由于信息形成符号进行传播，所以传播的信息也具有符号本身识别性强、内容单一指向、便于记忆等优越性；二是利用符号化传播使原有传播环节如在消费者记忆中的环节大为减少，使品牌信息直接作用于消费者，使其减少额外的信息判断及存储等环节，通过直接唤醒消费者原有的记忆符号来激发其对品牌的好感并产生购买欲望；三是符号化传播其信息的认知性更强，符号化的传播使得信息更具有识别性，由于是符号化传播，所以信息在多次传播中不容易产生变形及遗漏，可以最大限度地保持信息自身的统一性。①

在影视广告文化符号传播中，要善于充分利用消费者本已熟悉的公众性符号，最大化地发挥原有文化符号大众熟悉并比较认可的优势和自身传播特点。影视广告常用到的公众性符号有以下几类，首先是文化类符号的借用，此类符号在酒类品牌中最为常见，如大多数酒类产品的广告往往是以悠久的历史作为文化背景的，将酒文化这一行业的大文化，归纳提炼成为某一品牌所特有的小文化符号，即品牌自身文化。文化类符号还常常带有浓重的情感色彩，比如钻石就等同于永恒，玫瑰就等同于爱情，鸽子就等同于和平，红酒就等同高质量的生活品位，这些都是情感类符号所包含的丰富的象征意义。假如我们要为某一品牌的化妆品注入爱情的附加意义元素时，我们就可以直接利用“玫瑰”作为其一切品牌建设及符号传播的基石，从品牌名称到 LOGO 图形，再到广告图像主色调和广告影像传播等等都与玫瑰建立关联，通过玫瑰这一消费者普遍认可的爱情符号直接在消费者心目中建立自己与爱情紧密相连的品牌印象。在现实社会里，每个人都是在扮演着不同的角色，有的是企业家，有的是公务员，有的是白领，有的是家庭主妇，有的是工人等。仔细分析，我们就会发现不同角色之间总有某种类型的“道具”符号可以用来区分他们的社会身份，如白领的标准行政装，家庭主妇的围裙、工人的蓝色工作服等等。② 当某一品牌的传播对象定位非常清晰，而且大致都属于同一或类似社会群体的时候，在广告传播中，我们就可以充分利用能够表现这些特殊群体身份的文化符号。比如，某服装品牌的目标受众群是都市白领，那么在影视广告中，都市白领所对应的标准行政装就可以有效地转化成广告传播的符号。

---

① 李志鹏：《广告艺术中的符号化传播》，http：//news. wren. cn/huwaixinwen/200511/211221. html。

② 同上。

名人类符号是非常特别的一类，之所以特别，是因为此类符号并非同于前面所指的那些具有单一指向的符号。如果将某名人与特定符号相关联，那么他们一定要成为某一群体向往和追求的符号，而这一特定群体就是该名人的被崇拜群体，如某品牌的目标消费群是学生群体，那么就可以邀请在年轻学生中知名度较高的青春偶像做形象代言，而此品牌一系列产品的推广可以围绕相应代言人来策划和开展。

以上是针对消费者本已熟悉的公众性的符号进行的符号传播活动，还有一种情况是原创性地创造新的符号，如快餐文化的领先品牌麦当劳的符号就是如此。提到麦当劳，不管是孩子还是青少年，在任何地点只要见到那个醒目的金色的拱形“M”字及滑稽可爱的麦当劳叔叔形象自然就会联想到麦当劳快餐。当然，金色拱形“M”字及麦当劳叔叔形象并非凭空而来的，本身就是构建新符号的创新过程，所以我们在广告视觉符号操作中应该把握重点，首先明白符号是为了基本识别而存在的，因此在提炼传播符号前必须分析商品形象对外传播的识别点，也就是要从符号传播的角度去寻找品牌的独特差异性。品牌的LOGO图像是最好的符号创建点，当然前提是产品的LOGO图像识别性比较强。其次符号必须和消费者的需求相对应，否则符号的创造会事倍功半。再次商品和品牌还要有一套非常实用高效的视觉识别系统，可以便捷地从中抽离出传播符号。但传播符号是不能直接用来进行传播的，其在传播前必须经过一定的艺术化处理。这些经过艺术化处理的传播符号可以大致分为文字、色彩图像及声音等几大类别。① 下面就以文字为例来谈一下传播符号如何进行艺术化处理。中国汉字及西方语言中的英文单词都是文字中的基本符号，在现实操作中由于受影视广告影像时长等限制以及广告信息受到的干扰和受众对广告的被动接受性，不同的符号组合（符码）相对来说是越短越好，也就是说能用一个字的就不要用两个字，能用简单语词的，就不要用长的语句，除非有

① 李志鹏：《广告艺术中的符号的传播》，http：//news.wren.cn/huwaixinwen/200511/211221.html。

特殊表达的需要。文字的表现最好不要让消费者进行多重的语言逻辑转换，时而中文，时而英文，时而还夹杂数学符号，消费者还没看完看懂就已经产生视觉疲劳了，有时寓意丰富的标点符号及数学符号可以为广告增添一定的语感力度，为广告的整体影像服务。因此，对广告传播符号进行艺术处理时，要充分考虑消费者对该艺术手法的欣赏与接受程度。在广告传播符号的过程中，艺术手法必须与传播符号形成有效链接并一步到位，不能像写文章一样有过多的铺垫，影视广告不同于文学作品，突破常规文学思路的广告语言往往会为广告影像的整体效果带来意外的突破与新奇。

生活离不开广告，广告离不开传播，传播更离不开符号。当我们通过策划创意成功地挑选、组合某些商业信息转化成为传播符号，并通过艺术化手段将这些符号进行转换、再升华成为创意性视觉广告的时候，品牌才能在真正意义上和消费者进行直观而有效的沟通，广告目标才能自然地达成。广告传播符号学作为一门新兴学科，其原理与方法以及在广告领域中应用于实践还有待进一步研究与挖掘。我们完全可以说，广告的图像叙事就是图像的展示，图像的展示本质上就是符号的展示。

从某种意义上讲，影视广告是电影电视艺术的特殊类型，既然是影视艺术，就必然涉及蒙太奇叙事方法的使用，而这种叙事方法和广告的图像叙事也有着密切联系。相信很多人对蒙太奇并不陌生，蒙太奇是法语Montage的音译词，原是建筑学术语，意为构建、专配，后来指电影镜头的人为的拼贴剪辑的手法。蒙太奇是电影电视中最常用的一种叙事方法，其明显特征就是以展示情节为主，按照一定时间流程对镜头画面进行剪辑与组接，从而有意引导观众理解相关的影视内容。

在影视中蒙太奇大致分为叙事性蒙太奇和表现性蒙太奇，其中叙事性蒙太奇又可具体分为连续式、平行式、重复式、交叉式等。连续式蒙太奇主要采用的是单线条的结构方式，按照一个事件的时间逻辑顺序，按照一定的节奏和速度叙述事件的发生、发展、高潮和结果。平行式蒙太奇是以两条或两条以上的故事情节线并列表现，分别叙述并且将其统一在一个完整且封闭的结构之中，其主要目的在于从两者的对比中表达出某种含义或者暗示某种隐含的意义。重复式蒙太奇是有意识、有目的地将具有一定寓意的镜头在特定的关键时刻重复出现，以深刻地表现人物和主题。交叉式蒙太奇是把不同时间空间里发生的故事作交叉剪接，以此构成强烈的冲突、紧张的气氛和强烈的悬念，它是平行式蒙太奇的延伸和进一步发展，但这种平行关系并不是贯穿始终，而是随着情节的进展，在一定的时间内应用并且最终会合二为一。在日常生活中所看到的大部分的影视广告叙事形式基本属于叙事性蒙太奇，这种叙事形式要求有能促使事件发展并导致相应结果的人物和随着时间的推移而展开事件的情节。①

影视广告的图像叙事就是一系列图像按照一定逻辑的组合所形成的运动性。另外值得关注的除了图像外，影视广告还有字幕和声音，正因如此，影视广告类型还可以分为图文混排式、图音混合式和纯图像式三类。这显然只是从影视广告的元素构成所做的简单归类，忽视了影视广告媒体的特征，影视广告是以镜头为基本单位的，而镜头的构成或者说影视媒体的叙事方法就是蒙太奇。蒙太奇可以从三个层面进行解读，从技巧层面去思考，蒙太奇就是将镜头进行剪辑与组接的技术方法；从艺术创作方法方面去理解的话，蒙太奇就是有节奏有规律地塑造完整形象的方法，其中包括基本的叙事方式等等；从思维层面认识的话，蒙太奇就是运用镜头的思维，也就是说拍摄什么样的镜头，怎么拍以及把这些镜头如何组接起来。② 影视广告的图像叙事就必须依赖于蒙太奇规律的应用，因为运用蒙太奇，影视广告在制作过程中就巧妙地包括了导演的意图和消费者的情感和接受心理，消费者受到特定广告影像的吸引和驱使，会不自觉地沉浸于广告所营造的生活的美丽幻象之中，从而产生消费欲望和冲动，期望通过消费实现广告所宣传的理想生活状态。

影视广告的图像叙事还会用到表现性蒙太奇，表现性蒙太奇就是根据画面的内在逻辑联系，借助画面与画面以及画面与声音等之间的变化与冲

---

① 参见胡南，成毅涛：《影视广告图像叙事的表现分析》，《电影文学》2010 年第 14 期。

② 同上。

突，最终形成单个画面本身无法产生的概念、寓意或者深刻的隐含意义，从而表现出故事的主题或某种寓意。表现性蒙太奇主要可以分为对比式、象征式、比喻式三种类型，对比式蒙太奇就是将不同主题表达内容、形象等甚至是内容完全相反的画面镜头组接在一起，从而形成强烈对比和反衬效果的镜头表现方式；比喻式蒙太奇就是将貌似相同但实质并不一样的两种事物相并列，从而产生一定的比喻意义；象征式蒙太奇就是将某一事物与另一事物并列展现出来，通过镜头的表现赋予某一画面或者另一事物的新意义或者象征价值。

影视广告的结构往往并非完全是情节式的，很多情况下是没有完整叙事故事情节的，也就是说，影视广告的表现性蒙太奇应用并不属于严格意义上的叙事范畴。当广告试图将一种产品与某人某物联系时，视觉结构可能会遵循各种不同方向，某产品与某物某人的联系并非必然，按照这个思路理解叙事的话，可以说叙事并不一定必须要在具体而明确的时间流程中表现事件，只要能被接受者理解为具有内在的时间感就可以。而要将表现性蒙太奇的广告图像理解为叙事的话，所应具有的时间向度的依据是什么？赵毅衡先生认为时间序列与被理解为因果关系之间存在着一定的联系，哪怕叙述只给出一个情景，都有可能被解读出一个事件的时间序列，而这个序列有被理解成因果关系的可能性。① 在影视广告中，广告影像作品因果关系的存在是可以被理解为是一种特别时间向度的外在表现的。因此，影视广告就可以被理解为是一种图像叙事。

影视广告的图像叙事从本质上讲也是一种基本的信息沟通活动。活动的影像在进行叙事的时候必须要构建出内在的时间性，以便于叙事功能的实现与完成。作为消费者在进行观看的时候已经参与到影视广告的图像建构与解读当中。虽然影视广告让消费者直接接触和感受到的首先是影像式的信息，但是通过影像的剪辑组合所建构的特定的观念性的内容却包含其

① 参见胡南，成毅涛：《影视广告图像叙事的表现分析》，《电影文学》2010 年第 14 期。

中。当消费者在进行观看后，通过一定的思维活动就可能或主动、或被动、或隐含地获取广告的言说信息，而这些才是影视广告图像叙事的目的所在。

第三节　网络广告的图像叙事分析

和平面广告、影视广告相比较而言，网络广告是当代社会中一种新型的广告类型，是借助于计算机、通信技术、互联网技术等多种网络信息技术以及多媒体技术而设计、制作、生成和借助互联网传播的一种新型广告类型。因为互联网是网络广告存在与传播的本体，所以网络广告又被叫作网络在线广告或者互联网广告等。网络广告主要的生成流程就是利用电子计算机为主体联结而形成的信息通信网络作为广告媒体，采用相关的图像技术和多媒体技术设计制作，并且通过互联网络而向大众传播的一种新型的广告形式。

网络广告产生和存在的前提条件就是互联网技术，自从 20 世纪 90 年代初互联网开始在我国起步发展到今天，我国已经成为世界第一大互联网国家，网民数量世界第一，联网区域最广，互联网已经渗透进当下生活的各个领域，深刻改变了人们的生活方式与存在方式，互联网为我们构建了一个广博的赛博空间。随着网络技术的不断发展，我国的广告行业也不断与网络相融合，在网络方面得到了进一步深化与拓展。很多人把网络广告想得过于单一，认为网络广告就是传输一些文字信息而已，但事实上网络广告却是非常复杂和需要大量技术支撑的一种广告类型，研究广告的图像叙事和审美，必然要分析网络广告的图像叙事和审美，因为网络广告借助特定技术能够把文字、图像和声音有机地结合在一起，除了具有影视广告一般的视觉特性外，网络广告还具有影视广告不具备的实时性与持久性统一，广告信息投放准确、制作简捷、互动性强等网络特点，此外影视广告也可以借助网络技术来生产和传播。可以说，网络广告属于同时传递与诉诸多感官信息的广告类型。

在当下生活中，网络广告借助电脑、手机、平板电脑、智能电视等多种互联网终端随时随地传播。网络广告以其直观、形象、灵活、便捷的特点更能让消费者产生一种身临其境的感觉，能够借助网络与商家实时在线互动，参与到网络广告之中，能够使消费者切实去感受相关商品和服务的优势，网络广告是当下极具实效性的一种广告类型。网络广告拥有生活中最具活力的消费群体，因为一般情况下年轻的消费者或者青年人群体是网络广告的最直接受众，或者说，网络广告的受众与消费者大都是在社会上受教育水平较高、生活观念时尚、有稳定收入、消费能力比较强的年轻消费群体，网络广告的消费群体整体上是一个充满活力的年轻群体。同时，网络广告的制作成本相对来说是比较低的，而且传播的速度非常快，如果出现了某些错误还可以随时更改。因为网络广告是用电脑及相关软件来创意设计出来的，所以一般情况下主要投资就在于电脑及其相关设备上。网络广告一般都是实时发布，受众能实时接收，网络广告信息的发布和改动都是实时性的。一般的传统媒体广告一旦已经传播发布，要想再做修改是比较困难的，就算可以进行修改，程序也很复杂并且需要更多的成本，但是网络广告要想及时变更广告内容，可以直接在网络后台操作就可以完成，并不需要太多额外的费用。网络广告还有较强的交互性，也就是消费者对于产品和广告的评价以及意见都可以通过留言或在线互动等方式来让商家或者广告的制作人员知道并且了解，能够较好地实现广告与消费者之间的良性互动与交流。网络广告可以更加便捷地统计相关数据，统计消费者对于网络广告的关注度、观看数量、对于产品的好评率、对于产品的差评率及对网络广告本身的评价等等，只有对这些数据有了完整的记录整理，广告主才能获知消费者对于广告的整体反馈如何，才能够找到产品畅销的原因或者是销量不好的原因，才能够使产品有更好的发展和提升品质的动力和方向，同时为以后的网络广告制作与传播提供借鉴。

网络广告的投放传播具有一定的针对性，比如女性消费者较多关注的是化妆品、演唱会、保养品、衣服等商品广告，男性消费者较多关注的是汽车、投资、手机、电脑等商品广告，已婚的人较多关注家庭类的广告，而未婚的人可能较多关注单身派对之类的网络广告邀请等等。随着社会经济的快速发展，互联网的普及率和使用率非常高，网络改变着人们的生活方式，现在已有不少人不太关注电视节目，阅读纸质书的人数相比以往也大幅减少，喜欢玩电脑游戏的人越来越多，上网浏览信息与广告成为很多人每天都必不可少的事情。无论是以前的电脑上网，还是现在的手机网络和各种网络终端，人们每天通常会拿出一定的时间用来上网，所以网络广告的受众关注度非常高、关注面也非常广。正是因为网络广告的制作和传播非常便捷，可以在很短的时间内完成，所以网络广告可以缩短商品的市场宣传推广进程，也就是说网络广告设计完成、网络传播、被消费者看到、消费者产生购买欲望这一系列过程时间已经较之传统广告缩短了好几倍。而且网络广告的传播范围特别广，只要是接入互联网络的消费者，凭借任何网络终端设备都可以随时随地在很短的时间内接收并观看广告，并且不会像一般影视广告传播那样，一旦错过，再想重复观看和了解就比较难了。网络广告随时想看，消费者用相关搜索引擎搜索并点击就能观看。因此，网络广告是一种便捷性极高的广告新类型。

网络广告依赖互联网而存在，网络广告的传播与接受都要在网络系统上进行。因此，为了提高网络广告的视觉关注度，吸引广大网民和消费者在呈几何级数增长的海量网络信息中选择自己喜欢的广告信息，从而进一步了解商品信息，并最终形成对广告商品形象的认同，网络广告对图像叙事的设计要求也就更高。网络上的广告那么多，那么繁杂，如何能让一则网络广告在网页一出现的时候就能够吸引消费者的眼球？下面来看一看我们平时经常见到的网络广告的设计是什么样的。比较常见的就是小边框网络广告，这种网络广告占据的网页面积不大，一般来说都是以一个小长方形或者是小正方形的形式并随着网页的打开而出现，这种网络广告一般多在游戏的宣传或者是影视剧宣传中应用，某些商业产品和经济活动的宣传中也经常使用，淘宝、阿里巴巴等网站也采用过此类广告形式。这种网络广告大都是以视觉冲击力比较强的色彩和图像设计取胜，因为广告网页面积不大，所以网络广告的图像叙事性和平面广告、影视广告相比实现起来有些限制。也就是说，网络广告要从一开始就让人将注意力集中在特定商品上是不容易的，在这种情况下就要用能吸引人眼球的视觉冲击力强的色彩来抓住消费者的注意力，让消费者首先关注到广告本身，在引起基本关注之后能够吸引消费者继续观看，进而对消费者施以潜移默化的影响，让其充分了解商品形象，并对广告宣传的理想生活状态产生深刻认同，从而激发消费者的消费欲望，最终产生消费购买行为。但是我们要知道，越是小篇幅的网络广告反而越难设计。对于网络广告而言，对图像的把握不能单注重图像占据网页面积的大小，即使广告中只有一幅图像，但是此图像能占据网络广告的整个页面，而且色彩鲜明突出不杂乱，图像的主色调与主网页有明显差别，这样的网络广告同样能吸引人的注意力。

还有一种浮标型网络广告，这种广告在相关主网页上呈现为一个浮动的小浮标，会在网页上到处浮动，当消费者点开小浮标的时候就能够出现整个网页大小的平面广告或者影视广告。平面广告和影视广告在网络终端如电脑上的体现和在电视、平面媒体上的体现相差不大，而其中精心设计的小浮标是非常重要的。小浮标通常以一种鲜明的图像形式出现，而小浮标的图像要如何设计和选择才能成为一种虽然小但却能吸引人注意力的图像才是最重要的。小浮标图像比较强调的还是色彩上的展示，比如在一个偏黑色色调的网页上，放置一个形状特殊的白色小图像标志，这个白色的小图像标志和黑色网页一对比就产生较强的视觉冲击力，能够较快地引起消费者（网络受众）的注意力；还有就是将图像与声音相结合，如有的网络广告将广告图像设置成一个可以变动的图像，当人们有意无意将鼠标划过这个小图像的时候，这个图像就会被挤压并发生形态的变化，还会发出“咯吱咯吱”的声音，人们看到广告图像的变化，同时听到相应的声音，就会对广告产生比较高的兴趣与关注度，从而达到网络广告视觉宣传与视觉诱惑的预期效果，最终激发消费者的消费购买动力。

第五章

广告图像叙事的美学思考

第一节　广告的视觉文化本质——仿像

正如前面分析指出的，当今文化正在经历一场巨大的转变，即转向一种视觉文化或图像文化。整体上说，在当今社会文化中，视觉性因素占据了主导地位。千变万化、视觉震撼力强的图像和造型（静态的、动态的、平面的、立体的）正以强大攻势深深浸润我们的身心。我们对此或逃避，或反抗，或屈从，但都无以屏蔽图像的影响。我们的眼睛正在享受着一场空前的视觉饕餮盛宴，我们只能去尽情地“看”，而没有选择看什么的自由。我们无法选择“看”与“不看”，因为只要我们视力、智力正常，就无法逃脱图像的包围，我们正在依赖图像而生存，正在“借助视觉技术从中寻求信息、意义和快乐”①。当下是一个图像无处不在、无所不能的“读图时代”，“看”，用眼睛去体验成为我们的生活方式之一，且越来越主导了我们的生活，图像崇拜和视觉狂欢成为当今时代新的神话，广告成为视觉文化的先锋与主力，影像、图像类的广告占据了广告文化的绝对优势。我们四周存在着铺天盖地的广告形象，如报纸、杂志上精美的图像、街头巨型广告牌、电视中的广告影像、网络上的销售广告、商店中精美的

① 陶东风:《文化研究》（第三辑），天津社会科学院出版社 2002 年版，第 2 页。

橱窗展示和模特表演，就连我们日常生活用品上都布满了广告图像。可以说，广告图像构建了生活的空间，我们消费商品，更多的是消费广告形象，它已经成为人们思考、选择、行动的依据和理由。

广告文化中，技术理性、工具逻辑代替了传统文化中的审美逻辑，工具本体代替了人的主体性，商业理性极大压抑了传统文化形而上的价值理性的张扬与追求。传统文化高层次的审美愉悦及对人的精神价值的关怀转化为广告中感官、生理层次的当下一次性体验，审美的高峰体验丧失殆尽。广告文化较之以往传统文化呈现出了独特的视觉文化的审美范式。广告在本质上是一种仿像文化，“仿像”成为广告文化的核心因素与范畴。广告与传统的以审美意象为核心范畴和构成因素的文化相比，二者在其文本意义与价值的构建方式上存在本质的区别。

由众多图像构成的广告是一种仿像文化。深入解析仿像文化，在某种程度上讲，就是揭示广告的文化本质与审美范式。仿像（simulacrum）又被译作“类像”或“拟像”，在法语中，“仿像”有幽灵、幻影、模拟的事物、假装的动作之意。“仿像”一词较早由鲍德里亚提出，后得到齐格蒙·鲍曼、大卫·哈维和弗雷德里克·杰姆逊等学者的补充与发展，成为文化研究中描述后现代文化的一个重要概念。“仿像”产生于后现代的消费社会，这种社会以消费为中心，“在我们的周围存在着一种由不断增长的物、服务和物质财富所构成的惊人的消费与丰富现象，它构成了人类自然环境中的一种根本变化。恰当地说，富裕的人们不再像过去那样受到人的包围，而是受到物的包围，……我们生活在物的时代”①。在这样一个消费社会中，仿像文化大量崛起，广告图像充斥于生活的每一个角落，成为当今视觉文化的先锋，成为人们视觉消费中的主餐。所谓仿像，就是经过复制或仿制所得到的东西，它摒弃了原本，而只重视模拟、复制过程本身。仿像中，“仿本与原本类似，使过去与现在混同，所有的东西都自由

① ［法］让·鲍德里亚：《消费社会》，南京大学出版社 2001 年版，第 1 页。

漂浮，发展自己的特定时间”①。广告图像的大量涌现就是由电脑化的信息处理、媒体和智能控制系统以及社会组织按照仿真的原则进行生产的结果，无数的广告仿像交织成一个超现实的生存环境，在这样一个超现实环境中，生活永远是幸福的，只要按照广告说的去做、去思考、去幻想。广告仿像奉行的模拟原则不再是对现实世界和真实物的模拟，而是依靠数字化技术手段所达成的对图像和符号自身的模拟。鲍德里亚指出，“模拟不再是对一个地域的模拟，不再是对某种指涉物或本质的模拟，它是没有原本或现实的一个现实物之模型的产物，亦即超现实”②。其意就是仿像的生产是依据某种模型，所谓真实之物不再是既定的东西，而是被人工复制出来的，不是非真实，而是超真实，比真实之物更真实，而这一极度真实之仿像最终取代了现实之物，自我指涉。当今广告图像便是如此。

广告图像正在以爆炸般的速度疯狂增长，报纸、杂志、电视、商场、街道、网络、交通工具、公共场所等都充斥了大量的广告图像，语言、文字都被强制性地变为图像的注脚。这些广告图像多为理想、美好的生存环境与质量状态的渲染，但大多都是现实生活境况中不可能出现的东西，之所以美好，就在于它既真实又不真实。真实，在于它就在我们身边、触眼可及，我们对之是如此熟悉与向往；不真实，在于它渲染了实际生活中虚幻的、不可能出现的情景，如因为一种新型香皂的使用，全家人便沉浸在幸福生活之中；一种特殊洗发水的使用，使你获得成功的事业等等，出现在广告中的东西总是那么完美，但与现实又是那么遥远，人们信其所言，购买商品以后，总是遗憾于希望的肥皂泡一次次地破灭，因为广告仿像是一种“没有原本东西的摹本”③。仿像和摹本不同，之所以有摹本，就是因为有原作，摹本就是对原作的摹仿，而且永远被标记为摹本，原作具有独一无二的价值（韵味），是实在之物。尽管摹本是基于原本临摹下来

---

① 朱存明：《仿像：后现代社会的审美景观》，《美与时代》2002年第12期。

② 转引自林瑞《仿像与模拟》，载文化研究网（www. culstudies. com）。

③ ［美］弗·詹姆逊：《后现代主义与文化理论》，陕西师范大学出版社1986年版，第199页。

的，价值从属于原本的，但它仍能帮助我们获得现实感。仿像则是对于非存在的模拟，没有原本，它是从模型中产生的超真实，它与现实无关，不根源于现实。仿像也有别于虚构，因为虚构不过是把一种不在场呈现为一种在场，把想象的东西描绘成现实的东西，仿像却瓦解了与现实物的任何对照，将现实事物吞噬进自我之中。

广告仿像摒弃了现实，与现实无关，它自我复制、自我指涉，完全遵循不关现实、依赖自我的封闭式发展逻辑，特别是电脑合成图像技术的出现，使广告进一步瓦解与脱离了传统的现象与本质、内容与形式、现实与表象、实在与呈现的二元对立模式。巴赞的影视本体论也被彻底颠覆，因为虚拟性的广告图像已经不必、也不再与真实世界相连，不再是对真实世界的模拟和再现，它可以不再依托外物而只在一个自足的符号空间内自我合成、复制。在广告中，文化的四种深度模式趋于消解，从本质回到现象、从深层回到表层、从真实回到非真实、从所指回到能指。广告文化不再是一种深度模式的文化，而成为一种平面性、消遣性文化；不再是“他性”文化，而成为“自性”“自我复制、自我指涉”的文化；不再是“反映”的文化，而成为“当下反应”的感官诉求文化。① 广告图像并不是一开始就成为仿像与现实失去必然联系的，广告图像从有所指涉、反映现实发展到与现实毫无关系、自我指涉、自我发展，可以借鉴和参考鲍德里亚对形象到拟像发展的四阶段理论：1. 形象是对基本现实的反映；2. 形象掩盖和歪曲的基本现实；3. 形象掩盖基本现实的缺失；4. 形象和任何现实都毫无关系，它不过是自己纯粹的仿像而已。② 鲍德里亚这一理论虽然对广告图像发展未必完全适用，但毕竟是可贵的理论参照，他还认为仿真的三个序列与价值规律的嬗变相对应，仿造、生产、仿真分别是从文艺复兴到工业革命的“古典”时期、工业时代、被代码主宰的目前历史

① 参见潘之常、林玮：《论广告形象——关于广告的美学阐释》，《装饰》1998 年第 2 期。

② 转引自周宪：《中国当代审美文化研究》，北京大学出版社 1997 年版，第 142 页。

阶段的主要方式。① 而最后这一阶段的基本形式就是“仿像”，与真实已没有必然联系，而真实可以如绘图一样，被无数次地制造出来，仿真成为广告文化在当下社会的技术化操作、生产行为下获利的高级策略，广告中的仿像与真实已相去甚远。传统文化，如文学，都是遵循作品——现实（实在）的对应关系，在作品背后隐蔽着一个坚实的实在，正因为有实在的支撑，作品才显得深厚有内蕴，而作品的审美价值也寄寓于与实在对应的结构之中，并对现实进行形而上层面的高度反映，人们能从中得到精神的升华与关怀。可以说，再现（广义的，在最终意义上对实在有所反映）成为传统文学的主要呈现手段，“再现的起点是符号与真实对等的原则（哪怕这种对等是乌托邦式的，它也是一个根本公理）。而仿真则始于这一对等原则的乌托邦形式，始于坚决否认符号是价值，始于作为所指的逆反和死亡的符号。再现竭力吸收仿真，把仿真阐释为虚假的再现，而仿真则把整个再现大厦包裹起来，成为一个拟像”②。依据鲍德里亚描述，现代消费社会的图像已完全与现实脱离联系，它已变成一种自我生产、自我复制、自我发展的东西，图像的流通已经是“模拟—断裂—超现实”的后果，图像只表达它自己，而不一定要与外界真实相联系。

我们生活中充满了经仿真制造的广告仿像，它是无根性的，没有原本，没有任何的意义指涉，即使有，也与外界真实无联系。广告图像已经与商品本身或实际无必然联系，大量广告图像自我生产、自我复制，其能指与所指在“完美”的形式下被暴力性地粘合在一起，并最终导致能指与所指间的内在分裂，如洗发水与成功的事业、口香糖与甜美的爱情、空调机与爱人的关怀等被强行扭在一起。广告形象不再指涉某类具体之物，而是成为与具体之物毫无关系的幻象（拟像），广告参与并建构了我们生活的世界，而这个世界不是真实的世界或是它的再现，而是由诸多仿像组成的世界，这样一个图像世界较之传统艺术更能令人产生真实的幻觉，更

---

① 参见汪民安、陈永国、马海良主编：《后现代性的哲学话语——从福柯到赛义德》，浙江人民出版社 2000 年版，第 317 页。

② 同上。

能被相信是真实的。传统艺术所基于的现实与审美的必要界限和张力被彻底抹平，真理与表象、现实与虚构、实在与呈现、深度与表层的区分与对立都不再有任何意义，也不再有任何可能。我们生活在虚幻的与现实不相关联的超现实之中，人作为主体已不再是传统文学和认识论哲学意义上的自由、自觉、自在、自为的主体，不再是“纯粹理性”或“先验自我”，而成为依赖图像生存与思考，依赖图像来自我确证和认同的虚幻主体。主体原有的深度阅读与解析、反思能力与批判精神被悄然解除，成为只会看、只会消费，而不会去反思与批判的“单面人”。经过电脑数字合成技术加工的广告图像成为一种虚拟性的图像，它制造了现实生活中不可能出现的完美、幸福、触手可及的景象，具有极强的欺骗性，因为它只能规定性的、预设性的、单向度地将其图像呈现给受众，受众不可能从中获得一个关于现实世界的主体性的、全方位的、深度的呈现。广告以其仿像虚拟性制造了一种片面的“客观真实性”，遮蔽了现实存在的真相，正如乔治·格伯内教化理论指出的，“一个人看影视越多，这个人对社会现实的建构就可能会越像影视上的世界而越不像现实本身”①。在广告的世界中，现实世界已失真，“眼见为实”已经成为一个温馨的梦幻与陷阱。

广告图像的生产和无限复制都是依赖科技进行的，它完全是现代社会或消费社会的产物，其主要特征就是颠覆了现实与非现实的关系，即呈现出“图——底”关系的颠倒性图像生产逻辑。鲍德里亚认为在消费社会影像生产中，“不再是地域先于地图，也不再是地域维系着地图，今后，则是地图先于地域——仿像在先——是地图产生了地域”②。传统的艺术生产规则是先有地域后有地图，即现实完全在先，作为创作的基础和根源；而后现代条件下的仿像生产则是地图先于地域，仿像的符号不再受制于现实之物，而完全是技术的模型和范本，原本在仿像活动中消失得无影无踪，源头已被彻底遗忘，即是说，广告图像生产的一个重要特征就是

① 转引自陈犀禾：《被制造的另一个现实——西方知识界对当代媒介文化的研究和批评》，《文艺研究》2000 年第 5 期。

② ［法］让·鲍德里亚：《消费社会》，南京大学出版社 2001 年版，第 166 页。

"它的生产过程是预先被影像自身的逻辑决定的"①，广告图像被它特有的技术先在规定性所决定，在高科技加盟下，广告生产出了大量的现实中不可能存在的形象，这些图像又被无限地模仿与复制，导致了广告的严重趋同化，原本无以存在。正如杰姆逊所说："仿像所描写的是大规模工业生产，例如汽车，T 型汽车自始至终的产品，假设有五百万辆，都是一模一样的，……这里原本已经不那么宝贵了，仿像看起来不像任何人工的产品。"② 技术在广告仿像生产过程中获得了自律性存在，技术从手段上升为目的，从而获得了本体地位。由于现实与非现实关系颠倒，技术不再是辅助性手段。广告仿像与现实之间界限发生"内爆"，仿像比现实更真实，它作为一种符号也获得了充分的独立自足性，完全脱离现实而自我指涉、自我发展，变幻莫测的广告图像，其实质只不过是一种简单的、低级的能指游戏而已，与实在的关系已变得日趋稀薄，它甚至已经凌越了实在，完全按照自身的逻辑秩序来生产，广告图像编织了甜美的梦境，掩盖了现实的"不在场"，而它只是纯粹仿像而已。如杰姆逊指出，复制是后现代文化的一个重要主题，主要体现为仿像的大量复制生产，"这些极度真实的艺术品对现实是有一定影响的：如果你在博物馆里长时间地盯着这种雕塑看，那么当你转过身来时，你会怀疑四周的人是否真实。……在后现代文化里，形象也是有着同样的非真实化的效果，尽管它被很忠实地复制出来，但也正是在这种复制中，形象将现实抽掉，非真实化了"③。

杰姆逊是针对后现代社会中大量复制的艺术品来说的，但对于广告而言，无疑也是适用的，无数的吸引人眼球的广告图像充斥了社会每一个地方，众多的广告都日益趋同化，其中难以出现在传统艺术中奉为至上的风格因素，都千篇一律、大同小异，完全是一种"非个人化"的规模生产，

---

① 周宪：《中国当代审美文化研究》，北京大学出版社 1997 年版，第 141 页。

② ［美］弗・詹姆逊：《后现代主义与文化理论》，陕西师范大学出版社 1986 年版，第 199 页。

③ ［美］弗・詹姆逊：《后现代主义与文化理论》，陕西师范大学出版社 1986 年版，第 189 页。

任何独特的个人艺术风格都形影无踪。有的尽是变动不居的色彩、造型、图案、线条、空间等因素的重新组合配置，或再配以语言、文字的辅助性注解，以表面的千变万化来刺激人的生理视觉快感，而根本不管文化内涵、深度意义以及对人心灵的塑造等问题。尽管广告中不乏图像构思的奇思妙想，但其内在构成逻辑都是一样的，就是用各种视觉语言因素极尽排列组合之能事，极力避开传统艺术审美意象需沉思静想才能为人接受的深度规则，用无意义的而又绚丽的图像冲击人的视听感官，让受众在接受仿像的过程中完成一种情感的虚拟体验，最终旨在将其产品成功推销出去，以实现背后隐藏的商业动机。

第二节　广告视觉文化的审美范式

大量的绚丽、迷人的广告图像背后展现的是仿像的文化本质。当今社会各领域充斥着无数的广告图像，是无深度、零散化、平面化、抹杀时间、空间的历史维度的仿像，完全是一场激烈的能指重新组合排列的游戏而已，仅有的唯一的所指也只剩下所宣扬的或显露或隐蔽的消费意识形态，即极尽策略去吸引人们眼睛，引发人们新奇的震惊式接受效果，以便达到销售商品的功利目的。作为仿像的广告文化，与以往以审美意象的创造为核心范畴的传统艺术（如文学）形成了鲜明对比，仿像与传统文化的审美意象内涵截然不同，二者在意义表征、形成机制、观照与接受方式及追求价值与境界诸多方面是迥异的，广告形成自身独特的审美范式。

审美意象是中国传统艺术及古典美学中的重要范畴，传统艺术的核心价值就在于审美意象（意境）的创造与表达。在“中国古典美学中，‘意象’是一个标示艺术本体的概念”①。意象凝聚着一切，凝聚作为艺术动机的心理意绪，凝聚着作为题材的经验世界，凝聚着作为传达媒介的物质

① 叶朗：《现代美学体系》，北京大学出版社 1999 年版，第 107 页。

载体，也凝聚着艺术家和欣赏者的感兴。审美意象作为审美活动中的重要范畴与产物，成为联系与沟通审美主体与审美客体的中介，它是审美活动中所产生的意中之象，是主体在审美活动中通过物我交融所创构的，即审美意象产生与存在于审美主体与客体的审美意向活动之中。“意”，即主体的情意，是主体的一种主观情感体验；“象”，即意之寄托之处，不仅包括外在物象，而且包括主体的拟象，意乃由象而起，象乃意中之象。可以说，意象乃是情景交融的产物，它的本质特征在于“既不是单纯的客观物象，即审美意象不是物的特征；同时它又不是纯粹主观心意的产物，即不是一种主体空幻臆造的产物，它处在审美的主体和对象的复杂互动联系之中，一方面，意象是一种主体的‘情’和对象‘景’的交融之物；另一方面，它又体现出超越纯粹物象自身的追求‘道’或‘气韵’的特征，体现出一种超越具体形似和物质特征的内在精神追求”①。简言之，审美意象是审美物象契合了审美主体与审美情感而产生交流、共鸣的产物。总体上讲，意象是中国传统艺术之精神内核，通达“意象”之中介达到的意境，乃是“象外之象”“味外之味”，以其虚实相生、意蕴极为丰富的特性成为传统艺术深度模式达到的最高境界。

广告仿像和文学审美意象在意义的表征模式和价值追求上截然相反。文学审美意象的创构过程，是审美主客体之间趋向物我沟通、情景合一、神合体道、声应气求的过程，它是以变异的、灌注了主体情感的“象”来传达蕴藉深邃的意义，以实寓虚，传达主体深层的情感意义和审美意义。清代画家郑燮关于画竹的三阶段“眼中之竹—胸中之竹—手中之竹”的论述精辟，其中“胸中之竹”就是心物感应后在内心孕育而成的审美意识，而它正是具有深厚意味的审美本体，是作者对世界体悟和认识的结晶，融入了主体丰富的体验，达到了对世界富有意味的把握。文学审美意象是具有丰富内蕴的指代符号，它是一种对事物内在意义和意味的追寻，文学审美意象含蓄蕴藉，意义具有不确定性、模糊性、丰富性特点。文学

① 周宪:《中国当代审美文化研究》，北京大学出版社 1997 年版，第 122 页。

审美意象的建构都是一个从个别到一般，从具体到抽象，再从一般到个别，从抽象到具体的过程，都活跃着主体的思维，融合着主体的审美情感。同样，对于意象的欣赏，也必然融入欣赏者的审美经验、审美理想、主观情思，因此，意象具有极强的包容性和内部意义的阐释空间。以语言为媒介的文学传达的是一种说不明、道不尽的意蕴美。接受美学认为，文学文本是一个“召唤结构”，内部布满了众多的“未定点”，有待读者基于自己的审美经验、审美理想等因素去不断填充、去具体化，而这本身也是一个文学文本意义与价值的创造过程。

广告仿像与文学意象的意义深度模式相反，它是浅层意义的表征模式，抛弃了意义的四种历史深度模式（前文已有所论及），完全沦为一种新能指代替另一种新能指的无休止的循环过程，完全成为华丽的能指的机械制造过程。众多广告图像的深度指向都是产品的超值意义，广告为了将产品深深烙在人们心中，可谓用尽策略与手段。重要手段就是使仿像符号与日常生活同质化，广告中出现的都是日常生活图景，我们再熟悉不过，我们再没有必要要求广告要像文学那样提供意义的深度模式和价值的追求。文学意象的无穷意韵给予人们的是“一千个读者，就有一千个哈姆雷特”的深度感受，而广告仿像将意义的阐释空间压缩成一个平面，平面化取代了深度化，在它绚丽十色的图像背后是“一千个受众只有一个广告形象”的单一感受，即广告力图说服人们认同产品的优质效能以及由此带来的美好的生活状态，而想要达到这样的美好境界非常简单，那就是掏钱购买商品，这样便会轻松实现梦想。广告仿像拒绝意义的多层阐释，它无尽变换的能指背后，如果说还有所指的话，那就是“你想像他那样享受生活吗？那就立刻来购买吧！我们能让你轻松地将梦想变为现实”的虚假承诺。广告中的未定点和召唤结构，也不像文学意象那样是作者身心贯注、神合体道的结果，而是广告主、广告制作人、广告媒体的合谋，是预先决定好的，它给予受众的是唯一的意义阐释通道，即“我们的产品能够给予您全新的、不一样的享受”。传统艺术中蕴涵在象中的意，也消失得无影无踪，而取而代之的是刺激消费者视觉生理快感、引起注意以促进销售之意。审美意象中以有限寓无限，以实在达本体观照的审美取向在广告中早被抛弃，而代之以合法化地对生活表层意义的不懈追求，意象中宽容的意义生成与阐释空间已压缩成一个平面，图像以炫耀刺激为能事，与深度意义的追求日益背离。可以这样讲，艺术的审美意象成为广告仿像策略性工具，广告仿像将大量不同审美规范的形象强行粘合在一个平面上，广告图像充满了戏谑性和荒诞感，艺术审美意象原有的历史感、深度内涵、精神价值荡然无存。

广告仿像与传统审美意象在欣赏接受方面也就存在巨大差异。对传统的以审美意象为核心的文学作品的欣赏，是一种审美观照，即一种有距离的审美静观，其实质要求主体欣赏作品时，要保持一种审美的无功利性心态。所谓距离，实质上是主体与对象之间保持的一种不离不即的关系状态，也是主体挣脱自身与物象局限性而达到的一种精神的自由状态。西方美学史上，康德提出了“审美判断的无功利性”命题，并对此做了深刻论述，其后叔本华、鲍桑奎、布洛等人从不同角度发展了审美静观说。布洛明确提出了“审美距离说”，主张审美主体只有与客体保持适当的心理距离才能获得自由的愉悦。中国古典美学史上也有许多对审美静观的精彩论述，如老子的“涤除玄鉴”，《易传》中的“观物取象”说，宗炳的“澄怀味象”，庄子的“心斋”“坐忘”，苏轼的“无厌空且静”，王国维的“无我之境”等等。他们主张主体对意象的接受是通过审美静观来进行的，在审美静观中，主体和对象保持一种审美的距离，主体能够将束缚自己心灵的利益纷争予以排除，摆脱各种因素的限制，以一种优越的超脱心境而达到精神的自由状态。审美静观是对传统艺术如文学的“韵味”的观照方式，本雅明将韵味界定为“在一定距离之外，但感觉上又是如此贴近之物的独一无二的现象”①。传统艺术因为有“韵味”才具有了膜拜价值，而对膜拜价值的欣赏接受只能通过审美静观的方式来获得，即一种“距离鉴赏”，而广告作为一种视觉文化，则完全是一种“投入式鉴

① ［德］本雅明：《机械复制时代的艺术作品》，浙江摄影出版社 1993 年版，第 6 页。

赏”，是一种重在诉诸主体生理性视觉快感的欣赏方式。费瑟斯通认为这是一种片面的感官性审美，“自我初级的过程（欲望）直接沉浸的‘形象性感知’代替了反思性的次级过程之基础上的‘话语性认知’”①，这也是广告作为仿像文化的视觉范式。

在广告中，大量绚丽、精美、视觉冲击力强的图像被大规模复制，根本无原创性和权威性可言，广告完全丧失传统文学具有的膜拜价值，而沦为展示价值的呈现。广告图像不但不要求受众保持鉴赏距离，还使用各种视觉手段，用大量高强度视觉符号对人的视觉进行狂轰滥炸，拉近与受众眼睛、心理的距离，诉诸受众当下的视觉快感和体验，使人们睁眼处于可视化广告图像的包围和强制观看之中，以达到使广告图像高强度、高密度地呈现并最终不断同化主体心灵、激发购买欲望的目的。如果将文学审美意象与广告仿像做一对照比较，就形成一系列二元对立审美特征，如间接性——直接性，想象性——跟从性，反映——反应，观照——消费，体悟——刺激，韵味——震惊。进一步讲，在广告仿像中，主体与对象距离完全或接近消失，主体根本不需要静观，无须妙悟，尽管用眼睛去欣赏具有“震惊”效果的图像。广告图像作为无深度意义、平面性、纯刺激性的仿像，不要求人们进行深度思考，它给予主体的是无意义的视觉消费与享受的自由，要求其直接进入当下的视觉反应，主体的深度思考能力、批判反思能力与精神意识很容易在富有诱惑力的图像的包围下，失去自身的存在合法性，而最终为广告仿像所控制。面对高强度的视觉刺激，主体会逐渐习惯于本能的、直接的生理感官接受方式，而成为欲望的欣赏者和顺从者，从而失去对审美意象进行曲径通幽探寻的乐趣，相对于审美意象深层意义的静观默想，广告仿像成为了浅层视觉表象的消费欲望的生产与满足游戏。

在最终意义与价值的追求上，在物质与精神的指向上，在形而上关怀和形而下生理满足方面，广告仿像与文艺审美活动的审美意象也是迥然不

---

① 张杰：《文化转型背景下文学审美价值的凸现》，《文艺争鸣》2004 年第 6 期。

同的。围绕审美意象展开的文艺审美活动是一种“社会性的审美实践”①，从本质上讲，文艺审美活动是对人类生命意义与价值的一种自由体验与建构，它不仅超越现实的真善，而且超越个体生命的有限性，建构着人类独特的精神性的超越意义，这正是文学艺术的审美超越性所在，也是其追求的终极价值、目标与意义所在。黑格尔说，“审美带有令人解放的性质”，“美的概念都带有这种自由和无限，正是由于这种自由和无限，美的领域才解脱了有限事物的相对性，上升到理念和真实的绝对境界”②。暂且搁置它的唯心主义局限，其论述观点就文学艺术所追求的终极价值和意义来说是相当精辟和深刻的，因为人在审美活动中建构了审美意象的虚幻世界，摆脱了外在现实的局限，获得了自由的审美体验与愉悦，它是一种马斯洛人需要层次论中的“高峰体验”，它已超越了普通的低级的官能愉快，成为一种精神性的、形而上的价值与意义的追求方式。文艺审美活动是一种“超越现实的自由生存方式和超理性的解释方式”③，成为人类对精神家园的一种永恒守望和对终极价值的追求与把握。广告仿像给予人的不是什么形而上的精神关怀，完全是形而下的、生理官能层次的刺激与享受，它并不追求审美超越性，不关心人的终极价值问题，它唯一感兴趣的就是如何用浓墨重彩的图像引起人们注意，如何俘获人们追求轰动、喜欢刺激的感性心理，而隐藏其背后的乃是物质消费享乐主义的意识形态，因为“在新的消费社会中，消费对象不限于日常生活用品、职业、权利，艺术甚至是时间、空间、环境和身体都成了消费对象，消费社会中的人或消费者所崇尚的是一种新的道德，即所谓‘享乐道德’”④。琳琅满目的广告图像背后，最终指向的就是这种消费道德，它利用高科技手段制造出无数的高强度刺激的画面，以“社会自画像”自居，用完美的图像表现人们的衣着打扮、娱乐方式、生活条件、审美格调、家庭起居等方面的

① 姚文放：《现代文艺社会学》，江苏文艺出版社 1993 年版，第 68 页。

② ［德］黑格尔：《美学》（第一卷），商务印书馆 1979 年版，第 147 – 148 页。

③ 杨春时：《生存与超越》，广西师范大学出版社 1998 年版，第 148 页。

④ ［法］让·鲍德里亚：《消费社会》，南京大学出版社 2001 年版，第 128 页。

"理想"状态的变化。为了增强其说服力，还诚邀名人明星、俊男美女作为"权威"代言人，以获取存在的合理性，以此来建构美好的生活观念，绘制温情的神话以吸引消费者制造消费欲望，加入到采购大军的行列，使人一味沉迷于物的消费之中，而人类精神诗意的栖居状态、人生的丰盈却在广告的"好心说服下"逐渐迷失、疏离，最终丧失了自由、自主思想的精神状态成为很多人的生活常态，而文学曾经给予人的高层次的审美的"高峰体验"被广告仿像置换成低俗、简单、机械、直接的视觉生理快感和消费享受。只要人的思维、视觉正常，就可以尽情去欣赏五光十色的广告图像，我们生存的任何一个地方都无法逃避广告仿像的渗透和入侵，我们身边任何一个角落都可以成为视觉欲望与消费的堆积地。琳琅满目的报纸、杂志广告画、雄伟壮丽的巨幅广告牌、精美绝伦的电视广告画面、新奇刺激的网络广告、名目繁多的商品展示会等充斥了我们生活的空间，其中流露出来的是一种香艳粗鄙、低级浅陋的庸俗趣味，在极尽视觉冲击之能事和图像狂欢背后，深深透出的是意义的匮乏、精神的苍白和灵魂的丧失，在其中根本看不出丝毫人类精神家园的绿色，完全成了物质膨胀的游戏和图像的矫情表演。文学审美活动对于人类终极意义和价值的永恒追求——审美超越被彻底消解，被形而下的感性视觉快感和物质消费所取代。然而，这一切都是广告神话背后的意识形态和隐性权力话语所在，它是以一个"牧师""生活导游"的身份出场，苦口婆心地向人们展示梦幻般的理想世界，而这样一个世界完全是"只要消费就可立即实现"的空口承诺的虚伪面具而已。

第三节　广告图像的后现代审美表征

"后现代美学是一种视觉美学。"① 在某种程度上，后现代文化是一种

① 王岳川：《后现代主义文化研究》，北京大学出版社1992年版，第136页。

视觉文化，广告成为后现代条件下视觉文化的生力军。后现代作为一种文化倾向，是一个文化哲学和精神价值取向的问题，它更是当今时代的一种生存状态与方式。广告存在于这样一种社会精神气候下，呈现出了鲜明的后现代主义风格与特性。

高科技生存境遇条件下的广告视觉生产，已经抛弃了表达的规范性、意义的深度性、虚实的连贯性、逻辑的合理性的现代主义审美原则，不再具有超越性，它不再对精神、价值、终极关怀、真理、存在意义之类的超越价值感兴趣，而是不择手段地以制造极具视觉冲击力的图像为能事，以晦涩的表达、冷傲的形象、模糊不确定的意旨为制造原则，以荒诞、杂糅、扭曲、戏谑、零散、反讽、断裂、差异等为自我表现方式，手法怪异、内容模糊、有着强烈的否定与破坏色彩，它根本否定理性价值，拒绝历史深度、反对人文关怀、消解艺术中心和审美距离，完全成为一种平面文化。美国学者杰姆逊分析后现代艺术具有“平面感/深度模式削平、断裂感/历史意识消失、零散化/主体消失、复制性/距离感消失”等审美特征。可以说，广告成为后现代艺术风格最好的明证。后现代状态下的视觉广告，消解了艺术的宏大叙事模式，成为一种不确定的、散乱的、模糊的、扭曲的浅层叙事，它不再传递完整的商品信息，而成为一种纯粹视觉能指的拼凑、组合游戏。广告以视觉图像为呈现手段，而图像在本质上是表意的，通过有限的形式传达无穷的意义，如中国古典写意绘画艺术。海德格尔在对梵·高的现代主义视觉艺术典范之作《农鞋》的解读中，解释了真理的敞开与遮蔽，他认为一双普通农鞋对他来说凝聚着大地的每一次隐蔽与敞开，或者它就是整个的世界，全部的真理，包含着我们能得到的和不能得到的一切，我们欣赏图像的过程是一个永无尽头的对“诗—意”的生存状态的生命体验和精神游历，即使那些所谓重形式的图像同样是具有“有意味的形式”的图像。① 广告却不再是这样的具有深度模式的表意的图像，它完全丧失了审美意义的深度，走上了没有深度、没有历

① 参见金惠敏：《图像增殖与文学的当前危机》，《中国社会科学》2004 年第 5 期。

史、没有主体的平面，成为不能解释，只能进行“看”与体验的单一浅层文化。广告文化削平与打破了传统的深度模式，消解了现象与本质、表层与深层、真实与非真实、能指与所指之间的二元对立，而从本质走向现象，从深层走向表层，从真实走向非真实，从所指走向能指。

广告文化是一种缺乏深度、拒绝解释的浅薄文化，完全是“能指的自我指涉体系”。广告符号的生产与接受活动也成为了纯粹的符号能指的制造、欣赏与把玩。结构主义符号学理论的深度模式认为语言是符号，符号是由能指和所指构成，尽管能指与所指之间关系可能是任意的（通过横组合与纵聚合关系），但总体上说，能指呈现所指，所指表意能指，能指不是单纯的无意义的东西，在其深处隐藏着所指，即所指是它的深度，同时还有具体的指涉物的存在。海德格尔就是以这样的深度模式来解读梵·高的《农鞋》的。相反，当今充斥于我们生存环境每个角落的广告图像则拒绝了这样的深度模式，展现于我们眼前的恶性膨胀的广告图像完全成为了能指的欢乐出场与尽情表演，在其漂亮的面目后面，丧失了与之保持必然关系的所指，绚丽的能指表演与狂欢背后不可避免地暴露出的是无意义的惨淡、虚无与价值、理性的缺席，具有深度意义的所指消失得无影无踪，无数能指的出场似乎什么也没有表现。广告图像的不断翻新、层出不穷完全成了能指的生产与展示，对生命形而上的关怀与意义追求被搁置起来，终极价值与意义也荡然无存，人们在“看”与体验美妙的图像中享受着游戏般的快乐。

广告图像作为一种人为制造出来的视觉经验、一种虚幻意义的陈述单位，表述的只是一种符号信息，因为消费社会中，任何商品要想被人所消费，就首先要被置换为符号、被赋予符号意义与价值，广告就是要将某种具体商品转化为符号，英国学者费瑟斯通指出，“商品的购买与消费这种假定的物质行动，不断被弥散的文化影像（通过广告、商品陈列与促销）所调和、冲淡，而商品记号与符号方面的消费，反倒成了满足消费的主要源泉"①。正因为这样，广告没有必要去对现实境遇进行揭示与反映，去让人对自身及世界有一个正确的把握与认识。对我们的眼睛进行狂轰滥炸的广告"所组成的连续之流，使得人们难以将不同形象连缀成一条有意义的信息：高强度、高饱和的能指符号，公然对抗着系统化及其叙事性"②。众多的广告能指不再认同一个自成体系的表意符号系统，它自我指涉，能指与所指之间出现断裂地带，能指与所指在广告中被暴力地粘合在一起，导致了两者之间内在的根本性的分裂，如皮鞋与爱情、剃须刀与成功的事业、吸尘器与革命等等。广告将"形而上"的超值意义与价值附加所指，强加到具体物品上，而具体之物在广告中的出场被淡化或者直接被隐匿，具体之物不再指示它自身，而是成为与自身毫无必然联系的幻象。广告图像的能指与所指的分裂最终制造出"自我指涉"的能指，而它是对真实的替代、遮蔽与抛弃，它完全脱离了现实，并取得了自身的独立地位，最终建构了比现实更真实的"超现实"，但它并不把自己当成虚拟的、不真实的，而是融入日常生活和现实，甚至成为现实的主宰与灵魂，并最终取代了现实。"今日全部的日常现实——政治的、社会的、历史的、经济的——都开始融进超现实主义的仿真维度。我们已经生活在一个无处不有的对现实的'审美幻觉'之中。"③ 广告就是这样一个仿真社会的建构者。

不确定性、多元化、去中心化是广告后现代特征的重要表征。当今的广告视觉设计以吸引人的眼球、引发观赏的"震惊"效果为制作原则，体现出了含混性、朦胧性、间断性、折中性、多元性、反叛性、异质性、散漫性、变形性等不确定因素，仅变形这一特性就包含了当今诸多的解构表述，如反创造、消解、去中心、置换、差异、杂糅、断裂、扭曲、戏仿等。当下广告在形式与风格上，根本抛弃逻辑叙事，对传统进行颠覆和反

---

① ［英］迈克·费瑟斯通：《消费文化与后现代主义》，译林出版社 2000 年版，第 78 页。

② 同上书，第 101 页。

③ 同上。

叛，如意大利时装品牌“贝纳通”的一则平面广告，广告由三幅画面组成，分别是一名白人小女孩与一名黑人小女孩抱在一起，一名黑人妇女正在给一个白人婴儿喂奶，一名黑人与一名白人同铐在一副手铐上。这三个画面被匪夷所思地拼凑在一起，让受众无法理解广告到底要表现商品何种信息。同样，“笛塞尔”服饰《现代会议的诞生篇》广告中，将1945年雅尔塔会议中影响历史的三巨头丘吉尔、罗斯福和斯大林的那张经典合影与三位性感的身着“笛塞尔”服饰的美女进行拼接，一位坐在罗斯福的怀中，一位亲密搂住斯大林，另一位站在丘吉尔背后，这样的视觉广告可谓惊世骇俗，它根本抛弃逻辑叙事、削平历史深度与意义，对历史与现实进行彻底的解构和颠覆，具有强烈的反文化性，反对美学对生活的证明和反思，反对中心性、体系性、逻辑性，张扬非理性、个性解放和本能冲动，这样做的根本目的就是要引起人们的注意，就是要挑战人的视觉接受极限，让人“看”后能记住广告及其所宣传的品牌。拿来就用、随意而为的后现代的“拼贴”成为广告视觉生产的通用策略。在某种意义上讲，广告文化的后现代特性就是图像随意剪裁、拼贴的结果，并不顾及意义如何。杰姆逊在论述后现代形象转变时提出“拼贴”概念，① 拼贴在广告中随处可见，现代化的成像和剪辑技术使任何图像的拼贴都成为可能，而参与拼贴的各图像之间缺乏意义的内在关联和必然逻辑，深度意义在此消失殆尽，各图像构成的新的组合根本不表征任何现实，不反映任何东西，完全成为虚拟化的图像组合游戏。如司迪麦口香糖《梦的解析篇》的广告画面共分为四个部分，第一部分是铜铸的神话动物——头上长角的马；第二部分是蛇与苹果；第三部分是风吹落叶飘落在少女的床上；第四部分是少女合上正在阅读的书本走向窗前……，整个广告由不连贯的、风格迥异的几个画面组成，各画面之间根本没有逻辑发展的情节联系，由这些断裂画面的拼贴引起人们的视觉刺激，从本质上讲，画面本身与口香糖毫无关系，也不反映任何现实。这正是广告仿像与现实的关系不同于传统审美意

---

① ［美］弗·詹姆逊：《文化转向》，中国社会科学出版社2000年版，第96页。

象与现实关系的地方。

传统艺术审美意象的生成，是一个“超以象外、得其环中”（唐·司空图《二十四诗品》语）的过程，是审美主客体在审美意向活动中的产物，审美意象虽然并没有直接反映外在现实，但从根本上是基于与现实的深刻、稳固的关系而产生的，是审美主体对于审美客体（现实）进行审美体验、物我双向交流而产生的。审美意象最终根源还在于审美主体与现实的和谐稳定关系之中。而广告仿像则是对“物象极度真实的模拟和复制”① 它呈现给人们的是比真实更真实的东西，是超真实，但最终取代了现实的存在。广告仿像并不是为了再现现实，而是掩盖和取代现实，在虚拟的广告仿像中，虚拟的自我指涉逻辑取代了传统艺术的真实反映现实的逻辑，图像成为自我指涉的对象，成为生活中实在之物的等同物，而不再是对现实的表征。在众多广告图像中，能指与指涉物已经直接同一，仿像背后的现实早已被抛弃与遗忘。广告制作者可以随意进行各种图像的拼贴，如产品图像的拼贴、场面的拼贴、生活场景的拼贴，而广告整体上就是一幅拼贴而成的涂鸦绘画，它无须考虑实际，它所追求的也不再是对现实的反映，图像不必再为现实负责，而钟情于自我放纵。在广告仿像中，现实与图像之间的界限被消解了，图像看上去比真实之物更加真实，如广告中传达的幸福的家庭生活，完美成功的人生事业、理想的生活方式等，让人看后，觉得它就在我们身边，是那样的真实，那样的令人向往。但实际上，那是虚拟的、不现实的，因为广告中的形象成了符号的“纯粹仿像”，即超真实，形象完全脱离所描述的客体，形象以符号本身而存在，它不必顾及现实如何。在这样超真实的形象之中，真实早已被放逐，只剩下无意义的单纯追求表现形式视觉效果的能指的游戏和狂欢。在这样的图像与现实的逻辑关系颠倒的情况下，人作为“主体于对象世界本原性的依赖和信赖关系也就随之消失了，而相对于审美意象中，主体可以最终把

① 周宪：《中国当代审美文化研究》，北京大学出版社 1997 年版，第 130 页。

握现实世界，广告仿像中则导致了主体和现实世界的隔离和疏离”①。

当下的广告让人们在享用视觉盛宴的快乐中彻底忘却过去和将来，彻底割断历史性的纽带，只将眼光仅仅盯住当下，锁定“现在”的视觉消费与满足。广告中历史意识消失殆尽，人们在广告的非历史的当下时间体验中感受到的是深深的历史断裂感。在广告图像中，“历史上的过去消失了，历史上的未来和任何重大的历史变革的可能性也不存在”②，历史成为了纯粹的形象和幻影的展出。时间、空间是人类生存与思维的基本范畴，是人类把握世界及自身的基本方式，时空体验成为人类生存实践的基本构成。传统的文化、艺术都是在作品中构建时间的绵延和空间的拓展，帮助受众以特定的时空体验来建立对世界及其自身的认识。在广告中，时空的辩证法被颠覆，人们的时空体验被扭曲、被阻断了，广告将时间转换成空间，把一切都空间化。杰姆逊认为后现代影像在技术的帮助下从产生时的时间与空间中分离出来，它只在空间意义上向人们展示其存在，历史的纵深消失了，这就是杰姆逊提出的影像文化的“空间逻辑”问题，并将其看作是后现代现象最一般的特征。在广告的观看与接受过程中，“时间的中断与空间的膨胀正在成为人们的基本感觉”③。广告以形象的无穷生产与复制，以其“非原则性”的出场，打碎了时间的连续性和整体性，时间成为光怪陆离的影像的片段，从时间向空间的转换，也只是当下、“现在时”的凝固的一点，传统的空间成了“抽象空间”，这样一个后现代式的空间“不是传统意义上的材料结构的物质性空间形式，而是把思维、存在的体验和文化产品中的时间、历史因素彻底加以排斥，使时间永驻现时时形成的新的空间形式”④。在这个空间中，传统空间的深度、形象空间与实体空间的联系被彻底切断，时空纽带不复存在，广告形象成为脱离实在之母体的没有原本的虚幻的仿像，成为众多空洞能指的随意堆砌

① 参见周宪：《中国当代审美文化研究》，北京大学出版社 1997 年版，第 133 页。

② 王岳川：《后现代主义文化研究》，北京大学出版社 1992 年版，第 238 页。

③ 南帆：《双重视域——当代电子文化分析》，江苏人民出版 2001 年版，第 69 页。

④ 王岳川：《后现代主义文化研究》，北京大学出版社 1992 年版，第 239 页。

和尽情游戏，广告的历史意识荡然无存。杰姆逊曾指出："形象就意味着过去和未来仅仅是为了现在而存在，我现在感知的这一时刻就是这些对象存在的理由，这些物品的过去与未来，即它们为什么被带到这里来，都存在于我对这些并列的颜色的感知：客观世界的一切都是为了感知本能而存在。"① 因此，广告有意规避传统意义上的时空体验，通过时空的虚化，消解历史意识，巧妙地遮蔽现实世界，造成受众在广告中时空体验的断裂和丧失。受众在广告的"非连续性"的断裂时空中，沉迷于当下"美好"世界的虚假意义中，丧失了对现实的批判和反思性，以为在"主动的"物质消费和欲望满足中找到了生存的意义、实现了自身的价值，乃不知这是一个美丽的谎言。广告就是在技术的帮助下，在抛弃历史意识、消解时空体验中为人们巧妙地建构了一个充满魅力的、令人神往的乌托邦世界，让人们去积极认同这个世界，以此建立了自身的权力话语霸权。

① ［美］弗·詹姆逊：《后现代主义与文化理论》，陕西师范大学出版社 1986 年版，第 195 页。

第六章

广告在图像技术影响下的嬗变

第一节　技术本体化——广告中技术理性僭越了价值理性

科学技术当之无愧地成为当今信息时代的神话。人类社会进步与发展的历程，在一定维度上来说，就是科技进步、发展、创新的历史。在科技的推动下，人类逐步从野蛮、愚昧走向文明、开化状态，不断将自然和人类自身“解蔽”。如今科技成为一种无穷力量的象征，它渗透进了人类社会的所有领域。科技特别是技术在日常生活中的普遍应用，深刻地改变了人类的社会存在，形成了一种技术文化。人类沉浸在技术创造的神话之中，虔诚地对科技顶礼膜拜，人类深信科技能解决人类的一切问题。在这样一种狂热的“技术崇拜”“技术至上”的文化中，人类追求的形而上的精神信仰、终极价值不断遭到技术的侵蚀。在以现代技术为灵魂的广告文化中，技术合理性原则、技术崇拜得到最深刻表现，技术理性、工具理性已僭越人类价值理性，成为人类新的思维方式，广告成为技术尽情表演的仪式化存在。

科学和技术是有区别的，科学侧重人类对知识的追求与探索，经验形态的理论为其呈现方式；技术则是以科学知识的实际运用与实践为表现形态的，技术是应用形态的科学。人们日常生活中接触到的大都是技术。“在科技文化中，技术文化压倒了科学文化”，而科学的价值“也只有在对技术的应用和有效性作出说明时才有可能得到重视"①。人们在对技术力量的崇拜中，价值追求逐步缺失，技术在很大程度上成为压迫人、控制人、限制人的异己力量，并形成一种技术意识形态，对人实施了全面的控制。人的主体性在强大的技术面前变得微乎其微，其主动性、想象力、自由性受到巨大侵蚀，在作为视觉文化的广告图像中表现得极为突出。

广告图像（形象）的恶性膨胀是技术运作的产物，广告图像从制造、传播到接受，都离不开技术的支撑。在广告图像制造生产环节，电脑图像虚拟技术是其生命所在，依靠电脑图像生成软件，可以将现实中没有的形象虚拟、逼真地制造出来，营造出比现实更真实、更美好的生活图景；在广告传播接受阶段，借助各种广告媒体将广告形象传播给受众，同时受众进行观看、视觉消费的过程，同样是技术运作的结果。电视广告、网络广告、户外移动广告、电子广告牌广告等都渗透着技术的力量和灵魂。现代电子信息技术特别是高度发达的数字化媒体技术成为广告的命脉，广告从生产到消费的全过程，完全是技术应用与展示的过程。正是在技术的庇护下，广告中才充斥了五彩缤纷、比真实更真实的景象，技术完全成为广告文化的灵魂所在。广告深谙技术的魔力，竭力采用先进技术制造那些令人羡慕和沉醉的形象，然后将其暴力性地倾泻给受众，对其视觉感官进行狂轰滥炸，使其沉迷于当下的、直接的视觉感官快乐之中，进一步激发其深层消费欲望，最终实现广告隐藏在背后的商业阴谋。

广告还刻意诉诸技术性的图像话语，将一些不为大众所熟知的所谓"高科技图像"与一般物质消费相粘合，使单纯的物质消费披上神圣的"技术外衣"，进一步获得存在的合理性，以技术力量攻破受众的理性心理防线，使之拜倒于广告形象外披的技术外衣之下，相信其标榜的意义与价值，"技术的逻各斯被转化为持续下来的奴役的逻各斯。技术的解放力量——物的工具化——成为解放的桎梏：这就是人的工具化"②。广告中

① 姚文放：《当代审美文化批判》，山东文艺出版社 1999 年版，第 7 页。
② 转引自孙卫卫：《广告的文化霸权》，《江西社会科学》2001 年第 10 期。

技术逻辑僭越了人文逻辑，技术理性僭越了价值理性，人的主体性、自由性被消解，完全沦为技术的奴隶，并成为视觉消费和物质占有的被动物。这一切都发生在技术制造出的广告形象所展现出的较日常生活更美好、更真实的乌托邦景象中，它让人们相信生活本应是“这样”，可以是“这样”，要想有这样的生活很简单，就按广告形象的引导去消费吧！这正是广告的意识形态性所在，人们认同广告形象并对其深信不疑，同样是广告中技术逻辑、技术理性操作的结果。

“海德格尔把技术辉煌挺进的现代称为技术的白昼。这个白昼是最短的白昼，紧接着是诸神退隐，幸福远失的世界之夜。”① 在这样一个黑暗的世界之夜，价值理性的光辉日益暗淡，而技术理性、技术逻辑之光照亮了人间每一个角落。广告作为当代审美文化的重要组成部分，是一个技术理性实施全面统治的领域。“历史地说，在古典文化中，技术还只是一种辅助性工具角色，它并未对主体及其表现原则构成真正威胁。然而在现代文化中，技术的比重已经获得极大的提高，它不再是一种次要的力量，而已经是审美文化特别是大众文化的主要构成力量。因此，技术及其工具理性也就逐渐形成了对传统的审美表现理性的威胁。”② 技术工具理性以强大的攻势僭越了价值理性，在解放人、给予人自由的同时，又以另一种方式剥夺人的自由，对人进行新的统治。技术在为人类“解蔽”的同时，也遮蔽了现实的存在，使人类生活在技术逻辑控制之中，广告图像（仿像）中，技术崇拜已成为其存在的合法化依据。那何为工具理性，何为价值理性？工具理性指任何纯粹的以自身利益来行动的活动，只重视目的而不管是否得当、是否合于理性，即只认可“能做”，而不顾及是否“应做”。价值理性是建基于某些价值信念之上，以特定终极立场为指归，是人类对价值和价值追求的自觉意识与自由把握，体现的是人对存在价值问题的思考，表现在审美文化领域，就是人类通过审美活动，最终求得抵达

① 转引自肖鹰：《形象与生存——审美时代文化理论》，作家出版社 1996 年版，第 95 页。

② 周宪：《中国当代审美文化研究》，北京大学出版社 1997 年版，第 296 页。

终极价值和终极目标的审美超越，是人类形而上的精神追求与关怀。在广告中，价值理性被悄然消解，技术决定论、技术本体化已成为主导倾向，广告仿像的生产与传播，与其说是对艺术创造的追求，不如说是图像制作技术和工具革新的竞争与追求，成为"技术展示的舞台"，即以技术的先进手段制造仿像，并使仿像得以自我呈现。广告仿像的尽情表演，本身也是技术无意义、无深度、平面性的展示过程。

对于广告自身发展来讲，技术是具有正面作用的。技术的进步和发展推动了广告从古典形态向现代形态和当代形态的转变，使广告从简单、低级、幼稚的形态走向复杂、高级、逼真的成熟形态。可以说，科技的进步扩大了广告的表现范围，丰富了广告的表现手段，将耳目一新的形式与内容带进广告中，同时使广告的接受范围较任何一种审美文化都要大、都要广，在某种程度上也促进了审美文化的民主化进程。技术对于广告来说是一把双刃剑。技术对广告而言，不仅是手段，更是目的。技术完成了对广告的本体化渗透，技术意识形态在广告中成为实际的统治者。在制造无数新奇、富有视觉冲击力的仿像过程中，技术自身逻辑和规则成为了广告文化的本体逻辑。广告制造绚丽形象的过程，就是技术自我展示、自我指涉的过程，形象既是广告的内容表现，也是技术自身的呈现。技术可以离开广告，但广告绝对离开不了技术，技术已完全掌握广告的命运，控制它的生产、传播、流通与接受的全过程。在当今社会，"技术以自然科学为根基，将所有的事物都吸引到自己的势力范围内，并不断地加以改进和变化，而成为一切生活的统治者，其结果是使所有到目前为止的权威都走向了灭亡"①。在技术意识形态控制下，广告成为技术展示的舞台，人类主体性受到技术的压制和排挤，传统文化追求的价值理性在广告中受到技术工具理性的消解，人们只能被动地、毫无选择地承受着技术制造的大量仿像的包围和挤压，"人的本体论存在被其工具性存在所取代"②，人不再是

① ［德］卡尔·雅斯贝尔斯：《何谓技术》，《文化与艺术论坛》（第一辑），东方出版社 1992 年版，第 201－202 页。

② 周宪：《中国当代审美文化研究》，北京大学出版社 1997 年版，第 296 页。

目的，而是实现技术呈现的手段而已。

广告作为一种仿像文化，是现代工业社会或消费社会的产物。鲍德里亚的“后现代理论”中重要观点之一就是“技术决定论倾向”，对于广告仿像而言极为合适。技术在广告仿像的生产过程中已经获得“自律性”存在，技术不再是手段，本身更是目的。当今电脑图像虚拟技术、数码编制技术的应用成为广告制造中的“宙斯之神”。我们周围的巨型广告牌，电视中精美的广告片，杂志、画报上逼真的图像就是利用虚拟技术和数码技术制作出来的。虚拟技术已经全面渗透并统治了广告文化领域，因为它可以逼真地模拟日常现实，甚至假造一个比日常现实更真实的世界，它所依据的真实之物已经退隐或根本不存在，而是一种想象中的模型。广告制造出来的“无原本”形象代替了现实，人们沉醉于广告制造的幸福生活的景象之中。广告仿像同样基于技术的支持而进行大批量的拷贝、复制，只求能以新奇、轰动引发受众接受的“震惊”效果。技术的进步与发展成为当今广告得以存在的基本依据，技术成了广告仿像生产、传播、流通、接受的生命给养来源，成为了它的实际统治者。技术自主主义、技术决定论倾向以其反个性、标准化、一般化、强制性的力量使人的主体自由创造精神日趋衰微，人的精神生活受到压制，并变得荒芜、贫困，因为技术本身是目的，它旨在制造具有“震惊”效果的仿像，至于形而上的精神关怀早已被抛弃，被技术逻辑、商业逻辑所代替。杜夫海纳指出：“技术是强暴的，审美是自由的，技术对象是与世界分离的，而且又使世界发生分离，本身也被分离。审美对象是统一的，邀请我们与世界重新统一。”① 广告中技术本体化操作逐步导致了主体的自我失落与意义虚无，主体与世界的真实关系已被遮蔽，真实中主体位置已经缺席，而技术理性、技术逻辑正好填充了主体缺席后的意义空间，广告商业利润需要技术来代替主体实现它的商业目标，效益追求排斥了人文精神关怀，技术原则摧毁了人的主体性和自由创造精神。

---

① 叶朗主编：《现代美学体系》，北京大学出版社 1999 年版，第 286 页。

价值理性与人的主体性原则紧密相连，人的主体性原则的实现和价值理性的追求成为人类审美活动的本体追求。席勒认为人生最高、最完美的境界是游戏所达到的自由状态，他认为“只有当人在充分意义上是人的时候，他才游戏；只有当人游戏的时候，他才是完整的人”①。这里的游戏状态主要是指艺术活动可以把人带到一种审美的最高境界，“毋宁说是生活本身的游戏，它超越了匮乏和外在的限制，它是没有恐惧和烦恼的实在的显现，因而就是自由本质的显现，只有当人从外在和内在、肉体和道德中解脱出来，即只有当它不被法则也不被需求约束后，他才是真正自由的”②。这样一种自由的境界正是传统艺术创造所依据的主体性原则，它以人为参照标准和尺度，特别是以对形而上的精神关怀和终极意义的追求作为艺术存在的依据和目的。传统艺术，不管是主体“情动于中而发于外”的诗歌，泼墨写意的绘画，还是深意悠长的雕塑，都是人的主体性原则的“诗意呈现”，它不仅表达了感性的个人主观情意，更深刻地反映出人在社会实践中形成的作为历史积淀与反思的价值良知与理性，是“生命的自我敞开、自我放逐、自我赎罪和自我拯救”③，是“人类从梦寐以求的自由理想出发，为自身主动设定、主动建构起来的某种意义境界、价值境界”④。在广告仿像中，主体性原则被技术性原则取而代之，人类形而上的价值追求和精神关怀为技术逻辑支配下形而下的感性的视觉享受和物质消费所取代。传统的艺术品因其特殊的距离感、价值、本真性、自律性、历史感而具有的独一无二性，即“韵味”，在技术原则支配下的机械复制中消失，而代之以广告艳丽多彩的图像所给予人的“震惊”式的视觉接受效果，艺术的整体性被分解为无数的碎片，其中再也见不出任何对于人类生存意义与价值的追寻与探索。技术发展的无限可能性使广

① ［德］席勒：《美育书简》，中国文联出版公司1984年版，第90页。
② 高小康主编：《喧哗与萧条——当代城市中文艺的传播与教育》，山东文艺出版社2000年版，第77页。
③ 邓晓芒：《什么是新实践美学》，《学术月刊》2002年第10期，第94页。
④ 潘知常：《诗与思的对话》，上海三联书店1997年版，第244页。

告仿像得以无限量的生产与复制，而仿像“以其消解现实的方式与现实相连，它造成了现实的非真实化”①。传统艺术品蕴涵的人的主体性内涵在琳琅满目的广告仿像展示中已经被悄然置换，并被“虚空化”和“抽象化”。广告仿像展示给人的不再是审美超越，而是物质消费的巨大诱惑力，在五彩缤纷的广告面前，人们成了虚拟技术的俘虏。商业消费中的精神贫乏与意义缺失被巧妙地隐藏在广告仿像营造的美好图景之中，人成了技术逻辑的奴隶。

广告仿像中，工具理性压制并僭越了价值理性，人们沉醉于仿像制造的幸福感之中。人们享用这场丰盛的视觉盛宴，并惊叹技术的伟大，人的主体性原则已经为技术主体原则取代了。广告文化成为一种主客反转的文化，广告仿像每时每刻逼迫着我们“看”，仿像无处不在，人成为了它的囚徒。作为主体的人面对强大的广告仿像手足无措，日渐被动无力，主体性被强制削弱或消失，因为“技术无限发展要求，需要主体在无限历程中的内在性缺乏——价值的削平和中心的消解”②。同时，“技术的无限发展包涵着对个体存在和个体需要的普遍漠视”③。主体在技术理性压抑下，“从本体论的存在状态转化为一种工具性的存在状态”④，其自由性、创造性、超越性被技术理性的强制性、仿造性、当下性取代，以主体为中心的价值理性被边缘化。“价值理性为人们构筑一个不断更新、充盈的意义世界，为人提供信仰，从而使人们拥有自己的精神家园”⑤，这一切在广告中已成为不可实现的梦想。广告中技术理性彻底摒弃了价值理性对于现存世界的反思批判以及构筑一个理想的、合乎人性的、合目的的美好世界的渴望，技术制造的无数虚拟形象不再关注人的生存处境（精神的）和存在意义，而只是在商业逻辑的驱使下让人去认可世俗生活享受的逻辑，并

---

① 姚文放：《当代审美文化批判》，山东文艺出版社 1999 年版，第 247 页。

② 肖鹰：《形象与生存——审美时代文化理论》，作家出版社 1996 年版，第 6 页。

③ 同上书，第 7 页。

④ 周宪：《中国当代审美文化研究》，北京大学出版社 1997 年版，第 293 页。

⑤ 徐贵权：《论价值理性》，《南京师范大学学报》2003 年第 5 期。

沉醉于物的占有和消费之中。价值理性对人自身存在的终极意义与价值的追求与关怀，在技术理性主宰的广告中已荡然无存。技术理性只要求人满足当下的消费而已，这样的状态是一种手段和目的倒置的非审美的异化状态，人的本真自由性被彻底剥夺。

第二节　广告对于公共领域和私人领域界限的消解

当今是一个高度技术化的时代。技术不再满足于仅作为手段、途径、工具参加到文化意义的建构之中，而是以自己强大的统治逻辑上升为本体化的文化实践，不断改变着当代文化及生活中的审美原则，最终使得传统文化概念得以重新书写。广告文化领域，完全是一个技术至上、技术自我发展、自我展示的封闭领域，“技术能够在自身的变化中产生空前广泛的‘形象’（影像）组合，能够通过技术处理上的切入、转换、遮蔽、修整、取舍、选择而实现具体操作”①，从而最终制造出广告中展示的美好、理想的生活图景。广告文化中，技术力量、技术手段、材料及其方式已不是外在力量，而直接成为它的内在叙事元素，广告在这一叙事元素的支配及运作下，得以制造出具有强烈视觉冲击力、即时有效性、诉诸于人的深层欲望及满足人的视觉生理快感的广告仿像。技术理所当然地为广告生成了新的表意系统，在这样一个表意系统中，所有领域的文化意义都可以得到重新组合和呈现。传统文化中的公共话语领域和私人话语领域在广告中已趋于消解。广告依靠技术的魔力，可以并且已经使各领域文化都在其自身之中得以呈现，不管是公共性的，还是私人性的事物。

广告图像文化的接受者已完全突破了传统文化对于人们种族、年龄、地域、受教育程度、经济状况等因素的限制与制约，真正成为“全民皆

---

① 王德胜：《扩张与危机——当代审美文化理论与批评话题》，中国社会科学出版社 1996 年版，第 149 页。

宜”的共享文化，“它不是一种特定文化群体或地域群体所特有的亚文化，它一定具备了某些超越不同文化群体差别、分歧甚至利益冲突，进而变成人人都可以享受的文化”①。吉登斯基于传统文化特定地域空间、特定时间的具体性限制的“本地生活在场的有效性”已经失效。广告文化在技术逻辑支配下，成为一种“时空虚化”“时空隔离”的仿像文化，而本雅明所言艺术“韵味”的消失与吉登斯的观点在内涵上有相似之处。

广告作为电子信息时代符号制作下的共享文化，使得公共空间和私人空间、公共话语与私人话语的界限变得模糊不清乃至于消解。现实生活中的一切情景和事物，政治的、经济的、文化的、医疗的、体育的、日常生活的、艺术的、个人隐私的都可以旁若无人地出现在广告中，被广告予以呈现。广告文化，似乎为人类构建了一个没有什么不可呈现的文本世界，在这个全视角的文本世界中，“种种视觉表征在公共空间及私人空间发挥作用，以其勉强可视的在场或以其整个的物质不在场（构建一种生活情形——笔者加）来挑逗观者”②。这样一来，广告便把人们的注意力引离了结构完善的、公共的、正式的观看场所，而引向日常生活中视觉经验的中心，即私人领域。例如，人们习惯并乐于观看广告针对人们个人生活享受的渲染，如喜欢穿什么衣服、用什么化妆品、选择什么样的洗涤剂、用什么样的洗发水等等。广告中出现的众多场景原本就属于私人话语领域，而现在被大肆地在属于公共领域的广告中加以渲染、表现，其目的是诉诸人的深层欲望和潜意识，激发其消费欲望，从而达到宣传与销售商品的目的。广告本义是“广而告之”，广告从来就是要出现在广大受众眼前的，广告从来就是一个公共性、开放性的场所，它允许任何人在任何地点不需任何理由地去尽情“观看”，“观看”也是广告文化意义的建构途径。广告可以认为是社会的一大公共领域，其内容包含了大众的公共话语。

广告作为公共领域中的重要角色，同哈贝马斯的公共领域还是有差别

---

① 周宪:《中国当代审美文化研究》，北京大学出版社 1997 年版，第 83 页。

② ［英］伊雷特·罗戈夫:《视觉文化研究》，罗岗、顾铮主编:《视觉文化读本》，广西师范大学出版社 2003 年版，第 18 页。

的。哈贝马斯作为法兰克福学派第三代成员中的领军人物，在《公共领域的结构转型》一书中提出“公共领域”的概念，他所强调的公共领域是一种作为理想原则的公共性，他认为公共领域产生于以国家和司法为代表的公共权威领域与以市民社会、私人关系为代表的私人领域之间的公共地带，而公共领域与公共权威领域和市民社会及家庭生活这样的私人领域都不同，它是介于国家与市民社会之间进行调节的一个领域。在这个领域中，人们可以自由地结合，就一般利益的公共问题进行理性的探讨和批判，公开表达他们的意见和想法，以形成公共意见，来监督国家权力并影响国家的公共政策。哈贝马斯认为公共领域最早出现于18世纪早期的文学公共领域，如沙龙、咖啡馆和宴会，其后扩展到报纸、期刊等传播媒介。公共领域特征在于“非强制地参与，在体制化的保障下自由、公开和理性地讨论普遍利益问题，促进公共权力的合理化”①。哈贝马斯意义上的公共领域理想模式是建立一个民主的、平等参与的自由讨论的整合社会。这样的以理性、自由为原则的公共领域是一种理想化状态，而他所指的文艺公共领域也是一个比较纯粹的理想化的公共空间。当代广告已不是这样一个纯粹的公共领域，我们暂且将其称之为特殊的广告公共领域，其中公共话语与私人话语界限渐趋消失，二者交融混杂在一起，且公共领域大肆侵入和渗透进私人领域，私人领域借助技术的支持开始向广告的公共领域进发与转换。

在某种程度上，广告公共领域是技术媒介所构建的泛公共空间，在这样一个空间内，纯粹的公共领域和私人领域都将不存在，唯一存在的则是二者变异产生的交融体。广告领域更不是以纯粹理性和自由（哈贝马斯意义上的）为原则，毋宁说是一个多重权力关系交织的领域。正如霍克海默与阿多诺在《启蒙辩证法》中所断言的，广告本身是纯粹社会权力的展示，国家意识形态的审查制度和权力的干预及广告背后商业逻辑的操纵决定了广告公共领域不是一个完全敞开的场所。广告对于现实具有敞开

① 汪晖：《公共领域》，《读书》1995年第6期。

(呈现)和遮蔽(掩饰)的双重功能。人们通过广告所看到是技术力量及技术媒介之间不断参照、传译、转录、拼接而制造出来的"超真实""超文本"的广告图景,一个用技术虚拟而成的理想世界。技术力量自身的逻辑消解了公共领域和私人领域的界限,将大量本应只适合在私人领域存在和展示的事物堂而皇之地在广告公共领域予以展示和暴露,广告充斥了众多的涉及个人隐私性的事物公开展示的现象。隐私作为一种人权,是指与公共生活、公共利益无关、无冲突的私人生活秘密,是自己不想告诉别人、也没有必要告诉别人的完全属于个人性的信息。克鲁格指出:"一切非隐私都是公众的,公众领域是一种价值的市场。在这个领域中,我能说什么,不能说什么,都受羞耻心的约束。羞耻心也表示了人的自信心。如果我相信我能被集体所理解,那就是公众的。如果我认为我的感受和经验不能为别人所理解,那它就是隐私的。"① 克鲁格所指的隐私就是公众个体性的生活内容本身。

广告借助技术力量可以任意还原或虚拟出生活中的任何情形与事物,任何私密的内容都可以通过技术的精确模拟和虚拟制作而呈现在广告中。大量关于私人性的东西,如征婚、个人生活用品、医用保健品、个人情感生活、医学美容等都可以置换为图像、画面或直接,或间接,或明了,或隐晦地通过广告传达给大众,而其中不乏暴力、色情、丑陋等内容。生活中只要稍加注意一下就能发现,堂而皇之地通过电视、网络、报刊、广播、路牌、招贴海报等媒介呈现的广告图像中包含了大量的隐秘性内容,大量的只适合在私人领域呈现的事物却以大众消费品(广告)的方式展示在人们眼前,而人们对此也司空见惯,毫无羞耻之心,其重要原因就是隐秘性的内容经过广告中技术力量的包装制作以后,已经变成一种商品、一种娱乐、一种消遣,它会按市场逻辑参与到商品价值流通之中,最终被消费者所购买和消费,其商业利润才能实现。同时,这也暗合了人的潜意识之中窥视和暴露的深层欲望,希望窥视别人的隐私生活,同时在对他人

① 转引自徐贲:《走向后现代与后殖民》,中国社会科学出版社1996年版,第274页。

隐私窥视中变相暴露自己的隐私，这本身就是一个“看”与“被看”的深层关系模式。

技术逻辑成为广告文化存在与发展的本体逻辑，技术力量、手段、材料和方式内在地成为广告文化本质性的叙事元素。私人话语和公共话语界限消解，在某种意义上说是技术运作的结果。电脑图像合成技术、数码摄影技术、信息传输技术的广泛应用，使广告中制作合成任何图像成为可能，它可以根据利益需要，随心所欲地制造形象，来对生活任一领域进行呈现，理所当然地包括公共领域和私人领域中的事物，广告生产的仿像本应是大众场所传播的，但网络技术、电视技术的发展，使私人家庭成了广告文化传播与接受的主场所。据统计显示，当代人接受广告信息一半以上是来自收看电视，而看电视这样的接受行为大部分发生在家庭这样的私人场所。对于广告而言，公共领域和私人领域的区分不再有任何意义，公共领域和私人领域在技术的强权话语中界限已经消失。就广告图像的传播意图而言，它是针对广大受众的，是诉诸于公共领域的；就其接受场所而言，又多数是私人性的领域。

公共领域和私人领域之间界限的消失以及二者之间话语的转换在本体性的广告内容中表现得更明显，主要表现为两大倾向。一方面，大量公共领域的内容进入私人领域，并在私人领域得以展示与接受，如公园、商场等公共场所的活动广告，国家、政府举行的大型交易会广告，社会公共机构所做的广告宣传等，诸如此类属于公共领域的内容，人们可以在家中通过电视或网络或报纸等印刷品来接受，这可以说是公共领域内容的私人性接受。另一方面，是大量隐私内容进入到公共领域之中，并不断展示、呈现和接受，本来不适合在公共领域展示的东西却大张旗鼓地在广告中面向大众尽情表演。这与第一方面公共领域侵入私人领域实质上是一个问题的两种审视角度。充斥着我们生活的广告中，女性和男性的身体总是成为表现的重点。广告成了身体的叙事，不管与广告实际内容是否符合，身体的展示总能毫无悬念地成为广告的兴趣和欲望点所在。从女性卖弄风情的眼神、令人着迷的细腻肌肤、纤纤素手、凸出的胸部、修长的玉腿甚至是赤裸的胴体到男性强壮的肌肉、高大的身材、坚毅粗犷的眼神、浓密的毛发等等，都是广告乐此不疲予以表现的对象。纵使广告所言商品与身体毫无关系，两者也会被强行扭合在一起，因为广告是以引起受众视觉生理快感为诉求手段的。众多的商品广告，特别是关于私人生活的用品，如剃须刀、内衣、服饰、化妆品、医药保健品、卫生用品等都无一例外地要诉诸女性或男性身体叙事来完成。广告为了增强其说服力、可信度，“诚邀”明星担当形象代言，通过女性苗条的身材、靓丽的红唇、迷人的眼神、性感的服饰和各种挑逗性的动作、姿态或男性强健的身体、刚健有力的话语、潇洒大方的衣着和举止以达到广告的诉求目的。此类广告成为当今广告的重要组成部分和商品表现形式，它们都不约而同地指向了当今时代的一大看点——性感，而性感正是关于身体的叙事。广告对于身体展示的热衷，使以往属于私人领域中隐私性的性内容、性意识光明正大地进入了公共领域，并极尽渲染之能事。

在广告中，身体成了各种商品名正言顺的代言人，成了最有效、最能激发人深层欲望的能指符号，这样的广告充斥了我们的生活空间，电视、网络、路牌、商店橱窗、海报、招贴中充满了以性隐私为诉求点的广告形象。在洗涤卫生用品广告中特别突出，此类广告多以裸露或半裸露的女性为对象，不一而足地设置沐浴及沐浴后的情景，以此来展示优美性感的身体和柔嫩的肌肤，以满足人们窥视的欲望。如力士香皂的电视广告中，国际影星娜塔莎·金斯姬在丰富的泡沫中，忽隐忽现地展现于人们眼前的是那丰润细腻的肌肤、柔美的颈项、细腻滑爽的裸露双肩，这一切透出一种强烈的引诱力，以其强烈的视觉感性冲击力来展示“力士”香皂的超凡魅力。诸如此类甚至较之有过之而无不及的广告普遍存在于洗涤用品、服饰、保健品、女性专用品等广告中，甚至连汽车、家具、食品、酒、茶等再正常不过的日用品广告中，也充斥了性的展示。人们面对广告中的性感身体，不再羞怯，而是表现出从来没有过的坦然与从容，“身体遮蔽时代被图像化了的身体健康和身体审美的时代所代替”，“优雅地展示身体成为一种时尚，一种新的普泛化了的文化形态”①。传统的私人领域中的众多话题都被置换成形象出现在公共领域展示之中。广告中，公共领域与私人领域隔绝的空间也分崩离析，“公众性也彻底消解了当代日常生活的私人性”②。私人性的东西从后台大步走向前台，变成了可以公开展示的公共事物。广告正是在这种意义上成为当今时代新的公共领域。

第三节　广告：技术制造的“完美”乌托邦

技术在广告中成为本体性存在。广告所追求并给予人的视觉快感都离不开技术的支持，而这也正是“广告与文化工业在技术和经济上都融为一体”③ 的结果。当下，充斥在我们周围的广告图像成为技术理性和技术力量的最好明证与象征。“技术性成为一切物化形象的规定，给它们涂上吞蚀一切存在和生命光辉的黑色。”④ 广告的一切成为技术合理化进程的结果，技术的存在与广告的本体紧密联系在一起。广告利用技术手段，以一种虚假的幸福意识和快乐原则制造出一个个五彩缤纷的梦幻世界，广告时时刻刻都在制造着谎言和空口承诺。

广告，特别是电视广告，集声光效果与戏剧表演于一身，将视觉、声音、动作、时间、色彩等共冶一炉，将视觉和听觉结合起来，给予受众全方位、多层次的刺激，并通过制造逼真的广告形象不断许下幸福生活的空幻允诺，通过这种高强度欲望叙事强化受众逃避现实的心理倾向，让其沉浸在广告甜蜜的梦幻之中并最终认同。这样一个理想生活状态的实现很简单，就是如广告所言去尽情消费与享受，只要消费，一切问题就可以解决？回答是否定的。马尔库塞在《单面人》中指出，大众文化在垄断资

---

① 金丹元：《电视审美与身体文化》，《电影艺术》2005 年第 1 期。
② 陈立旭：《大众文化的兴起与当代文化转向》，《浙江学刊》2003 年第 6 期。
③ ［德］霍克海默、阿多诺：《启蒙辩证法》，重庆出版社 1990 年版，第 154 页。
④ 肖鹰：《形象与生存——审美时代文化理论》，作家出版社 1996 年版，第 179 页。

本主义时代就是一种使人丧失批判和否定能力的单面文化，它一方面具有一种虚假的解放和幸福的允诺，另一方面维护着专制与独裁的合理性。马尔库塞的观点有其偏颇之处，但同时也具有合理性。广告文化就是一种单面文化。大众沉浸于广告编织的梦境中，越来越习惯于这个张眼即能望到、花钱就能买到的“理想”生活之中，而不愿再去思考自身同周围世界、生存环境的关系，只会一味地享受生活、享受自己，因为一切问题都可以在广告提供的理想世界中得到象征性的满足和替代，而实际只是一种想象性、虚假性的暂时安慰剂。当人们从甜美的梦中醒来，眼前仍旧是原来的一切，身心的匮乏感又迎面袭来，而解决的方法就是进行新一轮的广告观看与消费。广告在技术理性的支配下，采用一种程序化的方式构造文本，以一种直接的、当下的视听官能刺激来剥夺消费者的批判、反思能力，为人们创造出一个理想的、想象性的“现实世界”，在这样一个虚拟世界中，广告早已为受众留出虚幻的主体位置，它试图将人“召唤”成自由消费和自由享受的主体来含蓄、委婉地宣泄着人们心中各种深层欲望和无意识消费冲动。消费欲望的满足，则必须靠广告设计的方案去解决，即购买特定商品。广告使人们共享一种由技术苦心制造出的快乐，这样一种快乐不仅是一种声画、音形并茂的视听快感，更是一种画饼充饥、望梅止渴的心理抚慰，它使饱尝匮乏、忧患的人的心灵从中获得廉价的、唾手可得的象征性满足与缓解。数不清的广告形象提供与展示给人们的是一种快乐，一种逃避的快乐。广告中那些美妙的生活场景是被制造出来的“公众廉价的避难所，它是一种逃避，而且不只是逃避现实行动，也是逃避对于现实的思想”①。人们沉迷于广告制造的美梦之中，人的主体性存在及反思批判性在不经意间慢慢丧失，人类追求的“诗意栖居”状态、人生的丰盈都在广告形象疯狂地表演和人们流露出的无尽的笑容与快乐中沦落成为消费欲望、享受冲动的虚假满足；人类对意义及生存的根本性

---

① 黄会林主编：《当代中国大众文化研究》，北京师范大学出版社 1998 年版，第 22 页。

追寻早已被遗忘，享乐无一例外地代替了人类本真的存在状态及文化整体。在广告形象成为欲望疯狂的表演之际，生活连同欲望本身都成为了纯粹表演性的虚假仪式，在这样一场广告形象盛大表演中，人们的各种欲望在其中都能得到廉价的想象性满足，从而避免了在现实中苦苦地追求与实践。

广告形象对于消费者而言，具有无穷的吸引力。人们在广告形象的耐心说服之中找到了自己“想要”的东西。“广告的作用本来是提供信息以促进销售，但它已逐渐演变为对消费者的‘说服’（或隐蔽的说服）和对消费者的管理。”① 广告隐藏或承载着社会意识形态性和权力关系。广告已成为大众生活空间中强大的权力话语之一，它在传递商品信息之余，更重要的是表征着特定的生活观念和精神价值，与意识形态的构建紧密相连。法兰克福学派的霍克海默与阿多诺认为广告本身纯粹是社会权力的展示，广告编造的种种“幸福生活”的谎言与神话本身产生于人的文化偏见以及现实中不合理、不平等的权力关系，人们在日常生活中反复内化与认同广告的谎言和神话，并以此来设计自己的生活理想和指导自己的实践行为，从而进一步强化和巩固了广告展示的意识形态性及不合理、不平等的权力关系。阿尔都塞认为意识形态是人类体验自己同其生存条件的关系的方式。他认为，从某种意义上说，人类存在着两重关系：其一是人类与自己诸多生存条件的关系，即广义的人与环境的关系；其二是人类对前一种关系的体验关系。意识形态则属于后一种关系，是一种“体验关系”和“想象关系”，“意识形态所反映的不是人类同自己生存条件的关系，而是他们体验这种关系的方式”②，是一种“个人同他的存在环境的想象性关系的表现”③。反映在意识形态中的个人同他的存在环境的关系是“想象性的”，这就是意识形态的性质。依阿尔都塞意识形态理论来看，

---

① 夏光：《后结构主义思潮与后现代社会理论》，社会科学文献出版社 2003 年版，第 270 页。

② ［法］阿尔都塞：《保卫马克思》，商务印书馆 1984 年版，第 203 页。

③ 转引自徐贲：《走向后现代与后殖民》，中国社会科学出版社 1996 年版，第 99 页。

广告中隐藏着巨大的意识形态性。在高科技的支持下，广告制造出美妙的、逼真的形象，将成功、罗曼蒂克、美好生活、进步、前卫、魅力等意念巧妙地附加到洗发水、香皂、汽车、家居产品、酒精、饮料、服装等消费品上，赋予该产品形而上的意义。广告中的商品被赋予了神奇的力量，它似乎能化解一切矛盾，解除一切痛苦和难题。广告中主人公通过使用某品牌洗发水，吃某一品牌口香糖、穿某一名牌服装就能轻而易举地获得良好的人际关系、成功的事业、美好的爱情亲情等，仿佛人间一切困惑在广告中都能瞬间解决，“广告艺术主要在于创造非真非伪的劝导性陈述”①，“广告既不让人去理解，也不让人去学习，而是让人去希望，在此意义上，它是一种预言性话语，它所说的并不代表先天的真相，由它表明的预言性符号所代表的现实推动人们在日后加以证实”②。这样一种现实是永远无法实现和证实的美丽谎言，广告总是“通过对于产品的模糊的、无法证明的声明——（使牙齿更洁白）——或通过与某些可靠意象的联想——幸福的家庭、青年的人、成功的性生活等等——来出售产品。这样的广告中通过暗含的联想而存在很多欺骗性”③。

正如阿尔都塞认为意识形态是个体与存在状况之间想象关系的再现，广告发挥的是维护与强化个体与他/她的生存条件之间的想象性的，即虚假关系的作用。阿尔都塞认为意识形态是人们认识和理解世界的中介，在意识形态的侵蚀下，“个体同社会整体的关系与处在镜像阶段的婴儿与它的镜中影像的关系类似，主体之所以能得到一个令他满意的自我形象，都是它们在一个二元封闭的自恋循环中与自我投射形象相认同的结果”④。但这样的自我形象是一种“误认”，因为个体已经将真实处境理想化了，将想象的状况当作实际状况看待，“主体”的我并不是一个真正自由、自

---

① ［法］让·鲍德里亚：《消费社会》，南京大学出版社2001年版，第136页。

② 同上书，第138页。

③ ［美］理查德·奥曼：《广告中的双重言说和意识形态：教师手记》，罗钢、刘象愚主编：《文化研究读本》，中国社会科学出版社2000年版，第404页。

④ 徐贲：《走向后现代与后殖民》，中国社会科学出版社1996年版，第102页。

足的主体，而是在意识形态中自我屈从、自我选择的结果，这就是阿尔都塞著名的命题“意识形态建构作为主体的人”①。广告赋予消费者作为消费主体的自由完全是服从并认同广告一系列预先规定的自由，是实施和完成观看广告形象、享受视觉刺激、花钱购物的强加于自身的一系列强制性任务的自由。消费者被广告构建为一个消费主体，广告将个体与他/她的“生存的真实境遇”的关系再现为一种想象的（虚假）的关系，使主体产生虚幻意识，而同时又不能自觉认识其虚幻性，相信广告所做的关于美好生活、幸福人生的承诺是真实存在的，只要按广告的引导去勇敢地消费。广告就是这样发挥了意识形态的功能，广告将个体构建成一个可以任意购买产品的主体，一个可以随心所欲地自由选择的主体，一个有权去享受生活与幸福，去尽情进行物的消费的主体。在广告的美丽神话中，真实的社会现实被掩盖了，取而代之的是由消费某一种被广告赋予特殊意义与内涵的商品而进行的强制区分，人们身份及文化心理的认同完全成了对于特定消费品的认同。以服饰为例，何种品牌的服饰隐含了一种身份认同的超值意义，服装和装饰品使人体显现出文化意义，服装成为一个争夺控制权以定义身份和用来制造意义的场所，消费普拉达、范思哲、香奈尔、戴比尔斯、路易·威登等顶级时尚品牌就意味着一种特定的高贵、时尚的身份，而这样一种身份的认同就是通过消费特定的广告商品获得的。这就是炫耀性消费给予人们的虚假身份感，它暗示着自我得以虚幻的满足，而掩盖了在现实之中意义的真正缺失。

广告形象是技术制造出来的虚拟影像（其意义是不合实际的），它不是现实的真实表征，它的作用与价值是作为类像、仿像去引发与满足人的深层欲望，通过虚拟的仿像与人类深层欲望之间建立虚幻联系成为广告成功的不二法门，即广告的欲望叙事，对于人的深层欲望进行诉求。广告的欲望叙事成功地构建了特定的意识形态，诸如男性欲望/女性形象，男人看/女人被看等叙事模式。广告对人类深层欲望的诉求能引发心灵的兴奋，

---

① ［法］阿尔都塞：《保卫马克思》，商务印书馆 1984 年版，第 188 页。

而人们“通过广告使欲望得以虚拟地实现总是表现出莫大的快乐”①。无论广告为人们展示何种美好的乌托邦，要使这样美丽的谎言最终为我们所接受和认同，总是要通过各种方式作用并切中人的各种深层无意识欲望模式，广告的欲望叙事才能成功。“也许所有广告都包括或意味着某种意识形态，它们试图让观众做或相信符合广告商利益的一些事情。观众与广告商默契的地方是关于优裕的生活和美好的社会等笼统的观点或形象。正如很多人说过的，广告作为一个整体传达某些重要的意识形态信息：商品能够解决所有的人类问题。”② 这样一种观念要深入人心，必须诉诸人的欲望，詹姆逊精辟地指出，“如果要使形象起作用，就必须在消费者那里存在着欲望，同时广告形象必须与这个欲望相吻合”③。姚文放先生在《当代审美文化批判》一书中，将广告挑起的欲望分为三个层次，第一层是消费欲望，即某一商品的外形、性能、功效引发的购买冲动；第二层是自然欲望，包括诸如食色之性一类的人的自然欲望；第三层是群体欲望，指种族的群体经验经过世世代代相传成为某种历史积淀的集体无意识，如对于生命、青春、幸福的普遍渴望。④ 广告就是从以上三个欲望层次展开对人的强大攻势的。但是广告不能直接地、赤裸裸地对着人的欲望说话，它必须运用隐性叙事的策略将自己的终极商业动机隐蔽，并表以温情脉脉的美好生活引路人的身份，潜隐地劝说人们认同享受有理、消费有功并去尽情享受与疯狂消费。

日常生活中的实际消费还受到理性自我的控制，并非所有的消费欲望都能转化为现实的消费需求，更多的欲望还处于无意识层面。广告充当了潜意识欲望的代言人，它不仅仅以隐喻或换喻方式陈述一种欲望，关键在于将深层欲望彻底激活，使其转化为现实需求。广告为消费者的消费行为

---

① 姚曦：《广告快乐的理性观照与前瞻》，《武汉大学学报》2004 年第 2 期。

② ［美］理查德・奥曼：《广告的双重言说和意识形态：教师手记》，罗钢、刘象愚主编：《文化研究读本》，中国社会科学出版社 2000 年版，第 403 页。

③ ［美］弗・詹姆逊：《后现代主义与文化理论》，陕西师范大学出版社 1986 年版，第 202 页。

④ 参见姚文放：《当代审美文化批判》，山东文艺出版社 1999 年版，第 251 页。

制造各种理由，赋予其合法性存在，将商品从不需要转变为必需品，将可以不消费变为必须消费。马尔库塞在谈到当代工业社会消费需求时认为，在现代社会生产条件下，人往往会产生一种虚假需求，其中最重要的是人对商品形式的服从，这些虚假需求，如同人类其他需求一样成为“生理上的必需”。广告从来就不是为消费者提供最佳的产品，而是为其制造最佳的消费理由。广告有意无意地掩盖其商业动机，为我们展示一个理想的世界，“这是一个虚构的世界，人在其间过着期望的生活，追求即将出现而非实在性的东西，而且一定是不费吹灰之力就能得到的东西”①。现代技术制造的广告虚拟语境，成了消费者欲望最集中表达并得以象征性满足的场所。广告将消费者深层欲望置换成现实的消费欲望，并赋予消费者自由主体的身份，其实质则是控制与操纵消费者的欲望。广告充分利用现代技术制造了虚拟的形象，实现了对欲望的编码，制造出一种身临其境的感觉。广告制造虚幻主体的机制是人格结构中“本我”的解放并且向广告形象的心理认同，最终达到本我与广告主体的重合，使消费者产生“自居效应”，现实生活中的“我”自居为广告中的“他”而成为“我们”中的一员。这样一种“自居效应”使个人从现实的境况中移置出来，进入一种超现实的、理想化的境遇幻觉之中。在这样的幻觉之中，让消费者彻底相信只要消费此商品，你的生活就像“他”一样无限美好，充满诗情画意。然而，广告给予消费者的只不过是一个个包含神话色彩的意识形态的骗局，是一个个真实的谎言。广告甜蜜的话语所倡导的“自由地实现自我”，实质上就是自由地将你的一切欲望投射到商品上，“自由地享受生活”就是沉迷于物的占有和消费中，自由地退化，人作为真正自由的主体“已经由精神层面滑向物质的层面，由创造层面滑向了享受的层面，而‘应该怎样生活’也不再是一种纯精神的对象，成为了一个简单的‘消费’问题”②。这意味着什么？是值得我们深刻反思的。

---

① ［美］丹尼尔·贝尔：《资本主义文化矛盾》，三联书店 1989 年版，第 147 页。

② 王德胜：《消费文化与虚拟享乐——当代审美文化批评视野中的广告形象》，《北京社会科学》1998 年第 2 期。

广告要能吸引人的眼球、俘获人的心灵，就必须制造出具有巨大魅力的广告形象，使消费者认同广告形象，唯此才能制造一种以商品/消费品形象及其意义为对象的感性欲望、满足的全面滋长，从而实现广告对消费者心理的全面控制，因为“商品物化的最后阶段是形象，商品拜物教最后形态是将物转化为物的形象”①，即新的形象崇拜。广告总是千方百计利用现代高科技为商品赋予特定形象，而此商品形象已成为独立存在物，它具有自身独立性，已与商品不再有直接的联系，形象的意义已经远离产品的功能，而成为“仿像”，成为一种现实的非现实化，一种现实的虚无化，成为背后没有现实支撑物的类像。广告中“形象以最广泛的形式把自身物化为一种实在，并且用这种实在代替一切存在”“形象只是形象本身，但却正在代替一切”②。广告形象作为技术合理化进程的结果，其生产和传播都离不开技术的支持。广告中，形象的构成代替了产品信息的传播，广告的一切成为了广告形象的游戏场所。人们接触广告、认识产品都是以形象为中介的，积存于人们心间的大都是广告形象，而产品可能早已被忘却。人们忘不了“万宝路”粗犷豪迈的牛仔形象及广袤无垠的西部沙漠风光，忘不了肯德基憨厚的老人形象，忘不了海尔可爱的孩童形象。

当代文化，在某种意义上是一种形象文化，形象的增生和物化成为当代文化的显著标志，对于形象的消费和普遍交换成为当代人的生存方式，广告成为制造形象、消费形象的主战场。广告形象的超额生产不仅导致以生活意义消解为代价的形象过剩，而且导致虚拟广告形象对于生活的超现实重构，人通过广告形象来认识世界，生活便成为纯粹欲望的对象，在广告形象的全面渗透诱惑下，人的自由变成了由消费购买特定品牌形象的产品来加以组织的享乐形式，人们购买某一品牌商品，很大程度上是来满足其形象消费的欲望，广告形象是大于广告产品的，广告形象赋予了产品太多的超值意义与内涵，人们形象消费欲望满足的过程，也就是认同广告形

---

① ［美］弗·詹姆逊：《后现代主义与文化理论》，陕西师范大学出版社 1986 年版，第 204 页。

② 肖鹰：《形象与生存——审美时代文化理论》，作家出版社 1996 年版，第 176 页。

象的意义与价值、进行自我身份认同的过程，如拥有“奔驰”汽车是尊贵、典雅身份的象征，喝“人头马”“轩尼诗”是高品位生活的标志，着“雅格尔”西装是风度翩翩、事业成功的标志，使用“金龙鱼”食用油是幸福家庭、美好生活的保证等等，实际上该广告形象所附加的形而上意义与该产品并无必然关系，完全是技术合理性原则下制造出美妙的广告形象并强行赋予其丰富内涵与意义、满足消费者深层欲望的结果。广告中展现于人的广告形象以及所沟通的人与物的关系是虚拟的、非现实的，广告形象不仅改变了它与现实（产品）的影像/本体的关系，因为它本身已经是本体、实在了，而且改变了它与人/消费者客体与主体的关系，因为它不再受人的控制，而成为新的现实，甚至比现实更真实的现实，对人加以全面控制和掌握。广告形象在事实上作为符号与宣传实物是无必然关系的，如“绿箭口香糖，爱情的见证”，二者之间关系完全是虚拟的，甚至是荒谬的，它们只不过是一种人为的虚拟的意义陈述单位，是广告俘获人心的强有力的手段与策略而已。在广告中，商品形象与商品并非是反映与被反映的关系，而是制造与被制造的关系、包装与被包装的关系，展示在人们面前的完全是一个虚拟的但又是具有极大诱惑力的世界。① 这个世界只有通过消费才能达到。但消费者在广告形象身上获得心理认同，通过消费一个个形象意义获得暂时性、想象性满足后，又会不可避免地陷入无意义的空虚，因为广告形象的世界只是一个美丽的乌托邦而已，是一个技术精心编造的美丽谎言。

第四节 广告成为日常生活中盛大的图像仪式

仪式是人类文化发展的重要因素。在文化人类学的视野中，仪式往往

① 参见黄会林主编：《当代中国大众文化研究》，北京师范大学出版社 1998 年版，第 461 页。

作为一个社会或组织或其自身成员生存状态和生存逻辑的高度凝缩和存在。从一般意义上而言，“仪式是人类所特有的一种社会行为，它表明人类为了某种目的而有规律地进行的一种阶段性、规范化、规模化的一种公众活动”①。简言之，仪式是一种特殊形式的表演活动。在某种意义上讲，技术语境中的广告成为了一种日常生活的图像仪式。技术作为广告生产制作到传播消费过程中的根本性制约因素，使广告形成了一套相对固定的规范、运作机制与内涵。广告以自己独特的视觉语言与叙事方式，形成了特有的时空观和实践模式。

在高度技术化与分工日益细密的今天，广告图像的生产—消费从传统艺术重私人性、个体性的活动转换为一种重公共性、集体性的实践行为。广告的正常运作需要如摄影、绘画、灯光、道具、音响、摄像、编导、计算机、市场营销、策划、设计、信息传输等领域众多专业艺术与技术人员的共同协作，单兵独将式的个人行为方式使广告难以为继，广告成为生活中“一种公众性的集体事件”②，具有了仪式活动的集体性和公共性。“形式大于内容，甚至压抑内容成为仪式的基本特征。”③ 当代社会，对于大众而言，观看广告成为一种基本的生活形式，同时也是一种内容，看什么是其次，首先是看。在发达的技术和媒体的推动下，广告图像以前所未有的力量对人们的生活进行了全面渗透，看广告，接受广告的视觉洗礼成为身处消费社会中的人的生活必需内容。对美轮美奂的广告图像的视觉渴望，成为消费社会中的视觉消费的重要构成。在某种程度上，消费者的消费欲望和消费行为越来越受到广告图像的引领和制约。广告对人而言，具有了崇高的仪式化存在意义，人们面对强大的广告产生了心理上的膜拜。

在高端技术的操控下，广告制造了众多极具视觉冲击力的图像，力求以“理想、完美”的图景将预设的美好生活的一切都视觉化和图像化。广告图像被制造出来后，又被通过电视、网络、摄影、手机、报纸、杂

① 林少雄：《视像与人——视像人类学论纲》，学林出版社 2005 年版，第 350 页。
② 王德胜：《媒介变化·大众文化·文学批评》，《民族艺术研究》2003 年第 4 期。
③ 肖鹰：《形象与生存——审美时代文化理论》，作家出版社 1996 年版，第 174 页。

志、招贴、路牌等技术媒介进行高强度、高密度的传播，广告图像全面、深刻地介入了社会日常生活，人们处于强大的广告“视觉力场”之中，难以逃避它的视觉暴力与压制，情愿或不情愿的“看”成为必然的选择。广告图像及其言说成为人们为消费乃至生存而进行思考、选择与行动的依据和理由，成为人们获取日常信息、进行自我价值确认的窗口与途径。广告成为一种仪式化存在，主要体现在两个方面：一是技术挤压传统的时间、空间范畴，形成了独特的时空观，二是将生存的意义置换成形象化的图像表演，使个体在对形象的消费与占有中获得自我满足。

广告用技术消解与拆碎了时间的连续性与历史意识。广告让人们在视觉消费的快乐中抛弃过去、现在和将来的必然联系，割裂文化的历史性，只将视觉注意聚焦在当下，牢牢把握当下广告传达出的视觉消费与满足。广告依赖技术特别是数字技术对时间进行一种新的解读与诠释，数字技术制造的广告图像中的时间不是现实世界的时间，而是对时间的分离、切割、延迟和重新组合。在广告中，“过去、现在和未来的时间序列被打乱，过去和未来成为现在的附属因素，现在对过去和未来的支配表现在它对时间的任意拆解和构造上”①。当下的广告，不管是怀旧的、展示现在的，还是预示明天美好生活的，都是用影像技术对过去、现在、将来进行复现、再现、虚拟的视觉呈现的结果，但它们都不约而同地以当下的存在为回归基点，即由某产品的使用而导致的现在的生活状态，都是将现在向过去和将来大肆扩展并取而代之，最终阻断了时间的连续性和纵深逻辑。如广告中千年以前的帝王皇妃可以为穿上某品牌内衣而赞不绝口、为吃上某种快餐面而啧啧称奇，现实中人们可以幻想拥有某名牌西装而憧憬美好的明天，可以为使用上某先进的电饭煲以告别原始时代茹毛饮血的生活而深感荣幸与快乐。在广告图像中，历史上的过去、历史上的现在、历史上的未来都不存在区分的意义和可能性，它们都凝缩成当下的存在，历史成为了纯粹的图像的自我表演。广告将时间转换成空间，把一切都空间化，

① 陈刚：《大众文化与当代乌托邦》，作家出版社 1996 年版，第 118 页。

广告以图像的无穷生产与复制，以其“断裂性”的出场，打碎了时间的连续性和整体性，时间成为色彩斑斓的广告影像片段。

视觉化的广告作为日常生活的一种仪式，在根本上是以人的感觉层面的官能刺激与享乐为基本诉求点，广告将技术制造的大量形象强行附加到具体的商品上，以形象代替了商品，形象成为广告仪式的意义所在，而意义也正是它的形象。广告总是设法利用现代高科技为商品赋予特定形象，而此商品形象已成为独立存在物，它具有自身独立性，已与商品不再有直接的联系，形象的意义已经远离产品的功能，成为一种现实的非真实化与虚无化的存在，成为背后没有现实支撑物的仿像。在广告形象成为欲望的疯狂表演之际，生活连同欲望本身都成为了纯粹表演性的虚假仪式，在这样一场广告形象的盛大表演中，人们的各种欲望在其中都能得到廉价的想象性的满足，从而规避和放弃了在现实中苦苦的追求与实践，广告成为一场形象的盛大展示与表演仪式。

第七章

对广告图像叙事的多方位认识

第一节　广告图像中的视觉元素与表现技巧分析

当下广告以视觉性图像（影像）为主导性构成因素，图像（影像）成为广告的本体存在方式与意义表征方式。广告图像作为视觉性文化，和文学、音乐等传统艺术相比，重要的不同点就是本身的设计与构成离不开众多的视觉元素，在此选取广告绘画与广告摄影，以此为例来进行广告图像的视觉元素分析。

广告绘画作为一种特殊的艺术与文化类型，主要以色彩、线条、造型等为视觉元素发挥技巧构建画面。广告绘画是广告与绘画艺术的综合，它兼具广告的性质又不失绘画艺术的特点，即它是以艺术性的表现，向消费者传播广告与商品信息。因此，广告绘画具有艺术性、审美性、实用性相统一的特性。广告绘画的视觉元素构成主要包括线条、色彩、色调、质感、形态、尺寸和方向等，其中又以线条、色彩为最主要的要素。①

线条是广告绘画中的主要视觉元素之一，线条可以选用直线、平行线、斜线或曲线、粗线或细线、光洁的线或粗糙的线、连续的线或间断的线、实在的线或虚拟的线。一般认为，各种线条会产生不同的审美感受，

---

①　参见《广告图像》，http：//wiki. mbalib. com/wiki/广告图像。

这一点在绘画艺术中有明显体现，如直线代表庄重，平行线表示安静，斜线体现动感和生气，而曲线则意味着优美，在广告绘画中，以上各种线条得到了较好的综合使用。

色彩也是构成广告图像的重要视觉元素。色彩是人通过视觉感官眼睛感受可见光刺激后的产物，色彩由明度、色相和纯度三要素构成，这三要素是人类视觉光感过程的第一类要素；事物的面积、形状、位置、肌理，这四要素是获得色彩表现的条件，是人类视觉光感过程的第二类要素；各种色彩在作用于人的视觉感官后，能进一步影响人的感知、记忆、联想、情绪和情感等心理机制，从而产生特定的心理作用，如冷暖、轻重、厚薄、远近、消极积极等，这些被称为人类视觉光感过程的第三类要素。在广告图像的创意设计中，上述这三类要素使用得非常频繁，唯有对它们的合理运用，才能使广告图像具有强烈的视觉冲击力，从而能进一步俘获消费者的感性消费心理。

下面谈一下广告绘画中线条和色彩的表现技巧的问题。

在广告绘画中，突出强调的是色彩在广告图画中的运用，色彩之于图画，犹如标题之于正文，对增加消费者（受众）对广告的注意力具有十分重要的作用。广告绘画中色彩的不同明度、色相和纯度会产生相应对比：色差大，对比就强烈；色差小，对比就微弱；色差适中，则对比平和。当色彩的明度、色相和纯度出现弱对比时，受众对广告画面的整体感受及判断为轻快、平稳、深沉、浑厚、艳丽、雅致、柔和、含蓄或者平实、沉闷、单调等；当色彩出现强对比时，受众对广告画面的整体感受和判断为鲜明、强烈、突出、坚定或者眩目、生硬、割裂等；当色彩出现适中对比时，受众对广告画面的整体感受及判断为明晰、和谐、丰富、悦目或者杂乱、破碎、不协调等。色彩作用于人的视觉光感过程的第二类要素会对受众产生的心理反应起加强作用或者削弱作用。因此，在广告绘画的色彩使用上，首先要考虑色彩的均衡，又要考虑色彩的对比，即色相光度强烈的商品和比较柔和的背景的对比关系、色块面积大小的对比等；其次还要考虑色彩的照应关系，使不同的色彩、同一色彩中的不同深浅色之间画面整体和谐的基础上产生内在联系，产生相应的节奏感和韵律感。同时还要注意广告的色彩变化性，使色彩与被表现的商品能够完美适应，充分利用色彩的象征意义和表情意味来展现广告形象与商品。

线条在广告绘画中为画面提供了必要形态和方向。几根线条放在一起，或者一根曲线的构形并结合色调的面积，可为广告图画提供必要的形态，而线条和形态的组合，会产生一种特定的指向倾向，甚至会使整体画面带有移动的倾向，从而构成广告图画的总体方向。在一幅广告画上，应该明确地引导读者的视线从一处移向另一处，但切忌把消费者（受众）的视线移到整个广告画面之外。

目前广告绘画主要有两种表现手法，即手绘与喷绘。手绘中则有绘画性、漫画性和象征性等表现方式。其中绘画性广告有时比较接近纯绘画艺术作品，不同的是要受广告设计主题的制约，具有从属性。纯绘画作品和广告绘画的区别就如同普通的语言与专门用语，纯绘画作品侧重用高度艺术化的手法表情达意，而广告绘画则是利用和借鉴纯绘画艺术的某些技巧表现与传达广告商品形象这一专门对象。值得引起重视的是，目前在国外广告绘画中，喷笔已被大量运用于描绘商业逼真画。由于喷笔的运用和绘画工具材料的革新完善，广告绘画开辟了新的表现技法，许多广告绘画作品在逼真性的效果上，可以和彩色摄影照片相媲美。

广告摄影是广告活动与摄影技术的有机融合，发达且丰富多彩的摄影艺术，开创了广告表现的新领域，推动了广告业的大步发展，借助摄影技术，广告图像进一步营造了美轮美奂的视觉奇观，以强有力的视觉震撼紧紧抓住消费者（受众）的眼球，使其沉浸于广告倡导的理想生活之中。

广告摄影以灵活性、多样性来表现广告主题。摄影技术及摄影处理的方式多种多样，摄影的技巧丰富多彩，这就决定了广告与摄影结合之后，广告摄影必然带有摄影的基本特征。广告摄影带有较为强烈的新闻性色彩，由于广告摄影对商品或企业进行直观的形象表现，相片中各种逼真的、还原度极高的景象确实在一定程度上提高了消费者对于广告的信任度，广告摄影能够真实而艺术性地表现广告创意和服务于广告主题。广告摄影与一般摄影的不同之处，主要就是广告摄影必须以广告商品形象为核心，以吸引消费者的关注为手段，以提高广告的宣传效果和对消费者的心理认同感为最终目的。

广告摄影从表现内容的性质角度可划分为写实类和写意类。写实类广告摄影传播给消费者的是实实在在的商品表现，而写意类广告摄影往往并不以广告商品为直接诉求内容，而是通过传播与广告主题相关的信息来引出广告主题。广告摄影按照表现方法可划分为摄影照片和摄影画，摄影照片一般只是把广告主题内容以摄影照片的形式展示出来，其中基本没有广告的文字语言，而摄影画则是广告文字语言和表现广告主题的摄影照片在广告上的综合运用，其中可明显地区分出两大构成部分，即广告文案和广告摄影。此外，按广告摄影的表现主体则可分为商品广告摄影和企业广告摄影，其中商品广告摄影的重点是在商品自身，侧重以摄影方式表明商品本身的优良特性和代表的生活品位。企业广告摄影重点在于商家企业，是以企业自身的形象，如规模、历史、信誉、传统、技术水平、人员素质和企业文化、社会形象等为主要表现内容，用视觉感强烈的图片向消费者展示企业的综合实力和良好信誉，从而引起消费者对企业的兴趣，进而增强信任感。

现代广告摄影是独特构思设计和高超摄影技术的完美结合。在广告摄影画面的具体操作中，首先要选定主体商品在画面空间的位置。从视觉美学角度看，一般应把被摄商品安排在画面的中心或稍稍偏离中心的位置，主体商品至少应占据整个画面的2/3左右，并在商品图像上下左右留有一定的空间，这样的摄影画面布局比较容易引起人们的注意。其次要安排好广告摄影画面的背景，画面背景对突出广告主体形象及丰富广告主体的内涵起着重要的作用，在背景选择和安排上，既要力求简洁，使主体商品醒目，又要力求使背景与广告主体形象形成一定的色调对比，以便突出广告主体，吸引消费者的目光。再次，用光也是广告摄影中的重要技巧，广告摄影中非常讲究用光，光线运用不当，广告摄影整体画面的美感和视觉性就不能得到完美体现。好的摄影用光既能逼真、完整地反映商品面貌和表达广告的主题诉求，又能够很好地表达商品的独特质感并产生强化视觉色彩的效果。此外，选择合适的底片对于广告摄影的画面表达也有着重要的影响，根据广告商品的不同而选择彩色底片或是黑白底片，某些商品比较适合于彩色底片，以突出其鲜明、生动等特征；而另一些商品，如诉诸怀旧情感的古典家具比较适合用黑白底片以便产生凝重、沉稳和有历史积淀的效果，同时借助暗房技术可以更好地表现广告创意，增强广告照片的视觉效果。

广告摄影中用以突出和彰显广告主体形象的方法也是多种多样，下面介绍几种常用的方法：最基本的方法就是直接展示法，即将广告画面的主体直接以最突出、最引人注目的方式呈现出来，这种方法在视觉表现功能上能够真实地再现对象的表面质感、形态和功能用途，从而给消费者（受众）以信任感和亲切感；第二种是突出特征法，即抓住广告与商品独具的个性，侧重将其与众不同的地方鲜明地表现出来，这些与众不同的特征一般由商品的形象、性质、使用功能等决定，在广告摄影中常用来突出商品的独特品牌和商标以强化消费者的认知和认同；第三种是合理夸张法，此方法将广告商品特点和个性中美的方面进行合理强化夸大，以突出商品的优秀形象，赋予消费者一种新奇与变化的情趣；第四种是富于幽默法，此方法是通过巧妙安排饶有风趣的情节，把商品作为需要肯定的事物，无限延伸到漫画化的程度，让其充满情趣，使广告拥有引人发笑而又耐人寻味的幽默情境，使消费者观看后产生会心的微笑；第五种是借用比喻法，即选择两个在本质上各不相同，而又有一些相似性的商品，以此商品喻彼商品，比喻的商品与广告主题可能看似没有直接关系，但在某一点上都与广告主题相契合，这样的广告具有一种婉转含蓄的艺术效果；第六种是以情托物法，在表现手法上侧重选择具有浓重感情倾向的内容，如选择亲情或爱情，以美好的感情烘托广告主题，使广告商品成为能真实而充分地反映这种感情的中介物，广告整体画面具有一种美的意境；第七种是剪辑组合法，即运用特殊的摄影技巧或暗房加工技术改变摄影形象，提高广告画面的视觉表现力，给消费者制造一种新的视觉感受和奇特动人的视觉世界，以此吸引消费者的注意力。此外，系列表现法也是目前国外广告摄影常用的一种表现手法，即在一个广告主题上，以同一设计要素和基调来进行多种发展变化的设计手法，系列设计能将广告创造出一个完整的视觉印象系列，犹如电影蒙太奇具有多视点的特性，广告摄影容易产生美的节奏与运动，从而使广告摄影达到特殊的艺术审美效果。①

第二节　广告图像的空间性和时间性分析

空间性和时间性是所有事物都具有的本质性的物理属性，作为视觉文化的广告图像也不例外。那么到底什么是图像的空间性和时间性，如何理解图像的空间性和时间性？因此，对图像空间性、时间性的认识成为广告图像叙事研究的一个重要方面。

所谓图像的空间性，其实也就是图像存在的特定的空间，如平面性的二维空间，立体化的三维空间。从物理学视角看，所有物质的存在必定需要特定的空间，也必然会形成和占据一定的空间，任何事物都不能脱离空间而存在，空间是无处不在的。对于视觉性的广告而言，不管是平面广告，还是影视广告、网络广告，广告图像的存在与传播必然有一定的空间存在，图像自身有空间性，图像借以存在与传播的各种媒介也具有空间性。

图像的时间性，指的就是图像的生成、存在与传播、消费接受必定要在一定的时间流程中完成，图像要想存在，必定是存在于特定的时间之流中。世间所有的事物都具有时间性，正所谓上下前后为宇，古往今来、昼夜更替为宙。自然界事物的生老病死、花开花落，人类社会历史的演进，各类文化艺术的此消彼长都是其自身时间性存在的体现。

---

① 参见《广告图像》，http：//wiki.mbalib.com/wiki/广告图像。

目前，不管在自然科学领域，还是人文社会科学领域，对“时间”这一概念还没有一个大家公认的且非常精确严格的定义。时至今日，很多研究时间的学者都对这一问题进行着持续的讨论，霍金在他的著作《时间简史》中认为时间起源于宇宙的创世大爆炸，但究竟如何，还需要进一步探索、研究和考证。当然，如果没有参照物的话，我们对时间是很难感知的，正如奥古斯丁在谈到时间时所认为的那样，如果没有过去的事物，则没有过去的时间；没有来到的事物，也没有将来的时间；并且如果什么也不存在，则也没有现在的时间。因此，事物的时间性存在只能靠事物本身来验证。可以这样说，我们的社会生活在很大程度上要依靠图像来表征时间性，图像成为我们生命存在的意义承载体，摄影大师布勒松认为摄影是感官和精神的瞬间运作，将世界以视觉语汇传译出来。照片可以做到把某一时空中所发生的场景保存在一定的图像中，可以说照片作为图像是同时具备了时间性和空间性，它是以二维空间的形式保存了时间，使历时的动态的时间凝固为相对静态的共时性空间存在。因此，图像是具有叙事性的，图像能够叙述事件，表述意义。① 同样，视觉化的广告以图像为意义表征手段与存在方式，广告图像叙事成为人类的一种重要的视觉化叙事类型。从图像的结构构成看，广告的图像叙事手法也可以划分为单幅的广告图像叙事和系列的广告图像叙事两种类型。所谓单幅的广告图像叙事，就是要在一幅单独的广告图像中达到对商品信息和广告诉求全面表达的目的；系列的广告图像叙事就是通过一系列的广告图像构建完整的图像表意体系，实现对商品信息和广告诉求全面完整的表达。可以说广告图像的叙事是一种综合了时间性和空间性的多重体验，广告将极具视觉冲击力的或静态或动态的图像（影像）在精心设计的特定时间流程中展现出来，图像展现给消费者（受众）的同时，也营造了一种独特的广告视觉空间感，这种空间感代表了广告所要暗示给消费者的理想生活状态，而理想生活状态的实现也非常简单，就是通过广告视觉消费和商品消费。广告图像

① 参见龙迪勇：《图像叙事：空间的时间化》，《江西社会科学》2007 年第 9 期。

的空间性和时间性，是广告图像叙事得以展开和实现的保证。

第三节　广告图像叙事的拓展性分析

一、广告图像叙事中的色彩

从某种意义上讲，视觉性的广告不管是静态还是动态的，一则广告就是一幅画，这幅画要想生动直观，在吸引消费者眼球的同时还要将广告的诉求表达明确，首先要确定广告图像的色彩基调是否和所要宣传、推广的商品有内在关联，确定好图像画面的色彩基调后再进行其他细节的设计。也就是说，一则广告要想通过图像来进行意义的表达和叙事，首先要做好色彩的选择和应用，要做好广告画面整体的色彩规划。一则成功的视觉广告，其图像主色调的选择应该是让消费者（受众）感受到视觉的愉悦和一定的视觉冲击性。成功的色彩搭配不仅要做到在广告图像上的协调、和谐、不突兀，而且还应该在广告图像上设置一定的层次感，同时带有一定的节奏感。只有这样的广告才能够吸引消费者的视觉关注，才能用鲜明、美观、有特色的色彩搭配来激起消费者深层的消费冲动与购买欲望。

如果广告图像没有经过必要的色彩搭配和设计，那么广告画面整体看起来就会平淡无奇，甚至是杂乱无章。一般来说，消费者看到平淡或杂乱的广告图像，视觉焦点很快就会与广告游离，往往很快没有了看下去的心情和欲望，自然也就很难激发起对其商品的消费激情。广告图像中的色彩运用本身就是一种专业知识，它在广告图像和整个广告视觉画面的设计中占有非常重要的位置。

很多视觉设计师认为，一件设计作品一般包含三种元素：色彩、图像、文字，这三种元素中，以色彩最为重要。因此，在广告图像的设计中，色彩对广告的视觉效果发挥着至关重要的作用，色彩也就成为图像叙事的重要元素。我们知道，人的视觉感官眼睛对色彩的感知是非常敏感的，当消费者接触到一则广告的时候，最先关注的一定是广告画面的颜色，广告图像的色彩给消费者留下的印象是特别强烈和深刻的。因此广告设计者一般是通过设置图像的色彩来传达广告的整体基调究竟是明快还是深沉，或是其他，色彩对于强化广告的图像叙事具有重要的辅助作用。广告图像色彩的选择并不是一件简单的事情，在对其色彩的设计上涉及美学、光学、心理学、色彩学等知识，特别是要了解和运用好色彩对消费者视觉心理和消费心理的影响和作用，以便使广告图像能最快最深入地吸引消费者。在对广告图像的色彩选择设计时，要运用好色彩具有的象征意义和情感意味，也就是将色彩中包含的各种不同的或固定或不固定的文化意义巧妙地运用到广告中。当消费者的眼睛接触到广告并关注其颜色的时候，大脑神经便会立即接收广告图像中色彩释放的文化意义信号，当这种信号比较强烈和持久时，消费者就会由画面产生一定的联想，而这种联想就会进一步吸引消费者的关注。

下面举几个广告图像设计中色彩选择的例子。当广告图像的主色彩为整体的红色时，广告就会显得热情、喜庆和活跃，如可口可乐的广告就是以红色为主，消费者看到动感的画面，心情也会变得兴奋起来；当广告画面是以蓝色为主色彩时，消费者对广告会产生幽静深远的感觉；当广告图像以橙色为主色彩，消费者容易对广告产生一种温情、向上的享受感觉；消费者在看见广告图像上的黄颜色时会有一种明朗光明的感觉，看见广告图像上的绿色时会有一种生机盎然、和谐健康的感觉，看见广告图像上的紫色时，会有一种高贵、优雅的神秘感，看到广告图像上的白色时，会感觉到其纯洁、素雅和神圣，而黑色就会让人感觉严肃和邪恶。因此，经验丰富的视觉广告设计者都会做好广告画面色彩的运用和搭配，能够在消费者的眼睛接触到广告后，在最短的时间内抓住消费者的注意力并激发消费者的丰富联想和深层消费欲望。只有这样，广告才能够实现宣传商品和激发消费动力的目的。

广告图像在色彩设计和运用上也需要大胆创新，要出奇制胜。有时广告可以不遵循色彩的基本设计和运用定律，而是反其道而用之，也会收到意想不到的视觉吸引效果。一般来说，这种类型的广告图像的色彩运用和搭配的确会使广告给消费者带来震撼的视觉效果以及较高的关注度，但我们不得不承认，这种设计有时会冒一定风险，万一创意定位不准确，广告就失去了对消费者的吸引力，相反还会引起反感。

因此，对广告图像色彩的设计，一定要慎重，基本原则就是要让色彩能够表现与传达所宣传商品的优点和内涵。比如关于食品的平面广告中可以将比较鲜明的色彩搭配使用，因为广告中色彩鲜亮的食品从视觉上就能够激发消费者的食欲，诱导其下一步的消费购买行动。如果该食品的广告运用了亮度较低的灰色或黑色，这种色泽的食物在视觉性上还能够激发消费者的食欲吗？因此，对于广告的设计者来说，在图像色彩的选择和运用上，在遵守色彩的基本象征意义和大胆创新之间需要找到适当的平衡点，以实现视觉广告在色彩运用上的生态平衡。

二、广告图像中的人物形象

视觉化的广告通常会用人物形象来作为图像的主要表达，有的是广告模特，有的是社会明星，有的是普通演员等，而这些人物都会转化为图像（影像）存在于广告，成为广告图像叙事的主要阐述者，广告中人物的形象是非常重要的，他们可以成为商家和消费者之间的联系人，可以辅助商家树立自己的品牌和形象，也可以产生一种强大的效仿力量，从而引导消费者对商品的认同和消费。

视觉化的广告以强大的力量渗透进我们当下生活的各个角落，广告已经深刻地影响和改变着我们的生活方式，人们的生活现在已经被广告深深地操控着，已经逃离不了广告了。尽管有时我们也会对广告的视觉暴力产生厌恶和反抗，但是假如生活中真的没有广告，我们还会觉得别扭，因为我们的生活已经和广告息息相关了，在一定程度上，我们对广告图像产生了接受的视觉惯性和视觉依赖性。广告可以间接或者直接地影响我们的生活，好的广告可以让消费者产生高度的心理认同，以乐观积极的心态面对生活和人生，有一些设计感创意感十足的广告本身就具有很高的艺术审美价值，可以带给消费者艺术的享受。

近年来我国经济特别是文化事业的快速发展，造就了一大批各行各业的社会名流明星，他们的社会关注度比较高、影响力比较大，因此通常会成为视觉广告欢迎的形象代言人。现在大多数的广告图像中都会出现人物形象，特别是名流形象。人物作为广告的图像主体，最重要的就是该人物形象要被人们的审美心理所接受，同时还要能和广告所宣传的商品和价值理念完美地融合。如果人物形象在视觉广告中不能作为图像叙事的主体让消费者知晓并认同广告的表意诉求的话，这则广告就不能算作成功的广告。因此在这种情况下，广告中的人物形象造型就成为关系到广告图像叙事能够顺利进行的关键问题。

作为大众群体的消费者，通常都会对社会名流明星有一种自然的崇拜和模仿心理，消费者希望通过对特定商品的消费能够达到和明星一样的生活状态，因此，邀请明星进行广告形象代言，成为众多视觉化广告的通行做法。由人气较大的明星代言的商品一般会在一段时间内受到消费者的关注追捧。比如手机类商品，吴亦凡代言华为荣耀手机后，华为此款手机的销售量有显著增长；鹿晗、彭于晏、全智贤等明星代言 OPPOR9 手机后，这款手机成为全国最畅销的手机之一。比如作为服饰类商品的海澜之家，选择阳光帅气的杜淳和印小天作为形象代言，通过大量平面广告和影视广告的视觉宣传，海澜之家在男士服装界独树一帜，颇受欢迎；比如化妆品，范冰冰代言欧莱雅，欧莱雅的品牌影响有了较大提高，曾经默默无闻的“一叶子”面膜，在有了郭采洁和鹿晗的代言之后一下子爆红，销量直线上升；再比如饮料类商品也是常用明星形象代言，农夫山泉的茶 π 产品推出后，一开始销量并不理想，后来由韩国超人气男子组合 BIGBANG 作为形象代言，以此来重新定义年轻人的新味觉概念，“茶 π”产品一下名声大噪。

名流明星本身一般都具有较好的外貌形象和较高的社会知名度，他们的一言一行和生活方式对消费者具有潜移默化的影响。正是基于这一点，广告才善于利用明星强大的名人效应来提高自己商品的知名度，对消费者进行无言的消费劝说，从而达到宣传和销售的目的。在对明星形象视觉表现内容的选择方面，也需要注意一些问题。比如一般护肤类产品的广告，其中广告人物应注重展现其本色妆容，也就是素颜的妆容，这样才能充分体现该人物肌肤的细腻，体现产品对皮肤的良好调理功能，虽然该产品是以美化明星代言人的形象为主，但是图像画面一般不要过于浓烈，要自然清新，要让消费者看起来具有较强的生活性和真实性。

如果是彩妆产品广告，就应该将人物的妆容表现得浓烈一些，使其具有较强的视觉感，这样的画面会让人感觉到人物妆容的精致和美感，从而产生购买欲望。对比型的人物化妆和造型也是广告图像叙事中的常用手段，一般多应用在保健品、美容、洗发护发产品的广告中。这种广告的目的就是要通过产品使用之前和使用之后的强烈对比来激发消费者的购买欲望，广告中人物形象造型采取的是对比形式，前后图像画面要呈现出使用产品前后的明显反差。如果是化妆品，一般是把广告想要呈现的肌肤问题先用化妆的形式来表现在人物脸上，然后在拍摄过后再把这些“肌肤问题”的妆容卸掉，突显出健康的肤色，并将此变化与产品相联系，暗示消费者如果使用该产品，你也可以有如此美丽的改变。洗发护发的产品广告，一般会将广告人物杂乱干枯的头发和柔顺靓丽的头发做明显的视觉上的对比，以此突显洗发产品的护发功效，从而吸引消费者的视觉关注，产生消费欲望与冲动。

对于广告图像中人物的适度化妆是必要的，这样可以让演员的状态更加符合广告图像的表达诉求，让演员更加贴近广告所需要的角色形象。而随着社会的不断发展，消费者的消费观、审美观和关注点也在不断地变化，对于广告中人物的化妆可以使其具有一定的新时代特征，比如同仁堂广告中的传世药师的形象，该形象通过适度化妆和服装造型从而呈现为非常具有时代感的人物。有时候，广告图像的人物角色要求是一个中年人，但是演员是个年轻人，此时就可以通过化妆和造型上的安排来塑造一个与广告图像角色相符合的人物形象。在视觉广告图像中要注意的是，人物的妆容和造型一定要和广告画面的整体诉求有内在的契合，也要和具体的广告产品内容相匹配，而且人物的服饰造型也要和其妆容搭配，只有这样才能呈现出完美的广告图像，实现通过明星人物形象完美传达广告的理想诉求，使消费者产生强烈视觉关注的同时也能产生心理层面的认同。因此，广告图像中人物形象的巧妙处理，能让广告图像既美观又符合整体设计，在赢得消费者好评的同时，还能让消费者悄然产生消费的欲望。

三、广告的图像叙事中的创意理论

广告以图像作为叙事的主导方式，广告图像的设计安排都是在一定的创意理念指导下进行的。广告的图像叙事和广告创意理论是密不可分的，广告创意理论为广告图像叙事的形式、方法等提供重要的理论指导。所以，众多广告设计者在运用图像方式进行广告叙事的时候都要把广告创意理论作为创意依据，下面我们来梳理几种重要的广告创意理论，分析一下广告创意理论与广告图像叙事的关系。

首先，在广告的创意理论中，最先接触的就是 AIDA 理论。AIDA 理论也称爱达公式，是由国际推销专家海英兹·姆·戈得曼（Heinz M Goldmann）提出的推销模式。AIDA 是四个英文单词的首字母，A 为 Attention，即引起注意；I 为 Interest，即诱发兴趣；D 为 Desire，即刺激欲望；最后一个字母 A 为 Action，即促成购买。AIDA 理论首先要求广告要能够引起公众的注意，也就是说，广告要能够吸引消费者观看，注意到这个广告，这一点与广告图像叙事中的视觉吸引是一致的。一般来说，视觉化的图像广告会比单纯文字类型的广告更能吸引消费者的关注，消费者对完全是以文字为主的广告，往往没有继续看下去的兴趣。广告要有视觉性强的图像，还要具有一定的美观性，才能够吸引消费者的注意。AIDA 理论的第二点，指的是广告要能够引导消费者产生兴趣，在设计广告图像的时候，只讲究美观是不够的，在美观的前提下，还要带有一定的趣味性。因为没有人愿意带着沉重的心情欣赏内容非常严肃的广告。在当下消费社会中，消费者乐于接受的是带有一定幽默感和趣味性的视觉性广告，因此广告在图像叙事时一定要有好的创意设计，只有这样，广告才能够引起消费者的关注，消费者才能够有想要观看下去的欲望；AIDA 理论第三点是激发消费欲望，这也是广告的重要目的。广告图像一定要富有创意并且让消费者观看之后产生消费购买的冲动，比如前文提到过很多广告会将前后对比强烈的图像呈现在消费者面前，当消费者看到后会惊叹于巨大的变化，会对产品的功效产生思考以至于会产生购买试一试的消费欲望。AIDA 理论第四点，是指促成消费者产生消费行为，消费欲望还只是一种心理层面的欲望与冲动，要想真正提高产品的销量，就需要消费者产生实际的消费行动，这也是检验广告宣传效果的试金石，只有广告的创意足够新奇，广告图像具有足够的美观性、趣味性和吸引力，才能最终促成消费者认可产品并采取消费行动，因此 AIDA 理论的第四点可以说是前三点的一个融合和结果。也就是说，一则广告能够达到前三点标准的话，那么就能够促使消费者对其所宣传的产品产生消费行动，从而提高产品的销量，达到广告的目的。

USP 创意理论，20 世纪 50 年代初美国人罗瑟·瑞夫斯（Rosser Reeves）提出 USP 理论，即“独特的销售主张”（Unique Selling Proposition），简称 USP 理论。USP 创意理论的第一要点，每则广告必须寻找并提炼出商品能够带给消费者的利益，给消费者一个明确的概念，比如前文提到过的对比形式的广告类型，广告通过图像让消费者直观地看到产品使用前和使用后的不同与效果，这是在向消费者展示该产品能够给消费者带来何种利益，比如洗发水的视觉广告，通常展现的就是该产品能够带给消费者头发柔顺、头发不枯燥的好处，消费者意识到如果自己使用后头发也会达到广告中的理想状态就会产生购买冲动，所以这种体现产品所能带给消费者何种利益的做法其实就是把产品功能进行一种直观、形象的展示，而这种展示单靠文字表述难以说服消费者，若改用视觉图像来表达，一定会提升广告的无形说服力。USP 创意理论第二要点，广告主题必须独具一格，也就是说广告的设计上必须要有自己的鲜明特色，要有自己的特点，绝对不能跟在其他广告后面亦步亦趋，不能与其他广告相雷同，当然独具一格也并不是随意的标新立异，一味追求与众不同，如果单纯为了求新而随意设计也是不可取的。比如洗发水的广告，画面中大都是一位女士或男士，头发一开始是干枯的，用完洗发水后就变得柔顺黑亮，这种类型的广告已经严重泛化和雷同，消费者对其也逐渐失去了视觉关注和审美兴趣。而另一则洗发用品的广告则不同，画面中不是美女，而是狮子，狮子的毛发用了洗发水之后变得柔顺、飘逸，消费者看到此广告，其趣味性、关注度就调动了起来。USP 创意理论第三要点，广告主题内容必须具有感动消费者的力量，消费者在看完广告之后为什么会产生购买冲动呢？重要原因就是被广告的言说所打动，想着要购买消费该产品，因此广告的创意必须要在拥有强大的趣味性、幽默感、美观性、视觉吸引力和震撼效果等特点的同时，还要有深刻的感情特质，以情感人，这是广告成功的不二法门。如保险类产品广告就常用情感策略，一般情况下，保险类产品广告通常都会有一定的感情基调，在温馨的画面中表达亲情、爱情、友情等，让保险产品与这些情感相联系，成为人们感情的有力保护，消费者观看广告时内心就容易被触动，当广告中的感情因素打动了消费者的情感心灵，无形中消费者就会认同保险产品并产生购买冲动与行为。

品牌印象理念，20 世纪 60 年代美国广告大师大卫·奥格威提出广告必须是对品牌形象的长期投资的观点，广告的品牌印象理念逐渐形成。品牌印象理念以市场需求导向为基础，具有完善的理论体系，其理念第一要点认为，广告最主要的目标是塑造品牌形象。众所周知，一般情况下广告的目标有两个，第一个是在一定时间内提高产品的销量，第二个是能够树立品牌在消费者心中的形象，这一点在广告图像叙事中也有极好的体现。比如一些奢侈品的广告，一般都采用奢华、大气、雍容的图像设计；一些日常生活用品的广告则采用让消费者看着舒服的、亲和性较强的图像，而这种广告的设计就体现出特定品牌在消费者心中的印象。比如手机类商品，在广告的图像设计和整体风格上会有不同，音乐流行类手机 OPPO 和 VIVO 等产品的广告图像一般都是清新、明亮的，而侧重商务类型的三星、华为、金立等手机的广告图像设计往往偏于高端、商务、大气，这两种不同类型的广告图像会让消费者了解其品牌的形象定位，因此可以说，一则优秀的广告宣传的不只是产品，更重要的是品牌形象。比如恒大和农夫山泉两个饮料品牌形象，就存在较大差异，恒大的品牌形象在消费者心目中没有农夫山泉鲜明和稳固。恒大推出了矿泉水“恒大冰泉”，水质和口感都很好，但是价格偏高、整体销量不甚理想，而且提到恒大品牌，不少消费者对其并不熟悉。但是农夫山泉品牌形象比较稳固，近几年农夫山泉相继推出了高端饮用水、婴儿饮用水、运动饮用水、纯榨果汁饮料、茶π茶饮料等产品，价格虽然也不低，但是销量却非常好，消费者都比较认同农夫山泉的品牌，都乐于购买，这就是品牌形象的力量与魅力。品牌印象理念第二要点认为要运用广告创造品牌的个性特色，这一点是非常重要的，品牌间的差异性越少，消费者对其选择的可能性就越少。一则广告的图像设计要做到能体现自身品牌的个性和特色，比如国内的白酒品牌，贵州茅台、舍得酒、金六福、杏花村汾酒、红星二锅头等品牌的广告是不一样的，其对于品牌形象的树立体现了各类产品不一样的档次、个性和特色定位。品牌印象理念第三要点认为品牌必须要有个性，以便让消费者有清晰的识别和认同，广告不能跟着别人亦步亦趋，对于品牌的树立也要避免同质化，不能照搬照抄，比如加多宝和王老吉，因为两者太过相似，两个品牌都没有形成自己的特色，有时让消费者着实分不清。品牌印象理念第四要点认为品牌形象的形成是一种系统战略，具有长期性和全面性。很多时候，靠自然成长去树立一个品牌形象几乎是不可能的，一个企业要想树立自己的品牌形象，必然要将其作为企业战略目标，通过制定一系列的战略举措来实现，要综合广告、产品质量、公共关系、促销、商标及定价等多种因素才能实现，这其中广告是一种重要的催化剂，对品牌宣传推广具有极其重要的作用。品牌印象理念第五要点认为最终决定产品市场地位的是品牌总体性格，品牌在市场中走的是高端路线还是低端路线，针对成人市场还是儿童市场，面向女性消费者还是男性消费者，这些都是由品牌的总体性决定，广告要善于抓住消费者的深层心理需求，持续表达某种诉求，将重点从商品信息转向品牌形象，使品牌成为消费者心中稳固的印象，从而达到塑造品牌形象的目的。

ROI 理论是 20 世纪美国广告大师威廉·伯恩巴克创立的 DDB 广告公司根据自身创作经验提出的一整套独特的广告创意理论，他认为广告是说服的艺术，广告的言说方式比说什么更重要，ROI 是关联性（Relevance）、原创性（Originality）、震撼性（Impact）三个单词的缩写，这三点是优秀广告应该具备的特质。ROI 理论第一要点认为广告一定要具有关联性，也就是广告中的各种元素之间一定要具有内在关联性，否则会让人产生广告和想要表达的内容不相符的感觉，视觉性广告各种图像之间、图像与文字之间要有内在的关联与逻辑性。ROI 理论第二要点认为广告设计一定要具有原创性，广告可以借鉴，但是一定要有自己原创的内容，不能机械地照搬照抄。ROI 理论第三要点主张广告要有一定的震撼力，对于广告图像而言，视觉上的震撼性是给消费者留下深刻印象的前提，广告一定要有可以震撼到消费者内心的主题内容，只有这样才能够让消费者牢牢地记住广告和广告中的品牌形象，大众甲壳虫汽车广告《想想小的好处》就是一则成功的 ROI 理论视觉广告作品。

定位理论是美国的广告人阿尔·里斯（Al Ries）和杰克·特劳特（Jack Trout）在 20 世纪 70 年代提出的广告创意理论，这一理论认为广告要在预期消费者的头脑中为产品定位。定位理论第一要点认为广告的目标是让某一品牌在消费者心中留下深刻的独特印象，获得一个特定的区域位置，当消费者想要购买某类产品的时候就会想到并购买该品牌，这样就形成了一种对于某品牌的消费惯性。定位理论第二要点主张，广告宣传应根据顾客的消费心理，明确特定的目标，使用有效的媒体，广告的创意设计不能脱离消费者心理，因为广告的受众就是消费者。定位理论第三要点认为广告应该为商品创造出应有的独特位置，使顾客难以忘记，有时尽管商品本身很普通，但是经过广告独特创意的表现后，商品也会在消费者心中获得一定的特殊性，引起消费者的关注。定位理论的第四要点认为广告应该注重突出品牌的与众不同，而不是一味关注商品的利益信息，比如一种护肤产品的广告只是一味地向消费者展示其护肤功能以及使用后的效果如何，那么还不如展示一下自身和别的护肤品不一样的地方，当消费者认为该产品确实有自己的独特之处后，就会自然产生一种想尝试一下的冲动，从而进行购买消费。定位理论第五要点主张广告创意应该潜移默化地引导顾客的消费指向自身品牌，也就是说，很多广告在精心设计的图像中都潜藏着“想要某某（产品）吗？那就认准某某（品牌）吧”等之类的无言劝说，广告图像以强烈的视觉性诱惑给消费者传达一种心理暗示①，消费者想要什么产品的时候，自然就会想到这个品牌。

品牌性格理论（Brand Character），又简称为BC理论，其理论基础是美国格雷广告公司提出的“品牌性格哲学论”，后发展成为一种广告策划创意理论。品牌性格理论第一点认为品牌性格由商品、定位和个性组成，其核心是品牌人格化，因此在很多情况下广告图像要有一定的人格化，通过图像表现把产品人格化，比如让橙子可以长出腿和脚来，典型的例子就是美国M&M巧克力豆在视觉广告中变成具有情感的人格化的产品，引起了消费者的好奇与关注。品牌性格理论第二点认为品牌个性是品牌形象的核心，是与顾客交流沟通的最重要纽带，如果消费者对产品的关注和兴趣达到了想要去了解该品牌个性的时候，广告的形象和影响已经深入消费者内心了。品牌性格理论第三点认为品牌个性既是特殊的，也是持久的，品牌个性要有自身的特殊性，要能和其他品牌相区别，否则会给消费者造成识别上的困难。但品牌个性还要有持久性，一旦形成，必须要持久守护和坚持下去，反之，一个品牌的个性总处于不断变化之中，品牌就不会形成稳固的形象，就不会被消费者所信服和认同。品牌性格创意理念第四点主张，如生活中的人际互动一样，广告创意也要注意品牌和消费者之间的互动，而这种互动一定要给消费者带来熟悉的感觉，要让消费者感到品牌亲切友好，广告要善于用“朋友”般的感觉达到与消费者沟通的目的。品牌性格理论第五点认为描述人性格的词汇，也可以用于描述品牌的性格，

---

① 心理暗示是心理学的术语，是指人接受外界或他人的愿望、观念、情绪、判断、态度影响的心理特点。心理暗示是人们生活中最常见的心理学现象之一，受暗示性是人的心理特性，我们在生活中无时无刻不在接收着来自他人或外界环境等的暗示。

这一点在很多广告中都有体现，比如好丽友产品的“好丽友，好朋友”的广告和洗涤用品“威猛先生”的广告。品牌性格理论第六点认为品牌形成的驱动力是与商品相关的特征，包括行业的特点、包装和商品的属性，在广告图像的创意设计中要运用好这些特征，如现在盛行的电子商务，淘宝的图标是橘黄色的，京东的图标是红色，唯品会的图标是深粉红色，聚美优品的图标是浅粉色等等，我们收到的包裹也体现了这一点，这其实表达的是电商品牌的独特个性。

IMC 创意理论，IMC 是 Integrated Marketing Communication 的英文缩写，意思为整合营销传播，是在 20 世纪 90 年代兴起于美国的一种市场营销理论，对广告创意有着重要的影响。整合营销传播就是一种以消费者为中心，建立消费者资料库，分析消费者的特性，综合、协调运用多元化的传播手段，连续传播本质上一致的商品信息，做到和消费者沟通，建立消费者和品牌之间的互利互补关系，从而强化消费者对公众的品牌忠诚度。IMC 创意理论第一要点强调目标一元化，也就是广告的目标和品牌的目标以及营销的目标相一致、相协调，广告创意要与品牌和营销内在统一。IMC 创意理论第二要点主张营销传播活动一元化，就是品牌营销活动和传播活动要相一致、相协调，比如宣传和营销都是广告内容的一部分，组成了一体的广告形式。IMC 创意理论第三点是广告宣传一元化，就是广告的设计必须要具有宣传产品的功能；IMC 创意理论第四要点强调信息符号一元化，广告要为品牌服务，要使商品形象转化为品牌符号，符号化的品牌成为最容易被消费者认知并记住的元素，比如提到“香奈儿”就会想到双 C 符号的交叉结合，提到“宝马”就会想到内外双圆及蓝白相间 BMW 的图案符号。符号对于品牌形象建立与传播具有重要的作用，因此在广告图像的设计中要重视品牌符号功能，用品牌符号传达产品和企业的价值和意义。

广告创意理论中还有一种共鸣创意理论（Resonance），这是 20 世纪 80 年代在美国广告界出现并广为运用的一种创意理论。共鸣理论主张广告创意中针对目标群体通过珍贵的难以忘怀的生活经历及人生的美好温馨的体验和感受等内容诉求唤起并激发消费者内心深处的情感共鸣，并以此赋予品牌特定的内涵和象征意义，建立起目标消费者的移情联想从而产生互动沟通的传播效果，以便促使消费者建立起对品牌的认同，从而产生消费行为。比如比较典型的是2001年在全国各大电视媒体热播的雕牌产品系列影视广告，该广告的影像画面以下岗女工辛苦地四处找工作和非常懂事的孩子理解妈妈并力所能及地帮妈妈干家务的动人场景为主，配以“妈妈，我能帮你干活了”极富煽情的话语，以引起目标消费者情感的强大共鸣，广告用情感诉求的方式将产品及品牌形象建立起来并有效传播，收到了极好的广告宣传效果，也高质量地达到了广告图像叙事的目的。

四、国内外广告界的主要代表人物

现代广告能够快速发展，特别是能够作为一种视觉文化在当代文化语境中具有重要的话语权，除了广告自身的发展和技术推动外，重要的一点是离不开各个时代的广告研究者和广告从业者。可以说，正是在这些著名广告人的不懈探索和推动下，现代广告才更快地发生诸多革命性的变革，他们的广告理论和广告创意总能先于时代，先于他人，能引领广告的发展方向，也为广告开拓了新的发展前景。因此，认识和了解国内外广告界的主要代表人物、他们的广告从业经历和广告主张，将有助于我们深入理解广告视觉化嬗变的发展历程和广告图像叙事的内在特征，下面将分别选取国外国内广告界的主要代表人物来进行简要介绍。

（一）国外广告界的主要代表人物

大卫·奥格威（David Ogilvy，1911－1999）是现代广告界最有代表性的人物之一。大卫·奥格威被广告界称为广告怪杰、广告教父、现代广告教皇等，这些称号足以见其在广告界的巨大影响力。如果说对大卫·奥格威这个人不是很了解的话，那么他创办的广告公司则世界闻名的，就是世界上最大的广告公司之一的奥美广告公司。很多人说，大卫·奥格威是专门为广告而生的，尽管他曾经远离广告，却终究成为广告界的一朵绚丽奇葩。大卫·奥格威年轻的时候，当过见习厨师，做过推销员甚至做过农夫等这些和广告没有任何关系的职业，他为人朴实没有架子，只有满脑子的想法和创意，他所写的《一个广告人的自白》《奥格威谈广告》等书成了广告界的经典著作。事实上，大卫·奥格威的广告之路并不是一帆风顺的，在经历过了一系列生活磨难和变动后，1938 年大卫·奥格威移民美国，在盖洛普民意调查公司任职，后来辗转创办了自己的广告公司，这家公司后来发展成为今天的奥美广告公司。对于广告，大卫·奥格威有非常高的要求，他认为广告一定要有独特的创意和水平，不然就是烂广告，他说过的“不要设计那些你甚至不愿你的家人看到的广告”这句话成为广告界的名言，他还说过一句广告界至今仍将其当作至尊名言的话“除非你的广告建立在伟大的创意之上，否则它就像夜航的船，不为人所注意”。大卫·奥格威也是一个善于管理和发现人才并且重用人才的管理者，他认为如果有一个非常优秀的人才摆在自己的面前，一定不能够错过他，一个企业能够立足的前提支撑就是足够多的人才，他曾经这样说过：“如果你发现一个比你优秀的人——雇请他，与他重金，如果需要，甚至可以超过你自己的薪酬。”这一观点暗含着现代企业特别是广告企业丰富的管理理念和管理经验。

威廉·伯恩巴克（William Bernbach，1911 - 1982）是美国著名广告公司 DDB 广告公司的主要创始人，威廉·伯恩巴克是 20 世纪 60 年代美国广告“创意革命”的三大旗手之一，是广告文学派的代表，倡导广告创意的先锋，其对广告界的影响和发展起到了巨大的推动作用。威廉·伯恩巴克生于美国纽约，从小就接受过良好的教育和文化上的熏陶。在威廉·伯恩巴克上大学的时候，他就对艺术有着浓厚的兴趣，并在写作上崭露头角，所以凭借着对广告的热爱和文学的底蕴，威廉·伯恩巴克顺利进入了广告界，表现出了极高的广告文案写作才华。伯恩巴克先是在葛瑞等一些广告公司工作了七八年，积攒了足够的经验和知识之后，1947 年，威廉·伯恩巴克和朋友合伙开办的 DDB 广告公司正式营业。在此期间，威廉·伯恩巴克创作了大量的优秀广告作品，在广告界引起了巨大的轰动。威廉·伯恩巴克主张广告一定要有足够的独创性和新奇性，他认为：

“建立独特个性始能成功”，并且对于广告行业的广告制作提出了要求，主张广告主题及内容应该与广告表现手法互相配合，发挥销售作用。

李奥·贝纳（Leo Burnett，1891 – 1971），是一位美国广告行业著名的代表人物，为广告的策划发展做出了巨大贡献，李奥·贝纳是美国20世纪60年代广告创作革命的代表人物之一。李奥·贝纳的最经典广告作品当属万宝路香烟广告，当初的万宝路香烟只不过是一个知名度不高且销售量很低的女士香烟品牌，但李奥·贝纳运用高明的广告策划，极富创意地为万宝路香烟创造了一个富有男子汉气概的西部牛仔的广告视觉形象，此广告形象进入大众的视野后，万宝路香烟在短短的一年间成为全美销量最大的香烟品牌之一，造就了经典的万宝路香烟神话。李奥·贝纳是芝加哥广告的领导人，是他提出并创造了“广告学派”这一名词。李奥·贝纳认为广告应该和产品结合起来，广告并不是为了夸大产品功能或者是外表，而是要把产品中所带有的趣味性和能够吸引消费者的趣味点体现出来，他认为“每一件商品都有戏剧性的一面，我们的当务之急就是要替商品发掘出以上的特点，然后令商品戏剧化地成为广告里的英雄”。李奥·贝纳对于自己策划的广告要求非常严格，首先他认为广告必须要真诚，如果广告宣传的功能产品完全没有，那就是在欺骗消费者，广告的真实意义和存在的价值也就没有了；其次他认为广告一定要自然，不能“急功近利”，如果消费者感觉到广告中鼓励消费和推销的成分表现过于明显，反而会适得其反，会降低消费者的购买欲望；李奥·贝纳还主张广告必然要带有一定的温情色彩，因为消费者都会有感情需求，如果广告能够引燃消费者的情感共鸣的话，也就必然会产生消费欲望上涨的效果，广告也就实现了推销的功能和情感的价值，这三者也是李奥·贝纳提倡的广告主要的表现手法。对于广告，李奥·贝纳从来都是体现坦诚而绝不武断，体现热情而不是一味感情用事。李奥·贝纳认为只有能够温暖消费者，能够吸引消费者，同时，还能够得到消费者信任的广告才是成功的广告，正因为李奥·贝纳能够严格遵守自己广告创意的信条，他才创作出一个又一个经典的广告作品。同时，李奥·贝纳也熟知营销理论，他把广告和营销完美地结合起来。李奥·贝纳是杰克·特劳特提出的定位理论的拥护者，而后来其对广告学和定位理论的结合也被美国营销学会评选为对美国营销影响最大的理念之一，李奥·贝纳成为美国广告和营销领域中的伟大人物。

亚尔伯特·拉斯克（Albert Lasker，1880－1952），美国广告界的著名人物，美国广告界的名言“不做总统就做广告人”，广告人指的就是拉斯克。在美国广告史上，拉斯克在广告业务上获取的利润最多，同时亚尔伯特·拉斯克在广告上的巨大付出也是常人难以企及的，因为他对于广告的认真态度和创意的极高要求，他的付出也值得广告界敬佩。18 岁时，拉斯克进入罗德·汤姆斯广告公司工作，一开始在广告公司只是一个打杂人员，甚至连广告的任何业务都没有接触过，但拉斯克凭着一股韧劲儿坚持下去，成为罗德·汤姆斯广告公司最优秀的广告业务员。两年后拉斯克又买下罗德·汤姆斯广告公司，在他的经营下罗德·汤姆斯广告公司曾经成为美国最大的广告公司。拉斯克坚信广告文案设计的重要性，在广告方面有着绝对的自信和足够的实力，他曾经不无狂傲地说：“除了我，世上没有其他的广告人。”

史丹利·雷梭（Stanley Resor，1879－1962），在美国被称为广告界的“婆罗门”，他曾经就职于宝洁公司，担任广告方面的负责职位，宝洁公司是全球最大的生活用品制造商，国内消费者熟悉的海飞丝、佳洁士、飘柔、沙宣、玉兰油、汰渍、帮宝适等等各种日用洗护用品都来自宝洁公司。1904 年，史丹利·雷梭顺利进入宝洁公司，在宝洁公司下属的一家广告公司担任广告的推广、宣传工作，学到了很多的广告知识与技巧。史丹利·雷梭并不满足于现状，后来他进入 JWT 广告公司（全称为詹姆斯·沃尔特·汤普逊公司，在国内称为智威汤逊公司），在 JWT 公司史丹利·雷梭的广告才能得到了施展，在他的领导下，JWT 公司率先将精巧的摄影技术大规模地运用于印刷广告，取代了使用多年的笔墨画，从而使广告的画面更加美观，能够使所要宣传的商品的细部表现得纤毫分明，这一突破大大提高了广告的促销效果。同样，在运用其他传播媒介特别是无线电广播方面，雷梭带领 JWT 公司走在了时代前列。在雷梭的领导下，JWT 公司成为世界性的广告文化公司，创造出了许多脍炙人口的广告杰作，时至今日，JWT 公司仍然保持着旺盛的发展活力。

阿尔·里斯（Al Ries）是广告界的一位著名人物，是世界最著名的营销战略家之一，是定位理论创始人，现担任美国工业广告协会（现商业营销协会）会长以及纽约广告俱乐部主席。阿尔·里斯和其他一些广告行业代表人物相比可以说是广告事业起步较早的一个，1950 年大学毕业就开始接触广告行业，当时他在通用电气公司纽约分公司负责广告与销售部门工作，1963 年他在纽约成立了自己的第一家广告代理公司 Ries Cappiello Colwell 公司，后来更名为特劳特和里斯广告（Trout & Ries Advertising）公司。1972 年，阿尔·里斯和杰克·特劳特在《广告时代》杂志上发表了《定位新纪元》，首次提出了定位理论，其定位理论对广告创意、市场营销和公共关系的发展都产生了重要而深远的影响。

乔治·葛里宾（George Cribbin），美国著名的广告大师，是纽约文案俱乐部的“杰出撰文家”。乔治·葛里宾为箭牌衬衫、旅行者保险公司、美林证券公司、哈蒙德和弦风琴等创作的广告，被公认为是世界广告史上的经典作品。乔治·葛里宾出生在美国密歇根州的一个生活还算富足的家庭，1929 年大学毕业的乔治·葛里宾几经周折在底特律找到了一份销售员的工作，在长时间的售卖过程中，乔治·葛里宾发现不同的人的购买欲望和购买心理是不一样的，他仔细观察各种各样消费者的购物心理，掌握了基本的商品促销手段和技巧，也掌握了日后从事广告工作所必需的商业知识和心理知识。1935 年乔治·葛里宾进入了美国著名的扬罗比凯广告公司担任广告撰写员职务，负责广告文案的撰写和策划，凭借着出色的工作能力和广告创意，20 年后乔治·葛里宾担任了扬罗比凯广告公司的总经理。乔治·葛里宾对于广告的创作有独到见解，他认为写好广告或写其他任何东西的要点，都是写作者要做到了解别人，对别人洞察入微，并对他们有同情心。他认为在制作广告的过程中充分把握消费者的心理是非常重要的，只有深入了解消费者的心理，广告才能够真正进入并打动消费者的内心，才能够成为一则既能得到消费者好评又能促使消费者消费的优秀广告。乔治·葛里宾也因富有观察力的广告创意思想成为了一位世界知名的优秀广告人。

罗瑟·瑞夫斯（Rosser Reeves），美国广告界大师，是广告科学派的积极倡导者，他是获得“纽约广告名人堂”荣誉的广告人之一，其主要作品是《实效的广告——USP》。瑞夫斯是世界上最大的广告公司之一的达彼思广告公司的前董事长，他创立了自己独特的广告哲学和原则，提出了著名的“USP 理论”，即“独特销售创意理论”，这是广告发展史上最早一个具有广泛影响的广告理论，也是瑞夫斯的广告宝典。瑞夫斯认为每一种商品都应该拥有自己的独特性，广告就是要将这种独特性传递给消费者。瑞夫斯广告理论的核心就是发现商品独一无二的优点与效用，并将其有效转化成广告传播，为消费者提供利益承诺和购买理由，进而影响消费者的心理，影响消费者的购买决策，从而实现商品的销售。瑞夫斯的广告理论，对广告界产生了深远的影响，他运用这一独特理论策划了经典的 M&M 巧克力豆形象广告。

（二）中国广告界的主要代表人物

叶茂中，我国专注本土消费市场的广告营销学者，2003 年入选中国十大广告经理人，2008 年获得国家工商局颁发的中国广告 30 年突出贡献大奖。叶茂中一直从事于为各大企业进行整合营销以及传播策划还有品牌设计的工作，其中也包括广告的设计与制作，主要是制作影视广告片为主，叶茂中从事广告业后，先后为蒙牛、伊利、安踏、金六福、飘柔、美的空调、柒牌男装等知名品牌制作过 1000 多部广告片，很多为消费者所熟悉。叶茂中的策划生涯用他自己的话说就是“由一个制作人变成一个广告策划人，再变成一个营销企划人”的过程。

叶茂中进入我国广告行业的作品开始于上世纪 80 年代末期制作的“一杆进六球”的春兰空调广告，这则影视广告在当时产生了轰动效应。叶茂中是一个热爱广告且非常有实力非常努力的广告人，他除了进行实际的广告创意制作外，还非常重视广告知识和理论上的研究，重视将广告理论与实际相结合，他出版了我国广告发展史上的知名著作《广告人手记》，这是大陆出版的第一本由中国人自己编写的偏重实务操作的广告书籍，成为我国广告界的一部优秀作品。叶茂中成立了自己的广告公司后，为很多知名企业和品牌制作宣传广告，有很多我们熟悉的作品，比如周迅代言的“雅客 V9”维生素糖的广告就是叶茂中设计、创意、制作的，“361 度”当时的“多一度的热爱”的广告也是叶茂中的作品，还有当年风靡电视媒体的赵本山代言的蚁力神胶囊广告同样也是出自叶茂中之手。在这些广告创意制作之前，这些品牌的知名度和销售业绩并不理想，而有了叶茂中的广告创意后，其品牌知名度大大提高，产品的销售业绩也得到极大的提升。人们曾经熟悉的诸多广告流行语如“地球人都知道”，就是叶茂中为北极绒保暖内衣设计的，另外“思想有多远，我们就能走多远”这一句大家熟悉且具有很强的传播力度和影响力度的广告语就是叶茂中为红金龙品牌设计的。在 2000 年前后，我国的广告事业处于一个快速发展时期，叶茂中的诸多广告创意让不少广告作品在创意水平和高度上得到了极大提升。经叶茂中创意出的广告，有的用脉脉深情温暖了消费者的心，有的以轻松幽默让消费者在快乐中关注产品，有的则以含蓄深邃引发消费者的思考。可以说，叶茂中所做的不是单纯的广告，他力求把广告作为一件艺术品来设计创作，并将广告与商品营销很好地结合起来，叶茂中是我国广告行业发展的推动者与贡献者。

劳双恩，劳双恩于 20 世纪 60 年代出生于香港，曾为世界著名广告公司智威汤逊公司东北亚区执行创意总监，现为智威汤逊公司中国主席，担任过戛纳广告奖、克里奥广告奖、中国广告节等重要奖项评委。劳双恩从小家境贫寒，为了养家，大学毕业两年后进入奥美公司开始了自己的广告生涯。劳双恩对于广告充满了激情，注重广告的创新创意。1996 年劳双恩加入了智威汤逊中乔（上海）广告公司，他领导的公司成为中国广告节中的得奖大户，获得了媒介杂志评选的 1998 年度中国全方位平面广告第一位和全方位电视广告第一位的荣誉称号。劳双恩带领团队为耐克、联合利华、西门子手机、百事可乐、飞利浦、松下电器等许多知名广告客户提供过优质广告宣传服务。劳双恩不仅以高质量的广告创意领跑国内广告界，同时也在竞争激烈的国际广告领域脱颖而出，让全世界看到了中国广告的实力，为中国广告的发展做出了重要贡献。

莫康孙，北京麦肯光明广告公司总经理、中国广告协会学术委员会顾问，同时也是吉林动画学院的特别教授。莫康孙被广告业内人士称为“老莫”，他是中国广告界的代表人物。莫康孙对于广告的理解和创意标志着中国一个新的广告时代的开始，而莫康孙本人也是第一批由大陆以外地区进入大陆开拓事业的广告人之一，其对广告的认知和创意理念对中国广告行业产生了巨大的引领作用和事业上的重要影响。莫康孙在广告业工作 30 多年，曾先后担任麦肯公司中国香港、中国台湾、新加坡、美国纽约、中国大陆的执行创意总监，多次为戛纳、卡里奥、纽约等各大广告节担任评委，2003 年获中国广告年度风云人物。消费者曾经耳熟能详的两句广告语“雀巢咖啡，味道好极了”“摩托罗拉，飞跃无限”创作者就是莫康孙。莫康孙不仅是一位创意无限、有能力的广告人，他同时还致力于培养新一代的广告创意人才，经常去一些高校为其广告专业的人才进行讲学。莫康孙非常注重户外广告的形象创意，他认为户外广告的创意和设计必须要注重创新，户外广告并不单单是为了宣传，更重要的是户外广告因自身独特的视觉性，应该起到一种美化城市、和谐城市的功能和作用。如果户外广告不能够做到美化城市，而是让人看着不舒服、刺眼的话，那就失去了存在的必要。莫康孙这一户外广告的理论指导提升了中国户外广告的创意水准，把我国户外广告的创意水平提升到了一个更高档次。莫康孙以卓越的广告创意才能和良好的广告从业道德赢得了国内外广告界的一致认可，被广告界人士称为“广告大鳄”“广告猛人”“广告大师”等。

在国内知名的广告人中有一位女性，她在广告领域成绩斐然，推动了中国广告公司与广告事业的进步与发展，她就是陈一枬。陈一枬是我国一位非常优秀的女广告人，是中国广告协会公司委员会副主任、《现代广告》和《中国广告》杂志编委、复旦大学名誉教授。陈一枬创办了威汉环球伙伴机构，现在担任大贺中国传媒股份有限公司董事，威汉环球伙伴机构是世界上第一家由中国主导的全球国际广告公司网络。陈一枬一直致力于在全世界的广告行业中建立起中国自己的国际品牌，陈一枬可以说是一位想要把中国广告做大做强的女广告人。在陈一枬创立威汉环球伙伴机构之前，她任职于精信整合传播集团，当时担任的职位是该集团在中国内地及香港地区的董事长及行政总裁。陈一枬作为一名女性，在广告行业积极发展，努力打拼，对中国本土广告的国际化发展起了重要的推动作用，美国《广告时代》杂志曾将其誉为17位全球“打破陈规女斗士”之一。

徐百益（1911～1998），是中国广告行业的元老级人物，也是目前中国广告业从业时间最长的一位广告人。徐百益在广告从业生涯中，不仅身体力行地进行广告创意设计，而且从理论上对广告进行系统深入的研究。徐百益青春时期就已经开始投身广告业，最开始在广告公司工作的职务是广告撰稿人员，后又自己创办过广告公司，同时还创办过杂志，撰写和翻译了大量的广告理论文章和著作。可以说徐百益70多年的广告从业经历，让他见证了中国现代广告业起起伏伏的发展历程。徐百益晚年笔耕不辍，仍然怀着对广告事业的热爱之情，先后出版了《实用广告手册》《中国广告简史》等专著。可以说，徐百益把自己的一生都奉献给了中国的现代广告事业，1997年被中国广告协会授予“广告人终生成就奖”。

以上国内广告界的主要人物从事的大都是具体的广告创意设计工作，还有一位与广告行业关系密切的广告行业管理者，他就是刘保孚。刘保孚，浙江宁波人，高级经济师，国家工商行政总局广告司原司长，现任中国广告协会副会长。刘保孚长期以来都从事国家广告事业管理及经济管理工作，他曾参与《广告管理条例》及《广告管理条例实施细则》的起草工作，并组织起草、论证《中华人民共和国广告法》（以下简称《广告法》）及有关广告管理法规。《广告法》的出台使中国广告的发展走向规范化，使得广告行业从此有法可依，成为中国广告发展的新起点。刘保孚最初并没有从事广告的创意和策划，而是作为广告业的监管者来接触广告行业。刘保孚和徐百益一样，同样见证了中国广告业的发展历程，刘保孚对广告基本理论和创意有着极其深刻的认识和研究，发表过大量的有关广告、品牌等方面的学术研究成果，被我国广告界称为“中国广告界十大关键人物”之一。刘保孚上大学时并没有接触到广告，大学毕业从事过多种职业，后来受聘到金马广告公司担任了创意总策划职务，之后又进入九木传盛广告有限公司，成为该公司的董事长，曾经熟悉的南方牌黑芝麻糊的影视广告就是刘保孚的成功作品之一。刘保孚在其长期的广告活动中积累了丰富的市场营销经验和产业理论知识，他也是中国较早导入了 CI 理论（企业形象识别）的实践者之一。刘保孚非常注重广告的创意策划，并且也热情地把自己的广告理论和知识成果传递给社会大众，是我国一位非常成功的广告人和广告管理者。

第八章

广告赏析和广告与媒体的关系分析

第一节　典型视觉广告作品赏析与评点

当下广告经历了深刻的视觉化变革，视觉化的广告成为广告中占主导地位的广告类型，图像（影像）成为广告进行视觉叙事和视觉阐释的主导元素，本节将选取部分典型的有较好创意的视觉广告，特别是影视广告和网络视频广告来进行赏析和适当评点，以此来阐述广告图像叙事的创意设计特点，加深我们对广告审美特点的认识和理解。

广告作品案例一：

广告语："××牙膏，谁都爱。"①

一个小孩子的稚嫩而甜美的画外声"宇宙是圆的"，画面中出现浩瀚宇宙的宏观图像，画外音"太阳是圆的"，画面随之出现圆形的太阳；"地球是圆的"，画面随之出现圆形的地球；"我们的家是圆的"，画面随之展现一家人高兴地在房内围着圈坐在一起，从上面拍摄出一家人头顶围成的圆形；画外音"××月饼也是圆的"，镜头拉到一家人围坐的圆圈的中间，是一个少了一角的××月饼，镜头特写月饼，渐变成一个拼图，一只手拼上最后一角，镜头拉开出现一个小孩正在屋里玩拼图，身边有拼好

① 本节中的部分广告案例选自于互联网络和电视媒体，特此说明。

的太阳月亮，而他把拼好的月饼图放下时，拿起了真正的××月饼，镜头淡出，画面出现××月饼字样。

赏析评点：这则视频广告典型地把自然事物的美与广告中特定产品展示的生活图像结合在了一起，是一种典型的图像叙事的广告形式，而且在广告的图像叙事中将实体产品消费后的理想生活想象和相似的美妙的自然事物巧妙地融合在一起，是一则富有想象力的广告，广告图像画面的设计柔和优美，视觉上虽不是具有较强的震撼性，但具有以情感人、以情动人的力量，属于情感诉求类的创意广告。

广告作品案例二：

画面中出现古代风格的庭院，丫头们神情焦急地奔跑着，忙乱着，医生进进出出的，只见一个大丫头样的人说："林姑娘不行了。"然后，传来哭声，穿着锦服的公子抚摸着棺木，泪水滴在棺木上，镜头特写他悲痛欲绝的脸，此时飘落一纸在脚边，公子拾起一看，读道："一朝春尽红颜老，花落人亡两不知。"翻过纸一看，是××人寿保险单，保险单逐渐变大占了整个画面，然后是压抑不住的哭声，画面出现××人寿字样。

赏析评点：此广告是一则非常经典地引用古典故事的创意广告，广告虽未明说，实则假借《红楼梦》中宝黛爱情故事，对其进行后现代审美风格的解构与拼贴，将人寿保险产品与经典故事相联系，以黑色幽默的戏拟方式宣传了产品形象。此广告以暗含的人们所熟悉的经典故事引起消费者的注意，在画面的处理上注重以一种唯美、古典的情景来体现保险的情感和理念，整则广告作品显得非常有创意、有趣味并且能够给人一种轻松和愉悦的享受，使人在游戏之中记住该产品。此广告的创意方法就如同前文中提到的士力架的产品广告一样，能让消费者受众产生情感上的共鸣，同时具有轻松的审美感受。

广告作品案例三：

画面中，在一张纸上，一行行的字先后出现，"亲爱的××，自从我第一次看到你的身影，我就深深地爱上了你，你高挑的身材，美丽的外表，高雅的姿态都深深地吸引我，当我与你一起工作时，我更为你醉人的清香，洁白的肤色而陶醉，你不仅有美丽的外表，你也是我这么多的搭档中最出色的一个，你清洁能力很强，你把洁白留在客人的脸上，但是，我要说再见了，分别将近，我想说……”，此时镜头画面中，一个小孩子推开浴室的门，对室内的人说：“牙医说了，牙刷用三个月就要更换了”，画外音“和你在一起我真快乐，我还想说……”镜头中，一支旧牙刷被丢进了垃圾桶，此时镜头切换，出现一支高贵的牙膏在看这封信（拟人卡通型），并不停地流泪，而新的牙刷正在对着牙膏高兴地心花怒放，最后出现××牙刷字样。

赏析评点：此广告创意奇特，是在广告中运用将产品图像拟人化的方法进行设计。首先拟人化的设定就已经给了广告产品一种可爱、有趣的形象设定，尤其是针对于儿童来说，广告的叙事不仅有较高的趣味性，而且带有一定的教育意义，此广告将人们常识性的教育理念加入到趣味性的图像元素之中，并将其拟人化地呈现出来，是一则非常有创意的广告。此广告将经过拟人化处理的图像事物与传统的文字符号巧妙地结合起来，在具有一定视觉吸引力和视觉兴趣点的同时，让人加深了对牙刷使用和牙齿保护关系的理解和认同，从而很好地宣传了产品。

广告作品案例四：

镜头一：在一房间里，几位男士坐在沙发上有说有笑，突然，其中的一位起身一边走到房间的门口，一边双手张开做出拥抱的动作；镜头二：那虚掩的房门被推开，一位窈窕的女士映入画面，而那位男士也刚好在门口迎接，两人见面深情拥抱，两人默契得似乎有心灵感应似的，而坐在房间里的另几位男士则赞叹不已；镜头三：在其他几位男士的追问下，那位脸上充满骄傲神情的男士用眼睛瞅了瞅女士脚上穿的女鞋，此时露出了会心的微笑，此时出现广告语：“某某女鞋，让你拥有独一无二的感觉。”

赏析评点：此广告的画面创意设计充分体现了心理暗示在广告图像叙事中的运用。广告通过对女士脚上的鞋子图像的一系列展示表现男性对穿了这双鞋的女士的热情相待，无形之中向消费者特别是女性消费者传达出一种穿了这个品牌的鞋子就会得到别人的关注和宠爱的心理暗示，这种广告上的消费心理暗示会让消费者产生一种消费欲望和购买冲动。广告图像与画面的设计暗含着男性视角与男性眼光，体现出男性对女性的看的欲望与女性被看的性别意识，男性主人公之所以想看女性主人公，除了两性自然吸引以外，重要的是源于女性所穿的鞋子，该品牌女鞋成为广告图像叙事的视觉中心，成为广告图像对消费者的言说与诉求。

广告作品案例五：

画面：一辆大型客车行驶中，突然出现音效：紧急刹车声。

画面：年轻的司机将头探出窗外看，一脸惊喜的表情，画面配音并出现汉字：靓。

画面：在一间房子的窗口，遮挡阳光的蓝灰色窗帘被拉开，一张脸贴着玻璃向外看。

画面：越来越多的窗口的窗帘被拉开，每个窗口都有人向外看，画面配音并出现汉字：靓。

画面：每个窗口都挤了很多张面孔在向外看，画外配音并出现汉字：靓。

画面：在红色背景中出现地址和电话，并有“安阳华中电动车”的金色字进入画面，画外配音：安阳华中电动车广场——总有一“靓”适合您。

赏析评点：此广告画面设计采用的是消费者从众心理的手法，在当下的消费社会中，“跟风”成为一种潮流，用广告形式来表现所有人的目光都被一个地方吸引过去的画面，创意虽然不是特别新颖，但是画面本身能够在一定程度上让消费者觉得有意思，会产生一种想要跟风的心理，也起到了比较好的宣传效果。

广告作品案例六：

广告创意的文化背景：优秀的法国文化，辉煌的路易王朝，波旁王子酒华贵无比，诱惑无限。品味波旁王子酒，欣赏王子和天鹅的故事，让人拥抱至爱的情怀，分享成功的喜悦。波旁王子酒岁月越悠久，便越缠绵、越浓郁、越醇厚，它能超越国界、超越时空，把东方和西方、中国和法国紧密相连，因为它正像一首绝世佳曲，用爱的华彩谱写了如“天鹅湖”般美妙的乐章。

广告画面设计如下：

［舞台上］

芭蕾舞“天鹅湖”舒缓的名曲从天空传来，余音袅袅。

1. 王子扶天鹅翘首向天、展翅欲飞。（中景，仰拍，5 秒）

2. 金黄华丽的帷幕徐徐落下，掌声暴起。（远景，平拍，2 秒）

［卧室里］

（一）金黄华贵的窗幔在夜风中袅娜飘荡。（近景，侧拍，0.5 秒）

（二）万籁俱寂，月华如水。

1. 西装革履的王子和着真丝睡衣的天鹅倚窗相拥，款款缠绵。（近景，移，平拍，2.5 秒）

2. 袅娜飘荡的窗幔似翻卷的海潮。（近景，移动，侧拍，0.5 秒）

3. 波旁王子酒的琼浆玉液似从天上而泻，自杯底至杯颈，回环卷起一股诱人的光与色的旋流，泛华溢彩，透光流汁。（特写，8 秒）

（三）“天鹅湖”音乐又响起。

1. 王子和天鹅举杯相拥，情深无限。（近景，平拍，2.5 秒）

2. 法国路易十四波旁王子酒在法国巴黎皇宫、香榭丽舍大道、埃菲尔铁塔和巴黎圣母院流动的映画上由小到大慢慢推出，定格在金黄色的底幕上，“叮叮”，夜空中回荡着酒杯碰撞的声音，一个浑厚的中气饱满的男低音深沉地念道：“波旁王子酒，高雅的享受！”（平推，特写，9 秒）①

赏析评点：此则广告构思精巧，创意新奇，是一则令消费者产生惊艳之感的优秀作品，在网络上的点击量和影响力非常高。广告用精心设计的三段不同的场景画面，向消费者（受众）传达了一种高档、奢华、有文化品位的生活方式，让消费者在唯美的画面和曼妙音乐相结合的意境中用

---

① 参见蒲洱：《法国路易四皇帝——波旁王子酒 30 秒电视广告分镜头脚本创意方案》，http://blog.sina.com.cn/s/blog_6022d2490100g48w.html。

心感受别样的生活情调，广告整体画面表现出来的感情色彩非常浓郁，无形之中给消费者视觉上的华丽感，让其沉浸在广告营造的理想生活状态之中，并对其形成心理上的认同，渴望通过消费此品牌的酒水以进一步体验广告倡导的生活情调和生活品位。此广告的影像画面采用柔媚情感策略，以俘获消费者的心灵，广告突出了画面的震撼性，让观众在视觉上产生美感，在感情上产生一种对于产品和人物的共鸣，从而进一步认可其倡导的生活方式和氛围。从视觉角度来看，无论在创意还是审美上，此广告都是非常成功的。

第二节　广告与媒体的主要关系分析

在某种意义上讲，广告就是一种信息传播活动。当下视觉化广告成为广告的主导形态，广告图像的存在与传播必然离不开一定的媒体。因此，广告与媒体的关系密不可分，两者之间的互动关系影响着广告图像的生产与消费。在前面章节的有关论述中，我们已对广告产生与发展的历史有所了解，但是目前对于广告是什么的定义众说纷纭，不同学者从不同的理论视角做出多种阐释，有的强调其目的，有的强调其手段，有的强调其途径，有的强调其效果，众多观点都有一定的合理性。当然这也说明广告本身是一种复杂的商业现象与文化现象，要想明确厘清其内涵并不容易。在借鉴前人研究成果的基础上，笔者认为广告是以广告主的名义，自己或委托广告代理机构制作出具体广告作品，通过大众传播媒体，向非特定的大众传达商品或劳务的特征、性能或功效以及顾客从中所能得到的利益，以激起购买行为，或者为了培植特定观念、信用等所做的付费传播活动。当然，这里探讨的主要是商业广告，因为商业广告是当下视觉化广告的主要形式。

广告依赖特定媒体而存在，广告媒体是在广告主和广告信息接收对象之间起中介或载体作用的物质媒介，是广告信息的载体，对广告信息进行承载、扩张和传播，它是广告传播的中心环节，是沟通广告主、广告发布者、广告经营者和广告受众（消费者）之间的桥梁，广告与媒体的关系十分紧密，是一种交互性关系，可谓你中有我，我中有你，相辅相成，相互影响。广告与媒体的关系从以下方面体现出来。

首先，广告与媒体相互依赖、相辅相成。媒体离不开广告，在商品经济社会中，媒体的生存和发展在很大程度上取决于广告的发展情况，广告是媒体的重要经济来源，没有广告，媒体则很难生存。如果广告的创意水平高，广告业务量大，则能推动媒体更好地发展。同时媒体又是广告信息的载体，各种类型的印刷媒体、平面媒体、广播媒体、影视媒体、网络媒体等成为当下广告存在与发展的主要渠道，生活中各种绚烂夺目的广告图像就是通过这些媒体进行生产并广泛传播，没有媒体广告也无法存在，更谈不上传播。因此，广告与媒体相互依赖、相生相成。

广告与媒体的发展可以说是同步的。从历史的视角看，广告在中国有着悠久的发展历史和深厚的文化底蕴，但真正意义上的现代广告的大发展是在改革开放以后，特别是 1979 年以后。30 多年来，我国广告业可谓是后起之秀，发展迅猛，广告营业额的增长速度远远高于国家 GDP 的增长速度，成为全球广告业务增长最快的国家之一。据相关资料介绍，2014 年中国广告经营额超过了 3000 亿元人民币，广告从业人员达到 148 万多人。与此同时，媒体发展也是突飞猛进，不仅报纸、杂志、广播、电视等传统的四大广告媒体发展成果显著，新媒体更是有了较快发展，如网络广告媒体、手机终端广告媒体等，截至 2014 年，网络传媒从业人员已达 62.4 万人，这充分说明了广告和广告媒体的发展是互动的，两者之间是相互促进的共同发展与繁荣的关系。①

广告与媒体的关系紧密，但是哪种媒体更适合广告，不同的广告应如何选择媒体，这受到诸多因素的影响和制约。首先，广告目标对媒体选择的影响。广告媒体的选择是树立在对广告目标全面把握和深刻理解的基础

① 《广告与媒体的关系》，http：//wenkllbaidu. com/view/095f489f51e79b896802261a. html。

上，广告目标指的是广告主通过广告想要达到一定的预期目的，即做广告是介绍新产品，还是推销滞销产品；是开拓新市场，还是扩大原有市场；是树立形象声誉，还是单项推销等。虽然广告的重要目的是获取利润，但获取利润不能笼统地作为广告目标，利润是通过多种营销手段的组合来实现的，广告作为其中的一种重要手段只能在协调分工中发挥它应有的作用。广告本身必须有明确的目标，才能产生良好的效果，广告目标的确定，对广告媒体的选择具有决定性意义。

其次，广告的媒体选择要考虑社会公众和消费者的接受习惯，要根据广告目标受众来选择媒体。广告的基本目的就是把相关产品的信息、企业信息和品牌形象有效地传播给目标公众，不同的社会公众和消费者对不同的媒体有不同的接受习惯，因为不同的社会公众在兴趣爱好、职业工作、受教育情况、知识结构和生活习惯等方面各具特点。因此，必须充分了解目标受众对媒体的接触习惯，从中筛选出目标消费者接触频率最高并且愿意接受的广告媒体，要做到这一点，就要从目标消费者的各种不同因素的分析入手，进行筛选工作，不同年龄、性别、收入、社会阶层的人，有着不同的生活环境和价值观念，他们接触到的广告媒体也大相径庭，比如年轻人经常上网、看杂志，中老年人喜欢读报纸、听广播，知识分子经常翻阅各类专业书籍，年轻女性喜欢看画报和阅读生活时尚类的杂志等，因此，针对其不同接受习惯，可以分别选择网络媒体、报纸杂志媒体、广播媒体、书籍印刷媒体等作为相应广告的传播渠道。

由于各种产品的性能、特点和使用价值、流通范围都不同，有的属于一次性消费品，有的是长期耐用品，有的是日常消费品，有的是高档奢侈品，有的是多种用途，有的则是单一用途，因此产品的性质、类别不同，广告宣传的要求也不同，其选择的媒体也就不同。有的产品需要给消费者完整的理性认识，有的则需要给消费者直观生动的感性印象。生产资料、生产工具等耐用消费品要向消费者做详细的文字说明，以选择报纸、期刊杂志等为宜，而规格繁多的日用消费品需向消费者直观展示产品的性能、用途和效果，选择视听类的影视媒体比较好。总之，必须根据产品的性质、类别，反复比较各种媒体的利弊，选择最佳媒体，以确保目标消费者能够看到、读到，能够引发他们对产品和品牌的关注。

媒体的自身性质也是广告媒体选择的重要因素。不同的广告媒体，有不同的性质和特点，广告媒体选择合适，广告的叙事效果和宣传效果就会显著，反之，就会弱化广告的宣传效果。不同的媒体有不同的传播范围和到达率，如不同报纸和杂志的发行量和发行范围是不同的，不同广播和电视台的到达率也各不相同，这些直接影响广告效果。但是，并不是广告信息传播范围越广越好，它要与广告主所要求的信息传播范围相适应，例如某一项产品信息想要在全国范围内传达，那就不能选择地方性的报纸、广播、电视媒体，相反，如果只要求在某一地区或某一部分人中传播，就没必要选择全国性的广告媒体。广告预算也会影响对媒体的选择，不同媒体的收费标准不同、价格各异，有的较贵，有的便宜，就是同一种广告媒体，不同版面、不同时段也存在较大的价格差异，广告主应该量力而行，根据自己的经济实力以及产品的盈利预期值制定合理的广告预算，根据相应预算选择费用合理、效果较好的媒体，力求达到最大的经济效益和最好的社会效益，即力争少花钱、多办事、办大事，求得广告传播信息的最大量和传播效果的最大范围。

值得注意的是，不同媒体的覆盖范围和到达率会影响广告的传播效果。一般认为，媒体的覆盖范围越广，广告被接触的人数越多，影响力越大，广告效果越佳。但媒体覆盖范围并不意味着等同于到达率，一般大众媒体对广告目标受众的到达率并不总是很精确，很多目标受众接触不到广告传达的信息，而不少接触到广告信息的人可能又不是广告的预期目标受众，因此，广告信息的传播会产生一部分的浪费与损耗。大众传媒的覆盖率虽广，但有时候电梯电视、电梯海报、终视卖场等分众媒体对特定目标受众的“渗入”能力会更加强大和准确深入。媒体的权威性和认知度也会影响广告传播效果，从一般规律分析，媒体的权威性越高，认知度越广，广告信息的说服力就越强，广告就越容易被人接受，易产生良好的宣传效果。比如中央电视台、光明日报、南方周末报、搜狐网、网易等，这些媒体具有较高的权威性和认知度，在这些媒体上发布广告产品和品牌信息，影响力就会比较大，消费者就更容易关注并认可其品牌形象，但其价格往往较高，而一些地方性的影视媒体和网络媒体等，其承载的广告信息的说服力相对来说要低一些，消费者的认可度和认同性比起大的媒体也要低一些。①

此外，媒体传播广告的时间因素也会直接影响到广告的效果，如电视媒体视听率最佳的时段时间是每天的 19：00 – 22：00，这一时间段被称为电视媒体的黄金时间；对于广播媒体来说，每天的 6：00 – 7：00 是收听率较高的时段。就中央电视台第一套节目来说，每天新闻联播首播前后更是电视黄金时间中的“黄金时段”，此时间段内的广告有着极高的收视率，全国乃至海外受众都可以在此时间段内相对集中地收看广告，这对于企业、产品和品牌的宣传是一个极好的契机，能够在较短时间内提高品牌的知名度，形成较高的品牌集聚效应。因此，此时段的广告播出权成为各大企业品牌竞相争夺的目标。

媒体受众与广告目标受众不完全等同，两者并不吻合，媒体受众与广告目标受众存在不同程度的差异，因此，两者之间的契合度会影响广告的传播效果。媒体有媒体的受众，广告有广告的受众，媒体受众的外延一般大于广告受众，因为特定媒体的受众未必都会关注媒体上负载与传播的广告，如果两者受众的契合度高，则广告的到达率高，广告宣传效果就好，反之，广告的传播接受效果就会弱化。如在摄影杂志上做照相机的广告，在时装杂志上做服装品牌的广告，在女性杂志上做食品的广告等，广告一般都能有效到达目标受众，其传播效果就比较好；反之，如在儿童杂志上做电脑产品广告，效果就会大打折扣，在篮球运动杂志上做化妆品的广告，其传播效果也并不理想。因此，广告要达到良好的宣传与规劝效果，广告受众与媒体受众之间必须尽可能地形成比较高的契合度。广告与媒体

① 《广告与媒体的关系》，http：//wenkllbaidu. com/view/095f489f51e79b896802261a. html。

的关系还体现在媒体组合对广告传播的影响上。所谓媒体组合，就是对媒体配置计划的具体化，即在对各类媒体进行分析评估的基础上，根据市场状况、受众心理、媒体传播特点及广告预算情况等多种因素，选择多种媒体进行有机组合，使多种媒体在同一时期内发布内容一致的广告。比如将创意相同的视觉广告用平面媒体的海报广告牌、影视媒体的电视、网络媒体的网站和手机客户端等，同时进行广告图像的发布传播，以此进行多元化的广告宣传覆盖，提升产品和品牌的影响力。因此，运用媒体组合策略，能够发挥多种媒体的优势，不仅能最大程度地提高广告的到达率和受众对广告的认知及记忆，增进受众与产品品牌之间的理解，而且给受众留下深刻印象，进一步引发受众的心理认同，实现广告的经济效益和社会效益。

第三节　从广告与媒体关系视角看广告创意的发展

从某种程度上讲，广告是一种具有丰富的地域性、文化性、时代性、民族性的宣传方式，本身也是一种重要的文化现象与文化类型。广告构建了企业、产品、品牌与消费者之间沟通的桥梁，广告特别是当下视觉性广告要想对消费者形成较高的吸引力，创意是核心和关键因素，在前文第二章对广告的认识中也涉及广告创意问题。创意是广告的灵魂，广告创意是对广告设计者能力的挑战，它要求广告设计者要创新思维，按照“新、奇、美”的原则进行广告创意。同时，现代传播学和市场营销理论的发展，为广告创作注入了科学的内涵和新的活力，从而丰富与发展了现代广告创意策略。

为了提高广告在媒体方面的传播接受效果，广告创意首先一定要有独创性。所谓独创性是指广告创意中不能因循守旧、墨守成规，而要善于标新立异、独辟蹊径，独创性的广告创意对消费者具有最大强度的心理突破效果，与众不同的充满新奇感的广告能够吸引消费者的目光，会触发消费者的强烈兴趣，使其在消费者的脑海中留下深刻的印象，被长久地记忆，这一过程也符合广告传达的心理阶梯的目标。其次，广告创意要讲究实效性。独创性是广告创意的首要原则，但独创性本身不是目的，广告创意能否达到宣传的目的基本上取决于广告信息的传达效率，这就是广告创意的实效性原则，其中包括理解性和相关性。理解性即容易为广大消费者所接受。在进行广告创意时，要善于将各种信息符号元素进行最佳组合，使其具有适度的新颖性和独创性，而且要在“新颖性”与“可理解性”之间寻找到最佳平衡点。相关性是指广告创意中的意象组合和广告主题内容要有内在的联系，不能随意搬用与产品形象毫无关系的元素，否则会造成广告传播实效性的降低。①

为了使广告图像具有较强的视觉吸引力，在广告创意中还要注意运用艺术化的表现手段，将广告构思与艺术审美有机结合起来。一般说来，在艺术表现过程中，形象的选择是非常重要的，因为它是传递客观事物信息的符号，一方面必须要能确切地反映被表现事物的本质特征，另一方面又必须能为公众熟悉、理解和接受，同时形象的新颖性也很重要。在广告创意活动中，创作者要设计出完美艺术形象来表达广告主题思想，如果艺术形象设计不成功，就无法通过广告主题的传达去吸引、感染和说服消费者。因此，在广告创意中，在创意者头脑中形成的各类广告表象要经过创作者各种心理机制的作用整合，渗透进创作者的情感诉求和理性认识，再经过一定的联想、拼贴、浓缩、扭曲和变形等，才能真正转化成广告意象，对消费者形成较高的吸引力。

从受众对广告信息的认知、理解和接受的过程看，广告创意要遵循金字塔创意原理，也就是广告的创意要包含由关注、兴趣、信任到欲望和行动的几个步骤。关注是广告创意金字塔中的塔基部分，赢得受众信任，直至产生消费欲望和行动是塔尖部分。对于广告创意的表现，金字塔原理为广告创作者提供了广告创意的设计路径和逻辑方向。遵从金字塔创意原

---

① 参见《什么是广告创意？广告创意从何入手》，http：//www. douban. com/group/topic/36013006/。

理，可使广告设计者有清楚的设计方向，明白应该从何处着手，运用哪些元素来吸引受众的关注，并促使他们理解、信任产品。在运用广告创意的金字塔原理中，要注意三个环节的设计操作，第一环节是资讯，它涉及的范围相当广泛，包括企业自身的经营情况，同类企业及产品的资料以及国家和地区的经济政策环境信息等，这些丰富的信息为企业（广告主）和广告创意者提供了数据参考，为下一步准确的广告创意打下基础；第二个环节是对各类资讯进行审慎的分析梳理，要运用广告学、心理学、美学、经济学以及社会学、统计学等学科方法分析评估，以对自己的广告创意清晰准确定位，找出创意的突破口；经过分析评估之后，才进入到第三环节广告的创意流程中，只有经过这三个环节产生的广告创意才可能使广告具备强大的视觉吸引力，才能真正发挥广告的宣传效果。

从创意的形成过程看，广告创意分为以下五个阶段：

积淀期——整合所搜集到的资料，根据以往广告创意经验，启发新创意。资料分为一般资料与个案资料，所谓个案资料，就是指专为某一广告活动而搜集的有关资料。萌发期——把所搜集的资料加以咀嚼消化，使广告创意意识自由发展，因为好的创意构思的产生，往往是在分析借鉴之中突然产生的。开拓期——在萌发期产生的朦胧的创意思绪基础上，进一步充实丰富，使其明朗化，形成清晰的创意框架，开拓形成多种创意思路。检验期——结合产品具体情况和广告的诉求需要，把所产生的创意予以细致的检验修正，使其更加完美。构形期——以相关的图像和语言文字为叙事元素，将广告创意固定化、具体化，使其成为现实存在的广告作品。

独特创意是广告吸引消费者的不二法宝，但是广告创意也不是随意的，要有现实基础。现代消费者不是可以任意施加影响而就被动接受广告的消极群体，而是具有理性、信念、要求，有着判断是非标准的积极群体，他们对广告的认识和接受完全是根据自己的需要和价值标准进行。因此，晓之以理、动之以情是广告的生命，是赢得消费者认可的关键因素，这也是广告对社会负责、对消费者负责的体现。格式塔心理学美学的代表人物鲁道夫·阿恩海姆认为：“艺术创作是以知觉为基础的，它不是凭空创造，而是以生活积累和生活体验为基础的，而艺术家的生活积累则以知觉为媒介，艺术创造的基础就是对客观对象的表现性的知觉。”① 当下视觉性广告中对消费者的情感心灵诱惑力比较大的当属情感诉求型广告，也叫感性广告，此类广告创意善于在广告中巧妙融入亲情、友情、爱情、民族自豪之情、爱国之情等情感，不仅赋予了商品生命力和人性化的特点，而且容易激起消费者的怀旧或向往的情感共鸣，从而诱发消费者对商品的购买动机。如很多酒类产品的广告往往是利用中国最浓重、重要的传统佳节——春节来进行情感诉求的，将酒类品牌与浓郁温馨的家人团聚相结合，把亲情表现得淋漓尽致。情感诉求型广告传达给消费者的已经远远超过了商品本身，更重要的是带给消费者一种情感体验或情绪上的满足，而这种满足通常又是消费者渴望实现的。可以说，情感诉求型广告是一种具有浪漫性质的艺术，它的创意要有现实的生活基础。广告应以现实为对照，又不满足于现实而表达理想和情感，而这种情感也要源于生活，来源于目标消费者内心深处对生活的热爱和憧憬。广告的叙事及表达的情感一定要符合目标消费者的生活及情感需求，只有这样才能让消费者看到广告的时候产生兴趣和情感共鸣，从而产生良好的宣传效果。情感诉求型广告创意最基本的条件就是要求创作者具有创作的冲动，在广告中表现激情，只有在这种情感状态下才能够创作出优秀的作品。因此在情感诉求型广告创作中，情感始终起着统摄一切的核心作用。

诙谐幽默也是广告吸引消费者的重要创意手法。幽默是生活和艺术中普遍存在的喜剧因素，广告创意中可以通过比喻、夸张、象征、双关、谐音、谐意等手法，运用机智、风趣、凝练的视觉语言或文字语言对社会生活中不合理、自相矛盾的事物或现象作轻微含蓄的揭露、批评、揶揄和嘲笑，使人在轻松的微笑中否定这些事物或现象的不合理性，从而从侧面将广告表达的理想事物凸显出来，肯定其正当性，并对目标消费者进行无言

---

① ［美］鲁道夫·阿恩海姆：《艺术与视知觉》，滕守尧、朱疆源译，中国社会科学出版社 1984 年版，第 175 页。

的规劝，使其不知不觉地认可并接受某种广告的言说，这样一来就减少了消费者对接受广告时可能持有的逆反心理，降低了消费者的认知防御，提高了消费者的广告接触率，促进人们对广告、产品和品牌形象形成良好的态度。幽默方法在国际广告创意中运用得非常普遍，许多产品和品牌广告的成功在很大程度上得益于幽默手法的感染力。

广告创意在整个广告活动中是承上启下的重要环节。广告创意是综合性广告方案的关键一环，通常所说的广告创意是狭义的广告创意，是指具体广告作品的创造性思维，即如何把广告的主题用新奇的艺术化形式表现出来，广告作为一种极富艺术性的文化，要通过形象表现的手法来反映商品和品牌特征，体现广告的主题，并以此来激发消费者的情感和购买欲望。因此，狭义的广告创意通常和广告表现联系在一起，说得具体一点，广告创意就是广告作品的灵魂，广告表现是广告作品的肉体，广告作品是可以看得见的有形图像（影像），而广告创意则是在视觉形象以及各种符号背后的思想，视觉形象以及各种符号是广告创意的外显，它们构成了广告作品。广义的广告创意则是指整个广告活动中所有创造性的思维，凡是广告中涉及的所有创造性问题统称为创意，如广告战略创意、形象创意、公关、媒体创意等，在实际广告操作中，广告创意的思想理念往往渗透在整体的广告活动中。值得注意的是，随着近年来企业对促销重视程度的提高，越来越多的广告创意逐渐演变为一种促销创意，对促销的日益看重，众多的学者和实践者从不同的角度、不同的立场对促销广告的利弊问题提出了不同的看法。① 但是，毋庸置疑的是，这种趋势的确对广告创意造成了一定的影响。

广告创意在广告活动中作用机制如何？它在广告活动中扮演着什么重要的角色？这也是研究广告图像叙事不能回避的问题。广告是一种信息传播活动，然而，传播效果如何却是一个变量。不论从何种角度审视，广告创意都是影响传播效果这一变量的最重要因素。广告创意必须使广告客户

---

① 参见《广告创意》，http：//www. doc88. com/p－140667268452. html。

的品牌信息有效地传播出去，而且仅仅传播出去是远远不够的，广告创意还必须使目标消费者接触到广告并乐于接受广告。只有这样，广告才可能进一步影响消费者对品牌的认知、偏好直至激发实际的购买行为。广告创意人员置身于广告客户和目标消费者之间，广告创意人员必须以广告客户的产品和品牌为基础，善于从消费者的角度进行思考，进行构思。广告创意者应该对客户产品和品牌等客观事实进行加工，将其转化为一种创意构思，注入感情，用感情打动消费者，促使消费者去购买。打动消费者的方法有多种，可以利用感性的情感诉求，也可以利用理性的认知诉求。可口可乐富有特色的广告创意，是使其能够在世界饮料市场中长久保持巨大吸引力的重要因素之一。一则成功的广告首先来自不同凡响的创意，好的创意是引起消费者注意从而激发消费者购买欲望的驱动力。在广告整体活动中，广告创意就好像是创意者戴着脚镣在舞台上跳舞一样，并不是随意随性的天马行空般的狂舞乱舞，如何做到既戴着脚镣跳舞，又能另辟一种独特的舞蹈空间，把舞蹈跳得好、跳得美，这才是广告创意的生命所在。正如广告大师大卫·奥格威指出的，要吸引消费者的注意力，同时让他们来买你的商品，非要有很好的点子不可，这个点子即指创意。①

如何使某商品和品牌从众多同类商品和品牌中脱颖而出，广告本身就得首先从海量的同质化广告中突显出来，让消费者对广告聚睛瞩目，而后铭记在心，念念不忘，便成了广告创意追求的目标。事实上，生活中有不少广告的创意能使人耳目一新，只是广告在“独领风骚”的同时，却发现远未达到预期的宣传效果，重要的原因之一就是这些广告创意或艺术性异常强烈，用艺术性完全代替了广告的实用宣传功能，让消费者沉浸在广告营造的艺术氛围中，而忽略了与产品的联系；或是商业性过于浓厚，没有丝毫的艺术审美性，广告成了赤裸裸的消费劝说，而引起消费者对广告认知和接受的心理防御，广告创意收不到良好的效果反馈。比如当众多广

---

① ［美］大卫·奥格威：《一个广告人的自白》，林桦译，中信出版社 2010 年版，第 121 页。

告都选用漂亮女性来做广告模特或形象代言时，消费者就逐渐产生了接受厌倦，如反其道而用之，选择一位年长女性给特定商品如洗衣机作形象代言，却能获得消费者的认可与信赖，这就是广告创意中的“别出心裁”。世界著名导演斯皮尔伯格电影作品《辛德勒的名单》成为经典，这其中除了影片的沉重主题外，也有黑白画面的一份功劳，在彩色电影大行其道的今天，黑白影片有时会有意想不到的观影效果。同样，在广告图像追求唯美绚烂和强烈视觉冲击性的当下，用黑白两色制作的视觉广告会对消费者产生独特的视觉吸引力，收到非常好的宣传效果。因此可以说，黑白广告对特定商品比如诉诸怀旧情感的古典风格家具商品来说就非常合适，黑白影像能营造出厚重的历史感和视觉的沧桑感，此种广告可谓匠心独运，是一种独特的创意。因此，要想在广告创意上领风气之先，就需要做到“人无我有，人有我新，人新我变”。当然，不管广告创意如何变化，都不能与经营目标和树立品牌形象相脱节，如果单纯为了求新，广告创意如走马灯一样变个不停，又缺乏内在的系统性和逻辑性，如此一来，商品和品牌形象的树立和维系就难以长久。

在当下消费社会中，广告已经深深地影响了人们的生活，影响了人们对某些问题的思考与对某些事物的选择。创意是广告的灵魂，广告是创意的展现，因此，广告创意是对广告创作者构思能力的挑战。在消费至上且消费能够为人们的生活提供意义表达与身份认同的社会语境中，广告创作者必须要以目标消费者为中心，要打通与消费者沟通的渠道，创作出消费者喜欢看、乐于接受的广告。

今天，广告在社会经济、文化以及思想发展的影响下逐渐成熟，现今的广告创意更加注重人们精神层面的需求。广告创意必须能打动人的心灵，遵循人性化的创作理念，必须满足现代人追求轻松、希望获得审美愉悦的心理要求，必须满足人们深层次的精神文化需要。广告创意的人性化发展是以设计的理性化为前提条件的，要努力实现“人性化”与“物质化”之间的和谐与平衡，要反映“为人而设计”的文化特征。在某种意义上可以说，广告是人类追求理想化艺术化生活方式独特的实现领域。当今的广告创意处于多元化发展时期，在创意风格的探索上精彩纷呈，而其中“人性化”设计成为最引人注目的亮点之一，并逐渐形成一种不可逆转的潮流，越来越多的广告重视将消费者追求的“人性化”实实在在的生活理想体现在广告创意中。只有那些直观形象的，能非常好地适应消费者视觉接受习惯，满足广大消费者物质需求、心理需求、审美需求等，最大程度地贴近消费者心理的广告才是真正的“人性化”的广告，才能受到消费者的关注和认可。

在广告不断发展的过程中，以媒体为主要创意点的广告作品大量产生，带给人视觉奇观的同时也丰富着媒体及广告形式。如果说某一具体的广告能够反映某一创作团队智慧的话，那么一组系统性的广告在某种程度上则可以视作整个广告环境的缩影。将广告创意与媒体相结合，以媒体创意带动广告创新，这既体现了媒体及广告生存环境的发展变化，同时也反映了商家、广告人、媒体人以及目标消费者的共同要求。

可以说媒体创意方法是由媒体创意催生的广告形式创新，主要针对媒体的科技创新而言。相对报纸、杂志、广播、电视等传统媒体，新媒体如网络、手机、移动电视、数字电视、数字报刊杂志等等，作为信息载体的创新拓展，其共同点是依附于科技，以科技发展为前提。信息传播技术和工具的创新，能够引发广告创意的变革，会产生新媒体广告。而新媒体广告多数情况下会呈现为转移特征，比如通过公交移动电视，可以直接把电视广告从家里搬到公交车上，电子屏又把它搬到了户外，搬到了电梯间等等。① 可见，科技进步推动了广告媒体创新，某些时候人们已经熟悉的甚至厌烦了的广告，只是变换了传播方式和地点，仍会重新调动起消费者一定的注意兴趣。

生活中许多消费者对广告产生了厌烦，原因可能不单是广告本身，还厌倦了广告机械的单调形式。同时，由于存在广告媒体同质化以及广告媒体对社会文化所造成的影响和本身的诚信危机等问题，将广告创意与媒体

① 参见杨暖暖：《论媒体创意与广告形式创新》，《东南传播》2010 年第 1 期。本节关于媒体创意的部分内容参考了杨暖暖的理论观点，特此说明和致谢。

计划有机结合就成为目标消费者及广告从业者的一致要求。

分析梳理广告媒体创意的思路和方法，将有助于我们对整体广告创意的理解。常用的媒体创意方法有多种，比如有放大媒体特征创意方法。不同的广告媒体在视觉形态方面都有自己的特点，就其表现形式而言，电视、广播、网络等属于电子媒体，而报纸、杂志、张贴海报等则主要是以印刷出版物形式存在。其中，印刷媒体多便于保存，可传阅，其信息载体是以不同材质的纸张等形式与广告受众亲密接触，然而传统的接受习惯和思维定势常常让消费者对这些媒体特征认为理所当然而未加关注，如果能有意识地放大媒体特征并加以利用，媒体上负载的广告往往会产生意想不到的效果。以产品外形超薄为主要诉求点的某手机广告，在杂志某右页右下角展现手机的正面图像，此页反面左下角对应位置展现手机背面图像，杂志媒体在纸张上以夸张手法准确传达了手机“就是这么薄”的广告图像主题信息，吸引了消费者的关注与兴趣。①

拓展媒体空间在广告媒体创意中也是常用的方法。媒体作为广告信息载体，其外在表现形式给受众的空间感始终是有限的，尤其是以纸张为载体的报纸、杂志等传统平面印刷媒体，即便是空间感相对较强的气模、灯箱、广告牌等户外广告形式，往往也难以摆脱广告载体所带来的空间限制。因此，如何拓展媒体的固有空间，带给受众更多、更强的广告空间感受，成为广告媒体创意的突破点。以此为起点，媒体的创意重点可实现广告形式由平面化到立体化的转换，这样媒体表现形式更为灵活，广告创意也有了更多发挥和表现的空间。

此外，广告的媒体创意要具有触动消费者多元感受的能力。媒体外在形式上的局限不仅体现在视觉意义上的空间方面，还包括对消费者感官机能的综合调动方面。就媒体对目标消费者的感官功能作用来看，报纸、户外招贴、广告牌等多属于视觉媒体，主要作用于人的视觉感官；广播、电话等媒体广告则多作用于人的听觉感官，而传播于电视（包括移动电

---

① 参见杨暖暖：《论谋体创意与广告形式创新》，《东南传播》2010 年第 1 期。

视）、网络等视听共享媒体上的广告将消费者的视听感官都调动起来，从视听两大信息通道对消费者进行更全面更深入的广告规劝，以此实现对目标消费者更深层面的心理卷入和心理俘获，从而树立产品和品牌在消费者心中的形象地位，使消费者对其形成高度的心理认同。因此，触动消费者的多元感受能力就成为广告媒体创意的有效策略之一。

众所周知，传统视觉类广告一般只能作用于消费者的视觉感官，那么对于一些平面媒体，消费者获取广告信息的途径是否也只能局限于视觉感官呢？国外的一则杂志广告是这样设计的：某航空公司曾经把特价机票的广告信息印制在贝壳上，再将贝壳散落于芝加哥一湖畔的沙滩上，当在湖边漫步、休闲度假的游客们捡到贝壳时会产生极大的惊喜，对航空公司的新奇创意大加赞赏，此广告注意将目标消费者的视觉与触觉感受相结合，收到了非常好的宣传效果。可以说，上述广告媒体的创意也在很大程度上弱化了传统媒体传播方式对消费者接受广告信息的压制性、强制性，使其在别具一格的广告形式中轻松地认知与接受广告。因此，只要方式得当，创意合理，即使是平面媒体，对目标消费者的视觉、听觉、味觉、触觉等多元感受都是可以综合调动和利用的。①

广告创意对于广告业的发展有着重要的作用，而且从广告的发展趋势看，广告创意与媒体的互动关系很有可能也会改变媒体的存在状态。实效是广告创意服务的根本和灵魂，在当下视觉图像爆炸的时代，处于海量图像包围中的消费者已产生了一定的视觉接受惯性，对很多视觉广告的兴趣日渐降低，因此消费者的注意力就显得弥足珍贵。一则平淡无奇或千人一面的广告很容易被消费者的防御心理有意识地略过，因此能吸引消费者的注意是广告创意的基本出发点。相比一些常规的静态媒体，飞艇、气球、霓虹灯以及一些交通工具等作为广告媒体就呈现出明显的动态特征，而就消费者对广告的关注和接受程度而言，动态广告元素一般更能够引起关注和兴趣。

---

① 参见杨暖暖：《论媒体创意与广告形式创新》，《东南传播》2010 年第 1 期。

以改变媒体形态为主的媒体创意方法，主要就是突破一些媒体的静态限制，为其负载的广告增加动态特征。广告媒体上的动态元素是多种形式的，既可以是经过专门设计的，也可以是通过额外添加一些外在因素加以改变，如一款洗发水的户外广告被制作成流水墙形式，广告画面当中长发女子弯身洗发，此时流动的墙壁瀑布恰好冲过女子的长发，一旁再配以温馨的广告话语，整体的广告视觉效果非常出色，对消费者形成了较高的吸引力。因此，一定外在的动态因素巧妙地融入媒体，能够使广告创意既合理又新奇，使广告从同质化的广告中脱颖而出。可以说，此广告别出心裁，靠巧妙的设计实现了广告图像由静态到动态的转变。

在本质上，广告是一种信息传播活动，广告与目标消费者之间是一种交互性的沟通关系，广告创意要实现广告和各环节、各要素之间的有效互动。任何广告都欢迎消费者的主动接受，通过媒体创意可以加强与改善广告与消费者的沟通互动，此时媒体不再是广告主强势宣传的工具，或者与消费者无关的旁观者，当消费者主动接触广告的那一刻，以往程式化的宣传不再有效。在视觉文化泛滥的今天，广告对消费者不再是单纯的强势宣传与接受，在很多情况下，是消费者渴望并主动关注和接受的，消费者因此获得更多尊重和主动权，同时通过互动参与到广告当中，这也为更好地实现广告宣传效果提供了有利条件。比如某汽车品牌推出的大空间车型，通过杂志媒体投放跨页广告，画面中包含一辆车、两个人，站立于车外左侧的一人似乎略有异常，围绕其身体，有一个矩形被切割，轻轻拉动，类似拉花效果的场景出现了，原来他的“身后”还藏有大大小小十余人，此广告通过让消费者动手参与其中，以巧妙的画面暗示出全家总动员的出行，该品牌的一辆车足矣，同理创作的货车广告，以折叠可拉伸的木箱图像表现了汽车优越的空间性。如此的创意，一组立体化的杂志广告借助受众的拉动动作完成了准确、直观、形象的品牌信息传递。① 值得注意的是，媒体创意一定要以广告内容和诉求目的为出发点，以上的媒体创意方

① 参见杨暖暖：《论媒体创意与广告形式创新》，《东南传播》2010 年第 1 期。

法只是广告中常用的几种，有的是利用和发挥媒体自身优势，有的是针对媒体及其广告形式的弱点提出有意识地改进创新，以重新激发消费者的兴趣与关注，从而完美实现广告的图像叙事策略，促使消费者认同其品牌形象。不管如何，广告的媒体创意方法也不是绝对的，也要视广告与媒体的具体情况有选择性的或组合运用。总体而言，结合媒体创新来进行广告创意对实现广告的宣传效果具有重要的影响和意义，当广告创意与媒体结缘，丰富的不仅仅是广告形式、媒体形态，更重要的是能促使商家、广告、媒体、消费者等之间的互动关系日趋和谐。

进入 21 世纪，随着我国经济的健康高速增长，广告业也飞速发展，成为当下社会发展速度最快的行业之一。我国广告业已经初具规模，同时也取得了令世界瞩目的成绩，但我国广告业在科学化、规范化、独创性的发展道路上还任重道远。在全球经济一体化的趋势下，中国广告业的发展也被深深地打上了国际烙印，其发展之路和未来趋势一直是当前广告行业关心的焦点话题。

梳理我国广告业的发展现状及过程会发现，目前制约广告业发展的最主要问题不是广告业的数量与规模，而是广告的整体创意设计水平还比较低。改革开放以来，尽管广告业得到了巨大发展，但是广告创意整体上还处于一种相对较低的水平，与广告创意发达国家还有较大差距。因此，我国广告要想长远发展并在世界广告领域占有一席之地，就要首先具备一流的广告创意水平。

要改变目前中国广告创意水平整体不高的现状，提高本土广告与跨国广告的竞争力量，促使我国大批具有世界一流创意水平的广告作品问世，当务之急就是要以创意为中心，加强与提高“创意”力度和水平。创意第一、创意至上应是广告当前必须贯彻的原则，正如广告大师大卫·奥格威所说“满足创意平庸的广告，无疑是自寻死路，惟有创意至上”①。

---

① ［美］大卫·奥格威：《一个广告人的自白》，林桦译，中信出版社 2010 年版，第 68 页。

广告创意水平的提升关键因素在于人，中国广告业要实现更大的行业突破关键因素也在人，在于广告人才的素质与技能。广告业发展关键在人才，如果仅仅停留在口头上、理论上是远远不够的，而应当把培养人才、用好人才落实在具体行动上。首先是广告人才素质的提高，广告人才培养要与国际接轨，要解放思想，要积极向发达国家学习先进的广告人才培养机制与经验。培养具有中国本土特色的国际化广告人才是实现广告业更大发展与突破的重要举措。国际广告领域人才的培养非常重视交流与合作，因此，面向全球化并积极融入国际广告发展潮流是中国广告人才培养教育的必由之路。从 1928 年华东师范大学的前身大夏大学创办我国高校第一个广告学专业算起，到现在我国设置有广告学专业的高校发展到近 300 所，其发展速度之快是前所未有的，对培养广告专业人才、推动广告业发展发挥了决定性作用。我国广告学教育事业对推动我国市场经济的发展也发挥了积极的作用，因为广告本身也是一种经济产业，广告的发展能产生链式反应，能带动其他行业的发展。

在当前国际广告行业发展日新月异的形势下，我国广告人才培养事业要积极融入经济全球化的时代潮流，适应市场经济对国际化广告人才的需求。可以说，从我国改革开放到现在，中国的广告教育事业已由白手起家走向正规化，规模也不断扩大，并且由“量”的扩大走向“质”的提高，现在是到了由质的提高进一步走向国际化发展水平的关键时期。也许有人认为，中国的广告教育离国际化的目标还比较远，或者说中国的广告教育还未完全具备走向国际化的条件。笔者认为，这两种观点虽然偏颇，甚至带有些许悲观色彩，他们可能关注到了中国广告教育事业存在的问题与不足。但我们要清楚地认识到，中国广告学教育和广告人才培养走向国际化不仅是必要的，也是必然的，而且已经具有了一定的基础。中国加入世界贸易组织后，各行各业都面临或已经逐步走向国际化的发展道路，进入到全球的竞争之中。广告作为当下最具活力的产业之一也必然要走向国际化，与国际接轨。作为向广告行业培养输送人才的广告教育事业，其培养理念与培养目标必然要进行角色转换。中国的广告事业如果要想在世界上拥有自己的话语权，那么广告教育必然沿着“量的发展——质的提升——国际接轨”的路子发展，我们必须在广告的学科建设与广告行业的“指挥棒”之间找到一个生态平衡点，努力保持广告发展的独立性、前沿性、创新性。国际化、全球化的发展方向不仅是社会经济使然，真正的意义在于能有效地促进广告学科和广告教育的发展与提升，为中国的广告业培养更多的具有创新意识的人才。

此外，我国广告业的健康、有序、平稳、创新发展离不开政府和相关管理职权部门的重视、支持及监督引导。

首先政府要加强对广告行业的监督管理，营造良好的广告发展与创意环境，也就是说要做到严格广告市场的准入，提高广告行业经营主体资质，对于广告经营者，不仅要有资金、设备、经营场所的要求，也应有对广告从业人员各方面素质的要求。为此，政府应制定和完善广告市场准入标准和各类广告从业人员文化和业务资质标准，这些标准不但应在准入时进行考核，还应建立年度考核制度，如有违反相关法律法规和广告人员素质缺失的应采取措施，督促其改正。如情节严重的，应取消其广告经营资格，以保护其他广告从业者的合法经营，同时要积极倡导并奖励广告规范性操作，保证广告行业素质的不断提高。其次，为了广告行业顺利有序发展，政府部门要积极协调关系，促进多方合作，政府有关部门和行业组织应该以《中华人民共和国广告法》和相关广告法律法规为指导，积极理顺和规范广告主、广告经营者、广告发布者三者的关系：第一，应科学区分不同专业性质，严格界定广告公司和相关媒体的业务范围；第二，应对媒体广告价格，对媒体代理费、广告主代理费、制作费及其支付关系制定出可操作的指导原则；第三，应由政府监管部门或行业组织出面协调关系，规范广告行业运作，随时掌握了解情况，研究三方可能出现的问题，提出解决办法或指导意见，以此规范广告行业沿着健康的轨道发展。再次，政府部门要有相应政策扶持，助力我国广告业腾飞，要将广告业作为文化创意产业来重视。对于广告创意产业，应采取多元化的扶持政策，将广告产业涉及的企业所得税、印花税等税种在政策允许的范围内给予一定的税收优惠，以促进广告行业发展。政府制定了相关的政策扶持后，还要做好落实工作：一是确保政策真正得到贯彻落实；二是建立长效工作机制，提供对广告文化创意企业服务的绿色通道；三是提供长期的政策服务，不能使相关的服务成为临时的形式表演，因此，要重视为广告创意企业提供切实的服务，更好地营造有利于中国广告业发展的社会环境。①

我们相信，只要中国广告业以“只争朝夕”的紧迫感去思考中国广告业的发展与未来，及时总结发展规律，紧跟国际广告发展潮流的同时又积极创新形成自身特色，加之国家和有关行业监管部门的政策支持与引导，中国广告业一定能在现有基础上取得更大进步与发展。广告的发展空间无限，前景光明，我们对此充满了信心！

---

① 胡进：《瞭望：中国广告来发展之未来趋势》，http：//zl. qudao. com/hujin/2010 –236. 5html。

结　语

本书立足当下宏观的消费语境，以技术化的视觉呈现为研究视角，将消费语境和广告的图像化相结合，从广告的视觉化呈现、广告的图像叙事美学特征、广告的图像化的审美嬗变和主要视觉广告类型的图像叙事构成等方面探讨广告的图像叙事与审美。本书力求将感性资料与理论研究相融合，对广告进行了理性的分析，以期管中窥豹，揭示消费语境中广告图像叙事的独特审美特性。

在技术高度发达的今天，广告乘技术之东风完全走上了视觉化的道路，它以技术制造与传播极具视觉冲击力与诱惑力的图像为能事，成为一种以图像为呈现方式和表意体系的文化，图像叙事成为广告的主导叙事形态。广告依图像而生存，用图像的形式进行传播，以图像建构生活的完美“幻象”。

广告是一种“技术性观视”（本雅明语），各类视觉技术成为广告绝对的主宰者，全面操控了其生产——消费的全过程。技术从广告的具体操作层面全面介入并控制了广告的观念与本质层面，技术成为了广告本体性存在。高度技术化的广告图像叙事与审美，归结到底是一个技术力量与人文精神、物质需求与精神提升、欲望满足与终极关怀如何实现生态和谐统一的哲学层面的问题。

人的生存与发展是自然性与社会性的统一，人作为一个生物物种，首先具有自然性，但人区别于动物的本质特征在于人具有社会性，人要进行社会性的实践活动并对生存意义与价值进行不懈追求。高尚的人文精神使人从自然界、动物界彻底解放出来，从自然人转变为社会人。人类的生存与发展，需要各种关怀，大致上可分为三种，即物质关怀、精神关怀、终极关怀。物质关怀是人类生存发展的第一需要和前提，人在追求与满足基本生理需求的同时，还需要精神关怀与终极关怀，需要创造与享用精神财富、追求人生的价值与意义，特别是作为人的精神寄托、精神归属，使人超越现实、追求无限和永恒的终极关怀更是人文精神的核心内涵。技术操控下的广告，始终停留在物质关怀的层面，大肆宣传与倡导物质占有与享乐的合法化，使物质需求变为物质欲求，使人一味沉迷于物质的消费与感官享乐之中，精神关怀与终极关怀被无情抛弃。在广告中，物质关怀彻底压制了精神关怀与终极关怀，人文精神被技术暴力挤压到边缘地带。在当今社会，技术在为人类提供极大丰富的物质财富、提高人的生存与发展能力的同时，在一定程度上也成为自我存在、自我充实的现实力量，并形成了强大的技术霸权。马尔库塞认为，在现代社会中，技术不再有中立性，它已变成一种统治工具或意识形态。这种观点不无偏激之处，但它指出了技术在社会中支配性的主导地位及技术理性对价值理性的压制与侵蚀。广告中，技术理性僭越了价值理性，技术性压抑了人文性，缺少了人文精神监督与引导的技术日益异化为一个有着内在结构、自我发展的实体，并制约、控制乃至支配着人的发展，技术不再是人类实现自我价值的手段。广告用大量技术制造的图像（虚拟的）煽起人们的深层欲望与冲动，使人一味沉迷于物的占有、消费和感官的满足与享受之中，而人的自由意识和创造精神日益受到技术的压制而不断被削弱，人本身由目的变成了手段，由创造主体变成了物的占有与享受的被动物，由社会人的高度降到自然人的层面。

在市场经济日益繁荣的今天，广告作为一种经济型文化，其运作过程必须以市场为中心，按照市场规则和市场经济的价值体系来进行，它的“供、求、产、销每一个环节的活动都必须依照盈利目的来组织，都必须遵从经营规则、把握市场动态、顺应消费趋势，以求获取最大的收益”①。因此，宣传与展示物质需求与物质财富对于人的意义是广告的必然选择，但这也不应成为广告以物质欲求取代与抛弃人文精神，将物质享受无限夸大为人生最大价值与意义的理由。当下广告呈现出过度强调物质消费与形而下的欲望满足、漠视精神境界的提升与终极关怀的追求的趋势。如何扭转这一趋势，不是一个简单的话题，实现广告中人文价值的张扬与复苏是一个复杂而系统的社会工程。广告作为人类文明的一种创造活动，应该既体现出对人的现实生存的关怀，又蕴涵着对人的生命意义和精神价值的确认，要协调好物质关怀、精神关怀与终极关怀之间的关系。毕竟，彻底脱离物质需求的精神关怀与终极关怀是不现实的，也是不可能的。在商品经济快速发展与物质财富极大丰富的今天，让人们完全抛弃物质追求，去过一种清教徒般的禁欲式生活将是不现实的。问题的关键在于，广告要找到物质需求与精神关怀、终极关怀之间的平衡点，不能强制性地以一种取代压制另一种，要最大程度地促成它们的和谐发展。然而这一切，技术发挥了至关重要的作用。技术在本质上是人的创造物，是人的智力、体力的延伸与拓展，是人实现自身全面发展和真正解放的手段和途径，它不应成为压迫人、控制人的异己力量。从价值取向上说，技术只能为我们提供一个有限的物质世界，而人文精神则能为我们提供一个无限的价值与意义世界，可以让人超越现实的束缚，超越有限而追求无限和永恒。因此，技术的存在与发展离不开人文精神的规范与引导，对技术应该引入人文精神的关怀与反思。广告作为技术主宰的领域，不应一味强调物质财富的当下占有和感官欲望的满足，应该在技术力量的支持与人文精神的指引下，向人与自身、人与现实生存和谐相处，美与真善相依存、合规律性与合目的性相统一的理想状态无限逼近；应在追求必要的物质功利价值的基础上，张扬人性的尊严和人的精神价值，提升人的个性、创造性和自由性，实现价值理性与工具理性、物质需求与精神追求、技术创新与人文关怀的和谐发

① 姚文放：《当代审美文化批判》，山东文艺出版社 1999 年版，第 222 页。

展。让技术主宰下的广告视觉文化沐浴着人类精神的光芒，让人从中获得诗意的美和生命与心灵的畅快体验，最终达到美好的“诗意地栖居”，是我们孜孜以求的目标。

参考文献

[1] 何洁：《广告与视觉传达设计》，中国轻工业出版社2003年版。

[2] 盛希贵：《影像传播论》，中国人民大学出版社2005年版。

[3]（美）丹尼尔·贝尔：《资本主义文化矛盾》，赵一凡等译，三联书店1989年版。

[4]（法）法兰克·霍瓦：《摄影大师对话录》，刘俐译，中国摄影出版社2000年版。

[5]（匈）贝拉·巴拉兹：《电影美学》，何力译，中国电影出版社1986年版。

[6]（英）约翰·伯格、[瑞士]让·摩尔：《另一种讲述的方式》，沈语冰译，广西师范大学出版社2007年版。

[7]（美）詹姆斯·埃尔金斯：《视觉研究：怀疑式导读》，雷鑫译，江苏美术出版社2010年版。

[8]（美）鲁道夫·阿恩海姆：《艺术与视知觉》，滕守尧、朱疆源译，中国社会科学出版社1984年版。

[9] 尹定邦：《贡布里希论设计》，湖南科学技术出版社2004年版。

[10] 欧阳友权：《数字化语境中的文艺学》，中国社会科学出版社2005年版。

[11] 罗钢、刘象愚主编：《文化研究读本》，中国社会科学出版社2000年版。

[12] 刘波：《电视广告视听形象与创意表现》，山西人民出版社2006年版。

[13]（美）史蒂文·海勒：《平面设计编年史》，忻雁译，上海人民美术出版社2007年版。

[14] 穆虹、李文龙编：《实战广告案例·创意》，中国人民大学出版社2005年版。

[15] 方东:《公益广告基本特征简析》,公关世界出版社1998年版。

[16] 孙晓华:《技术创新与产业演化理论及实证》,中国人民大学出版社2012年版。

[17] 耿文婷:《中国狂欢节——春节联欢晚会审美文化透视》,文化艺术出版社2003年版。

[18] (爱沙尼亚)斯托洛维奇:《审美价值的本质》,凌继尧译,中国社会科学出版社2007年版。

[19] (德)弗里德里希·席勒:《审美教育书简》,冯至等译,上海人民出版社2003年版。

[20] (美)H. 加登纳:《艺术与人的发展》,兰金人译,光明日报出版社1988版。

[21] 黄会林主编:《当代中国大众文化研究》,北京师范大学出版社1998年版。

[22] 易存国:《中国审美文化》,上海人民出版社2001年版。

[23] 聂振斌、滕守尧、章建刚:《艺术化生存——中西审美文化比较》,四川人民出版社1997版。

[24] 曾繁仁:《生态美学导论》,商务印书馆2010年版。

[25] 鲁枢元:《生态文艺学》,陕西人民教育出版社2000年版。

[26] 余谋昌:《生态文化论》,河北教育出版社2001年版。

[27] 朱健强:《广告视觉语言》,厦门大学出版社2000年版。

[28] 张殿元:《广告视觉文化批判》,复旦大学出版社2007年版。

[29] 周宪:《视觉文化的转向》,北京大学出版社2008年版。

[30] 南帆:《双重视域——当代电子文化分析》,江苏人民出版社2001年版。

[31] 罗岗,顾铮主编:《视觉文化读本》,广西师范大学出版社2003年版。

[32] (英)迈克·费瑟斯通:《消费文化与后现代主义》,刘精明译,译林出版社2000年版。

[33] (美)弗·杰姆逊:《后现代主义与文化理论》,唐小兵译,陕西师范大学出版社1986年版。

[34] 李建立:《广告文化学》,北京广播学院出版社1998年版。

[35] 孙守安:《广告文化学:现代广告的文化解读与批判》,东北大学出版社

2008 年版。

[36] 黎泽潮:《广告美学研究》,合肥工业大学出版社 2005 年版。

[37] 肖伟胜:《视觉文化与图像意识研究》,北京大学出版社 2011 年版。

[38] (法) 让·鲍德里亚:《消费社会》,刘成富、全志钢译,南京大学出版社 2001 年版。

[39] 陈刚:《大众文化与当代乌托邦》,作家出版社 1996 年版。

[40] (美) 尼古拉斯·米尔佐夫:《视觉文化导论》,倪伟译,江苏人民出版社 2006 年版。

[41] 陆扬:《大众文化理论》,复旦大学出版社 2008 年版。

[42] 孟建编:《视觉文化传播研究》(第一辑),南京师范大学出版社 2013 年版。

[43] 陆扬、王毅:《大众文化与传媒》,上海三联书店 2000 年版。

[44] (法) 罗兰·巴尔特,让·鲍德里亚等:《形象的修辞:广告与当代社会理论》,吴琼、杜予编,中国人民大学出版社 2005 年版。

[45] 陈龙、陈一:《视觉文化传播导论》,上海三联书店 2006 年版。

[46] 王德胜:《视像与快感》,安徽教育出版社 2008 年版。

[47] 姚文放:《当代中国审美文化批判》,山东文艺出版社 1999 年版。

[48] (英) 理查德·豪厄尔斯:《视觉文化》,葛红兵译,广西师范大学出版社 2011 年版。

[49] 伍庆:《消费社会与消费认同》,社会科学文献出版社 2009 年版。

[50] 包亚明:《游荡者的权力:消费社会与都市文化研究》,中国人民大学出版社 2004 年版。

[51] (英) 汤林森:《文化帝国主义》,冯建三译,上海人民出版社 1999 年版。

[52] 孙雅妮:《广告传播学研究》,郑州大学出版社 2013 年版。

[53] 崔银河:《广告哲学》,中国传播大学出版社 2012 年版。

[54] (美) 大卫·奥格威:《一个广告人的自白》,林桦译,中信出版社 2010 年版。

[55] (英) 理查德·豪厄尔斯:《视觉文化》,葛红兵等译,译林出版社 2014 年版。

［56］王岳川：《中国镜像：90 年代文化研究》，中央编译出版社 2001 年版。

［57］林少雄：《视像与人——视像人类学论纲》，学林出版社 2005 年版。

［58］高小康主编：《喧哗与萧条——当代城市中文艺的传播与教育》，山东文艺出版社 2000 年版。

［59］陶东风编：《文化研究》（第三辑），天津社会科学院出版社 2002 年版。

［60］王岳川：《后现代主义文化研究》，北京大学出版社 1992 年版。

［61］夏光：《后结构主义思潮与后现代社会理论》，社会科学文献出版社 2003 年版。

［62］肖鹰：《形象与生存——审美时代文化理论》，作家出版社 1996 年版。

［63］周宪：《中国当代审美文化研究》，北京大学出版社 1997 年版。

［64］南帆：《文学的维度》，上海三联书店 1998 年版。

［65］（德）瓦尔特·本雅明：《机械复制时代的艺术作品》，王勇才译，中国城市出版社 2002 年版。

［66］（德）黑格尔：《美学》（第一卷），朱光潜译，商务印书馆 1979 年版。

［67］（德）马克斯·霍克海默、特奥多·威·阿多尔诺：《启蒙辩证法》，洪佩郁、阚月峰译，重庆出版社 1990 年版。

［68］（美）道格拉斯·凯尔纳、斯蒂文·贝斯特：《后现代理论——批判性的质疑》，张志斌译，中央编译出版社 1999 年版。

［69］（美）詹明信：《晚期资本主义的文化逻辑》，张旭东编、陈清侨等译，生活·读书·新知三联书店 1997 年版。

［70］李兴国编：《影视艺术与高科技应用》，中国传媒大学出版社 2005 年版。

［71］张成华、赵国庆：《电视：艺术与技术》，复旦大学出版社 2004 年版。

［72］宗白华：《艺境》，北京大学出版社 1987 年版。

［73］宗白华：《美学散步》，上海人民出版社 1981 年版。

［74］伍蠡甫主编：《西方文论选》，上海译文出版社 1979 年版。

［75］陈永国等编：《本雅明文选》，中国社会科学出版社 1999 年版。

［76］刘小枫：《沉重的肉身》，华夏出版社 2004 年版。

［77］刘小枫：《现代性社会理论绪论》，上海三联书店 1998 年版。

［78］孙周兴选编：《海德格尔选集》（下），上海三联书店 1996 年版。

［79］（英）伊格尔顿：《美学意识形态》，王杰等译，广西师范大学出版社

1997 年版。

［80］（美）桑塔格：《论摄影》，艾建华、毛建熊译，湖南美术出版社 1999 年版。

［81］（德）哈贝马斯：《交往行动理论》，洪佩郁译，重庆出版社 1996 年版。

［82］（德）哈贝马斯：《公共领域的结构转型》，曹卫东等译，学林出版社 1999 年版。

［83］（希）柏拉图：《文艺对话集》，朱光潜译，人民文学出版社 1997 年版。

［84］戴锦华：《犹在镜中》，知识出版社 1999 年版。

［85］（美）马尔库塞：《审美之维》，李小兵译，广西师范大学出版社 2001 年版。

［86］张国良主编：《20 世纪传播学经典文本》，复旦大学出版社 2006 年版。

［87］杨义：《中国叙事学》，人民出版社 2009 年版。

［88］李泽厚：《人类学历史本体论》，天津社会科学院出版社 2008 年版。

［89］江怡主编：《理性与启蒙——后现代经典文选》，东方出版社 2004 年版。

［90］赵毅衡编选：《符号学文学论文集》，百花洲文艺出版社 2002 年。

后 记

广告对我们来说，是再熟悉不过的文化现象，它是人类商品经济活动的产物。广告是人类文明与社会发展过程中创造的文化与美学符号之一，是人类文化及生存意义与价值的独特表意系统。在消费文化大行其道的语境下，广告用极具视觉冲击力的图像叙事方式深刻影响着人们的生活方式与行为方式。

广告在我们的生活中无处不在，它色彩纷呈、绚烂无比。细细想来，自己对于广告这一文化现象的关注与思考开始于十多年前的研究生学习生活，当时将广告纳入审美文化与大众文化来思考，并将其作为自己的硕士论文选题。在工作后，对广告的思考一直持续着，从未停止过。广告是如此重要，同时对我们具有巨大的吸引力，这成为本书写作的初衷和动力。在自己的学位论文的基础上，结合平时自己的相关知识积累，经过一段时间的准备与写作，这本小书终于完成了，篇幅较短，与其他的皇皇巨著相比，实在不值一提。

本书从多个角度、多个方面对广告进行尝试性研究，分别从消费语境、广告的视觉存在、广告的图像叙事构成、广告图像叙事的审美特征、广告与媒体的关系等层面对广告进行深入分析。广告是社会时代的产物，也是人类智慧的结晶，是一个既服务于经济又具有审美性的特殊的文化类型，广告本身就是一个极为复杂的多元化的文化存在，笔者在本书中所做的研究，只能管中窥豹，能加深对广告的一点认识便自感足矣。在当下社会经济发展迅速、科技日新月异、广告业不断完善升级、图像话语霸权盛行的情况下，广告的发展诉求会是什么样的，到底能达到什么样的程度，这将是广告研究方面持续的生长点。

在本书写作的过程中，参考了众多学者的相关研究著作和论文，在注释和参考文献中尽可能地一一标注，在此对相关学者表示感谢。除了标注外，可能因自身失误，存在部分未能标注出的文献，在此深表歉意。

实事求是地说，本书实在没有多少可称得上理论创新和学术突破的地方，在某些章节和观点的论述中也存在浅尝辄止、未能深入展开的不足，但却也表达了自己对广告的粗浅认识和见解。限于时间仓促和自己的学术水平，书中肯定存在不少的问题与舛错，衷心欢迎读者批评指正。

作者

2017 年 4 月